Capitalização de Empresas

Capitalização de Empresas

2017

Joana Carneiro
Ana Isabel Fidalgo
João Baldaia
Miguel Almeida Loureiro
Marisa Silva Monteiro
Maria de Deus Botelho (Coord.)
Joana Silva Aroso
Olinda Magalhães
Ruben Ferreira Ribeiro

Prefácio de
José Pedro Aguiar-Branco

CAPITALIZAÇÃO DE EMPRESAS

AUTORES
Joana Carneiro
Ana Isabel Fidalgo
João Baldaia
Miguel Almeida Loureiro
Marisa Silva Monteiro
Maria de Deus Botelho (Coord.)
Joana Silva Aroso
Olinda Magalhães
Ruben Ferreira Ribeiro

EDITOR
EDIÇÕES ALMEDINA, S.A.
Rua Fernandes Tomás, nºs 76, 78 e 80
3000-167 Coimbra
Tel.: 239 851 904 · Fax: 239 851 901
www.almedina.net · editora@almedina.net

DESIGN DE CAPA
FBA.

PRÉ-IMPRESSÃO
EDIÇÕES ALMEDINA, S.A.

IMPRESSÃO E ACABAMENTO
PENTAEDRO, LDA.

Julho, 2017

DEPÓSITO LEGAL
429423/17

Aos Autores foi conferida liberdade de escolha quanto à adoção das regras do Acordo Ortográfico da Língua Portuguesa de 1990.

Apesar do cuidado e rigor colocados na elaboração da presente obra, devem os diplomas legais dela constantes ser sempre objecto de confirmação com as publicações oficiais.

Toda a reprodução desta obra, por fotocópia ou outro qualquer processo, sem prévia autorização escrita do Editor, é ilícita e passível de procedimento judicial contra o infrator.

 GRUPOALMEDINA

BIBLIOTECA NACIONAL DE PORTUGAL – CATALOGAÇÃO NA PUBLICAÇÃO

CAPITALIZAÇÃO DE EMPRESAS

Capitalização de empresas / Joana Carneiro... [et al.] ;
coord. Maria de Deus Botelho
ISBN 978-972-40-7064-3

I – CARNEIRO, Joana
II – BOTELHO, Maria de Deus

CDU 347

Índice temático

PREFÁCIO
José Pedro Aguiar-Branco   9

INCENTIVOS À CONTRATAÇÃO DE TRABALHADORES
Joana Carneiro / Ana Isabel Fidalgo   13

A CAPITALIZAÇÃO DE EMPRESAS PELA VIA DA INSOLVÊNCIA
João Baldaia / Miguel Almeida Loureiro   51

FONTES REAIS E IRREAIS DE *FUNDING* EMPRESARIAL:
DO MÚTUO AOS *BUSINESS ANGELS*
Marisa Silva Monteiro   85

AS AÇÕES PREFERENCIAIS SEM DIREITO DE VOTO:
UM MEIO DE FINANCIAMENTO EFICAZ?
Maria de Deus Botelho   127

AS AUTORIZAÇÕES DE RESIDÊNCIA PARA INVESTIMENTO:
UMA OPORTUNIDADE DE OURO PARA AS EMPRESAS
Joana Silva Aroso / Olinda Magalhães   161

THIRD-PARTY OWNERSHIP – ENTRE A INTEGRIDADE
DA COMPETIÇÃO E AS LIBERDADES COMUNITÁRIAS
APENAS RESTAVA A PROIBIÇÃO?
Rúben Ferreira Ribeiro   197

Nota prévia

A Coleção JPAB constitui a concretização de um sonho antigo que encontrou incentivo e motivação na JPAB – José Pedro Aguiar-Branco Advogados e apoio na Almedina, que desde cedo acolheu este projeto. O conjunto de trabalhos que agora se publica tem, assim, por objetivo cimeiro o de reconhecer e potenciar as competências técnicas dos advogados que integram a JPAB, porquanto vários dos membros da equipa desenvolvem, em paralelo com o exercício da advocacia, atividades de cariz académico.

Este volume da Coleção JPAB agrupa um conjunto de textos da autoria de advogados ligados à JPAB sob o denominador comum da Capitalização de Empresas. Os temas desenvolvidos por cada um dos autores estão, naturalmente, relacionados com as áreas de prática particularmente desenvolvidas pela JPAB e pelos seus advogados, e pretende-se que constituam um contributo para o desenvolvimento do pensamento crítico sobre os assuntos do direito. Com uma vincada componente de investigação jurídica, a Coleção JPAB procura, através dos contributos do seu corpo editorial, desenvolver o pensamento crítico sobre os assuntos do direito, interligando-o com a componente prática de resolução de problemas tantas vezes multidisciplinares que constitui o cerne da advocacia.

MARIA DE DEUS BOTELHO

Prefácio

JOSÉ PEDRO AGUIAR-BRANCO

> *O quiproquó da nossa época... é que pretende apaixonadamente filosofar mas, simultaneamente, evitar todo o esforço filosófico. Que quer conhecer e saber mais pensando menos.*
>
> MIGUEL VEIGA, *Discurso*
> (disponível em *www.oa.pt*)

Na civilização espectáculo em que vivemos, o entretenimento, a informação, a comunicação, a imagem, a plasticidade do parecer, não raramente são tidos como os pressupostos mais relevantes para o reconhecimento do sucesso. «Sucesso» tantas e tantas vezes consumido no efémero de um momento que, de tão circunstancial, pouco ou nada contribui para a sustentabilidade do conhecimento que, verdadeiramente, é o que dá substância e solidez à competência que distingue um bom profissional.

A voragem do tempo, a exigência de tudo acontecer *online* ou em "tempo real", o acesso fácil e rápido à opinião formada [sobre isto e sobre aquilo e quase sobre tudo (!)], publicada nesta ou naquela plataforma mais ou menos tecnológica, empurra-nos para um gestão demasiado contida no pensamento dedicado à reflexão, ao estudo, ao questionamento e à criatividade, tão necessário à construção de respostas de maior qualidade aos múltiplos desafios que a nossa sociedade permanentemente nos coloca.

O mundo do direito, quer na sua expressão reguladora quer na da resolução dos conflitos, é, por excelência e pelo que isso importa para a realização de um dos princípios basilares da nossa vivência em comum – o acesso à Justiça –, o campo onde o conhecimento se deve sobrepor de forma consistente à pura informação.

Os advogados são agentes principais no pensar o direito e na realização da justiça. Sobretudo porque, sendo os que de mais perto contactam com a realidade do dia-a-dia, constituem, para as pessoas e para as empresas, como que a primeira instância no acesso destes à Justiça. A sua opinião e o modo como actuam são elementos críticos da qualidade das decisões que harmonizam a nossa vida em sociedade. Decisões das pessoas em primeiro lugar e, mais tarde, em caso de conflito, dos tribunais.

A JPAB acredita que o sucesso do seu trabalho se mede, não por epifenómenos de circunstância, mais ou menos mediatizados, mas pela satisfação constante dos seus clientes. Daí a preocupação permanente e o compromisso firme com cada um deles. Compromisso que procura honrar reunindo uma equipa de advogados coesa, multidisciplinar, com experiência e saber em diferentes áreas de prática jurídica. Advogados que buscam continuamente conciliar a resposta eficaz e imediata às solicitações colocadas com a prospecção e inovação de novos caminhos que influenciem *de jure constituendo* a construção de melhores soluções.

O presente livro é a expressão desse esforço de conciliação, num tema particularmente relevante nos tempos que correm: a capitalização das empresas.

A complexidade jurídica que caracteriza as relações que hoje se estabelecem, em que as várias artes se interrelacionam e a globalização se impõe, conjugada com as delicadas crises financeiras e a distribuição assimétrica da riqueza, obriga a que as empresas – suporte nuclear para um crescimento económico sustentável e para uma real criação de emprego – procurem, com a necessária segurança jurídica, as fontes de financiamento disponíveis, condicionadas, por vezes, a complicadas engenharias contratuais que urge dominar.

O livro que a JPAB, em conjunto com a prestigiada editora Almedina, edita pretende ser um contributo para satisfazer necessidades actuais das empresas e, ainda, um testemunho de que se poderá encontrar, nos advogados da JPAB, o apoio jurídico selado com o que de mais importante há na relação entre advogado / cliente: a confiança "amarrada" à qualidade jurídica!

A obra ora editada é o resultado do trabalho, esforço, dedicação e saber de todos os advogados autores e co-autores dos textos que a compõem. A JPAB no seu todo orgulha-se dos colegas que, para lá do competente trabalho diário, se privaram de muitas horas de descanso e de lazer para responderem ao desafio que lhes foi lançado.

É devida uma palavra final e particular à colega e sócia Maria de Deus Botelho que abraçou com especial empenho e competência a coordenação deste projecto, o que foi determinante para a sua realização.

Boa leitura!

Incentivos à contratação de trabalhadores[*]

JOANA CARNEIRO / ANA ISABEL FIDALGO[**]

Sumário:
A evolução da economia influencia decisivamente a vida das empresas e o emprego. É tão imperioso garantir empregos estáveis como favorecer novas contratações. A capitalização indirecta de empresas, por via da concessão de apoios à contratação de trabalhadores, desempenha um papel relevante neste âmbito, que este estudo pretende analisar.

Palavras-chave:
Relações de trabalho; capitalização de empresas; promoção do emprego; apoios à contratação.

---

[*] O presente texto foi redigido em finais de 2016 e início de 2017, mais concretamente no mês de Janeiro. Apesar de estar previsto um processo de avaliação das actuais isenções e reduções da taxa contributiva para a Seg. Social, com vista à sua revisão (na Lei n.º 42/2016, de 28 de Dezembro, que aprova o OE para 2017), certo é que, até à data da conclusão da redacção do presente texto, não foi publicado qualquer diploma legal que opere quaisquer alterações nesse âmbito. Já no que concerne aos incentivos financeiros à contratação, foi publicada, a 18 de Janeiro de 2017, a Portaria n.º 34/2017, que regula a criação da medida Contrato-Emprego.
[**] As AA. não seguem as regras do Acordo Ortográfico da Língua Portuguesa de 1990.

*Olhai que quem quer comer
trabalha, lida e trabuca;
que quem trabuca manduca
mil vezes ouvi dizer;
mas ociosos viver
e vir comer pão alheio
é um caso muito feio;
coma quem sua e trabalha,
beba quem na eira malha,
ao sol e calma, o centeio.*

António Serrão de Castro, «Ratos da Inquisição»
(*Quem não Trabuca, não Manduca*, Ed. Contexto, 1981)

1. Introdução – enquadramento do tema

O direito do trabalho é um ramo de Direito que se ocupa da regulação de relações jurídico-privadas de trabalho. Importa, no entanto, não esquecer, como bem ensina António Monteiro Fernandes, que o «*Direito do Trabalho não é o Direito de todo o trabalho*. Não cabem no seu objecto todas as modalidades de exercício de uma actividade humana produtiva ou socialmente útil»[1].

---

[1] Fernandes, António Monteiro (2009). *Direito do Trabalho* (14.ª ed.). Coimbra: Almedina, p. 12.

Da noção legal de contrato de trabalho, estabelecida no artigo 11.º do Código do Trabalho aprovado pela Lei n.º 7/2009, de 12 de Fevereiro[2], é possível inferir que o direito do trabalho se ocupa, desde logo, de relações jurídico-privadas de trabalho subordinado e remunerado[3]. De um lado, temos o trabalhador e, do outro lado, o empregador, pessoa singular ou colectiva no âmbito de cuja organização e autoridade aquele presta a sua actividade e pelo qual é remunerado[4].

Como nota Júlio Gomes, até há pouco tempo, o empregador era «um personagem relativamente esquecido pelo direito do trabalho»; ele era apenas «a contraparte do trabalhador num contrato de trabalho subordinado». Tradicionalmente, o empregador «controlava todo o ciclo produtivo»; como proprietário da empresa ele era «auto-suficiente do ponto de vista financeiro». Como tal, o empregador «era autónomo, nas suas relações externas com outras empresas» e «estabelecia relações contratuais directas com todos os trabalhadores de que se servia». Assim, era o empregador «quem exercia directamente os poderes e faculdades emergentes do contrato, sendo as suas decisões que marcavam a concreta execução do contrato»[5].

Assistimos, nos últimos anos, a uma perturbação do dito paradigma tradicional do empregador, motivada tanto pela evolução como pela crise económicas (pensemos, por exemplo, na globalização da economia; na intensificação da concorrência; no desenvolvimento tecnológico; no aparecimento da grande empresa de capital intensivo e no fenómeno

---

[2] Nos termos desse artigo, «contrato de trabalho é aquele pelo qual uma pessoa singular se obriga, mediante retribuição, a prestar a sua actividade a outra ou outras pessoas, no âmbito de organização e sob autoridade destas».

[3] Leitão, Luís Menezes (2010). *Direito do Trabalho* (2.ª ed.). Coimbra: Almedina, pp. 11-12, refere, a este respeito, que «o Direito do Trabalho não abrange as actividades realizadas em proveito próprio, mas apenas as que se exercem em proveito alheio»; e que «o Direito do Trabalho não abrange o trabalho gratuito, uma vez que é elemento necessário do contrato de trabalho o pagamento de uma retribuição».

[4] «As partes no contrato de trabalho continuam a ser o trabalhador e o empregador [...] refira--se que o Código do Trabalho utiliza sempre o termo empregador, em substituição de outras expressões usadas na legislação anterior, como entidade patronal, entidade empregadora ou dador de trabalho» – *V.* Martinez, Pedro Romano (2016). «Artigo 11.º». In AA. VV. *Código do Trabalho Anotado* (10.ª ed.). Coimbra: Almedina, pp. 124-125.

[5] Gomes, Júlio Manuel Vieira (2007). *Direito do Trabalho, Volume I, Relações Individuais de Trabalho.* Coimbra: Coimbra Editora, pp. 215-216.

dos grupos de empresas), perturbação essa que vem sendo abordada por alguma doutrina nacional[6]. No entanto, salvo erro, encontra-se ainda por desenvolver, em termos doutrinários, a relação entre o recurso, por parte das empresas, a determinados incentivos à contratação, e a diminuição da autonomia daquelas, face à inerente subordinação às regras inerentes a esse tipo de incentivos.

Como observa ainda JÚLIO GOMES, o legislador diferencia «os regimes jurídico-laborais consoante a dimensão da empresa»[7], o «que suscita alguma controvérsia» por não ser «pacífica a sua fundamentação»[8]. De todo o modo, de entre os argumentos a favor de uma legislação laboral mais simples para as microempresas[9], encontramos a alusão à «sua menor capacidade financeira», a necessidade de as compensar pelo maior esforço que têm com os «custos de trabalho» e a necessidade de as encorajar «à promoção da criação do emprego»[10].

É precisamente este objectivo – o da promoção da criação de emprego – que leva os poderes legislativo e executivo a adoptar mecanismos que, a nosso ver, podem ser encarados como mecanismos de capitalização das empresas – não destinados exclusivamente às microempresas –, incentivando-as a contratar mais trabalhadores.

Esses mecanismos não resultam, por norma, do CT, mas acabam, naturalmente, por se relacionar com os regimes jurídico-laborais nele previstos, nomeadamente no âmbito das modalidades de contrato de trabalho (sobretudo no que respeita à opção entre a celebração de contrato de trabalho a termo ou de contrato de trabalho por tempo indeterminado; e entre a celebração de contrato de trabalho a tempo parcial ou de contrato de trabalho a tempo completo); e no âmbito das temáticas referentes à igualdade e não discriminação no trabalho (particularmente na fase de recrutamento,

---

[6] Nomeadamente pelo citado A., IBIDEM, pp. 216-219.
[7] Designadamente flexibilizando, para as microempresas, os regimes de marcação do período de férias (art. 241.º, n.º 3 do CT, *a contrario*); de caducidade dos contratos em caso de encerramento (art. 346.º, n.º 4); ou em caso de insolvência e recuperação de empresa (art. 347.º, n.º 4); bem como facilitando o procedimento de despedimento por facto imputável ao trabalhador (art. 358.º) e a oposição à reintegração do trabalhador em caso de despedimento ilícito (art. 392.º, n.º 1).
[8] GOMES, Júlio Manuel Vieira (2007), ob. cit., pp. 220-222.
[9] Considera-se «microempresa a que emprega menos de 10 trabalhadores» – al. a) do n.º 1 do art. 100.º do CT.
[10] GOMES, Júlio Manuel Vieira (2007), ob. cit., pp. 221-222.

quanto ao direito à igualdade no acesso ao emprego e nas condições de trabalho, e na concretização de medidas legislativas de acção positiva, com o objectivo de beneficiar certo grupo desfavorecido).

Capitalizar significa «converter em capital, em dinheiro; adicionar ao capital; acumular para formar um capital; injectar capital, dinheiro em (empresa, indústria, etc.)»[11]. A capitalização empresarial é, quase sempre – na nossa opinião e no que às relações de trabalho subordinado concerne –, indirecta[12], porquanto não se traduz numa «injecção ou conversão de capital» propriamente dita. Estamos a pensar em medidas, criadas com o intuito de favorecer a criação de emprego, por via das quais as empresas se capitalizam, podendo canalizar recursos essenciais para outras áreas e investimentos.

Os recursos humanos são um ingrediente essencial no "bolo empresarial" e a sua gestão acarreta inúmeras obrigações e encargos, nomeadamente aqueles que respeitam às contribuições obrigatórias para a Seg. Social. Poder reduzir os encargos inerentes à contratação de trabalhadores é, a nosso ver, uma forma de capitalização.

O estado geral da economia de um país influencia inequivocamente a vida das suas empresas. Os desafios que se colocam actualmente, nomeadamente em termos de inovação empresarial, de protecção de dados pessoais e de alterações tecnológicas, são cada vez maiores. É tão imperioso garantir empregos estáveis como favorecer novas contratações e apoiar as empresas que contratam. O Direito não pode ser alheio às necessidades reais das empresas, dos candidatos a emprego e dos próprios trabalhadores[13].

---

[11] Definição ou significado de «capitalizar» do Dicionário Infopédia da Língua Portuguesa, disponível em *www.infopedia.pt/dicionarios/lingua-portuguesa-aao* [consultado a 06.01.2017].
[12] À primeira vista, diríamos que é directa a capitalização por via das medidas de atribuição de apoio financeiro, porquanto tal apoio é disponibilizado directamente aos empregadores que procedam à contratação de desempregados; contudo, mantivemos, também neste caso, como indirecta a classificação do tipo de capitalização em causa, uma vez que os apoios associados a estas medidas se encontram dependentes da celebração de contratos de trabalho e sujeitos a rigorosos requisitos de atribuição.
[13] Nas palavras de FERNANDES, António Monteiro (2009), ob. cit., p. 29, o «favorecimento da efectividade das normas de trabalho não pode, contudo, passar ao lado da racionalidade económica: essas normas devem respeitar a adequação e a compatibilidade às exigências da gestão das empresas e às condições gerais da economia. Devem procurar a realização dos princípios e dos valores sociais inalienáveis, nos ambientes micro e macroeconómicos reais – sob pena

No presente escrito, apresentaremos uma visão menos tradicional, mas que cremos real e actual, do modelo de empregador; e, em concreto, abordaremos em que medida é que o empregador, que beneficie de «capital alheio» para a contratação de trabalhadores, pode perder alguma autonomia nas respectivas relações laborais.

2. Mecanismos de capitalização das empresas no mercado de trabalho

2.1. Apoios à contratação – considerações gerais

O combate ao desemprego tem constituído, ao longo dos anos e nos sucessivos governos do nosso país, uma prioridade. A conjuntura económica desfavorável, interna e comunitária, teve e tem reflexos inevitáveis no mercado de trabalho, favorecendo o desemprego e dificultando a contratação de trabalhadores.

A taxa de desemprego da população activa com idade entre os 15 e os 74 anos era, em Portugal e em Outubro de 2016, segundo dados disponibilizados pelo INE[14], de 10,9%, e a população desempregada, nesses mesmos grupo etário, mês e ano, correspondia a 549,5 mil pessoas.

As medidas activas de emprego desempenham um papel que não pode ser menosprezado, porquanto favorecem o combate ao desemprego e beneficiam a inserção e integração na vida activa de certos grupos profissionais. No que respeita às empresas, essas medidas constituem, como já aflorámos acima, um meio de capitalização indirecta, que se traduz na concessão de incentivos à contratação de trabalhadores.

Dada a diversidade de medidas existentes neste âmbito – ainda que todas tenham um tronco comum, o da promoção do emprego –, que vão desde isenções no pagamento de contribuições (nomeadamente em situações de contratação de jovens à procura de primeiro emprego ou de pessoas que estejam presas em regime aberto) a reduções da taxa contributiva, na parte que respeita ao empregador (no caso, por exemplo, de contratação de trabalhadores com deficiência), decidimos focar o nosso estudo nas

---

de ficarem inaplicadas, ou mal aplicadas, e de se tornarem ineficazes, por falharem a função social que as explica e justifica».

[14] *V.* os indicadores estatísticos disponíveis nas bases de dados do INE, organizados por temas, concretamente os que respeitam ao tema «mercado de trabalho», subtema «desemprego», disponíveis em *www.ine.pt/xportal/xmain?xpid=INE&xpgid=ine_base_dados* [consultados a 06.01.2017].

seguintes medidas concretas: a dispensa temporária do pagamento de contribuições para o regime geral de Seg. Social no caso de contratação de jovens à procura de primeiro emprego e de desempregados de longa duração; a medida Contrato-Emprego; e a medida Promoção da Igualdade de Género no Mercado de Trabalho. Consideramos, particularmente, a lógica subjacente a empresas individuais e societárias (privadas).

Os apoios e incentivos que vamos abordar neste texto surgem regulados em legislação avulsa que deve ser articulada com as regras previstas, a este nível, no CCSS, que mencionaremos expressamente nos locais próprios.

O n.º 1 do artigo 47.º da CRP consagra «o direito de escolher livremente a profissão ou o género de trabalho, salvas as restrições legais impostas pelo interesse colectivo ou inerentes à sua própria capacidade». Por sua vez, o seu artigo 58.º prescreve, no n.º 2, que o direito ao trabalho é essencialmente um direito contra o Estado, incumbindo a este promover, por um lado, «[a] execução de políticas de pleno emprego» e, por outro lado, «[a] igualdade de oportunidades na escolha da profissão ou género de trabalho e condições para que não seja vedado ou limitado, em função do sexo, o acesso a quaisquer cargos, trabalho ou categorias profissionais».

Nos termos do artigo 115.º do CT, cabe às partes determinar por acordo a actividade para que o trabalhador é contratado, podendo esta determinação ser feita por remissão para categoria de instrumento de regulamentação colectiva de trabalho ou de regulamento interno de empresa. LUÍS MENEZES LEITÃO esclarece que «[v]erificando-se a determinação dessa actividade, compete ao empregador, no entanto, a escolha das funções a atribuir ao trabalhador (art. 118.º, n.º 1), bem como a sua concretização através de ordens e instruções, salvo nos casos em que exista autonomia técnica (art. 116.º)»[15].

Assim sendo, a liberdade de trabalho com protecção constitucional é, essencialmente, uma liberdade assegurada aos trabalhadores[16]. No entanto, também os empregadores beneficiam de uma liberdade associada ao

---

[15] LEITÃO, Luís Menezes (2010), ob. cit., p. 249.
[16] Como ensina RAMALHO, Maria do Rosário Palma (2009). *Direito do Trabalho, Parte II – Situações Laborais Individuais* (3.ª ed.). Coimbra: Almedina, p. 231, «[é] ainda este princípio da liberdade de trabalho que se evidencia na proibição legal da celebração de acordos entre empregadores que possam limitar a admissão de trabalhadores que para eles tenham prestado serviço (art. 138.º do CT)».

«princípio da autonomia privada, nos termos gerais (art. 405.º CC)»[17], na medida em que ambas as partes podem assim escolher livremente se e com quem querem celebrar o contrato de trabalho e quais as cláusulas que nele pretendem introduzir. Estas liberdades encontram-se, porém, algo limitadas. Efectivamente, a liberdade de contratação é restringida por diversas imposições da legislação laboral, como o dever de tratamento igualitário dos candidatos a emprego (art. 24.º e ss.) ou a obrigação de manutenção do mesmo nível de emprego na empresa em caso de despedimento por inadaptação (art. 380.º)»[18]. Acresce, ainda, a necessidade de conjugação do princípio geral da autonomia privada com o já referido princípio fundamental da liberdade de trabalho[19].

Luís Menezes Leitão já se debruçou sobre algumas das limitações que a legislação laboral impõe sobre a liberdade de contratação e de estipulação (como consequências do corolário da autonomia privada); não lográmos, contudo, encontrar doutrina nacional que se debruçasse especificamente sobre as limitações que os apoios em geral à contratação implicam nestas liberdades e até mesmo na iniciativa económica privada (art. 61.º da CRP). De todo o modo, acreditamos que tais limitações serão semelhantes (com as diferenças que abaixo apontamos) àquela que obriga à manutenção do nível de emprego na empresa em caso de despedimento por inadaptação.

De facto, os apoios à contratação que melhor desenvolveremos nos pontos subsequentes, sejam relativos à atribuição de apoios financeiros às empresas, sejam relativos a isenções ou reduções da taxa contributiva global, exigem quase sempre uma manutenção do nível de emprego, designadamente através da obrigação de manutenção (ainda que temporária) do vínculo laboral entre a empresa que beneficiou desse apoio e o trabalhador que justificou a atribuição do mesmo. Aqui encontramos a primeira diferença em relação à manutenção do nível de emprego prevista no artigo 380.º do CT; esta norma, sendo respeitante a um dos tipos de despedimento legalmente admissíveis, exige, a nosso ver, que a manutenção do nível de emprego se obtenha por meio de admissão ou transferência de outro trabalhador.

---

[17] Leitão, Luís Menezes (2010), ob. cit., p. 249.
[18] Leitão, Luís Menezes (2010), ob. cit., p. 241.
[19] V. Ramalho, Maria do Rosário Palma (2009), ob. cit., p. 232.

Acresce que, em caso de incumprimento da obrigação de manutenção do nível de emprego associada ao despedimento por inadaptação, a ACT[20] notifica o empregador para que assegure a referida manutenção, em prazo não superior a 30 dias e, em caso de desrespeito deste prazo, a infracção é punida com o dobro da coima aplicável por via da contraordenação cominada pelo n.º 3 do mesmo preceito. No entanto, no que concerne ao incumprimento da obrigação de manutenção do vínculo laboral associado aos apoios à contratação concedidos, a consequência desse incumprimento acarreta a resolução do contrato de concessão de incentivos financeiros, com a inerente restituição dos mesmos[21], ou o pagamento dos encargos que a empresa deixou de satisfazer em virtude das isenções ou reduções concedidas.

Como veremos, o empregador, para obter os benefícios associados a cada uma das medidas de incentivo à contratação que analisaremos, fica algo limitado, tanto no que concerne à sua liberdade de contratação, como no que concerne à liberdade de estipulação dos termos do contrato de trabalho.

2.2. Apoios geridos pelo Instituto do Emprego e Formação Profissional

No âmbito dos apoios à contratação, encontramos um conjunto de medidas que consistem na atribuição de apoios financeiros às empresas que celebrem contratos de trabalho com desempregados inscritos nos serviços de emprego, sendo o IEFP a entidade responsável pela execução dessas medidas e pela elaboração dos respectivos regulamentos.

---

[20] Serviço com competência inspectiva do ministério responsável pela área laboral.
[21] A título de exemplo, *v.* Ac. do Tribunal Central Administrativo do Norte, proferido no âmbito do Processo 02553/06.0BEPRT, de 04.02.2010, disponível em *www.dgsi.pt* [consultado a 06.01.2017], do qual resulta a possibilidade de resolução do contrato de concessão de incentivos financeiros celebrado entre uma determinada empresa e o IEFP – Delegação Regional do Norte, porquanto «[o] preceito [art. 2.º, n.º 2, da Portaria n.º 196-A/2001, de 10 de Março] não prevê um incumprimento parcial porque simplesmente se cumpriu ou não se cumpriu o contrato». *V.* também art. 15.º da Portaria n.º 34/2017, de 18 de Janeiro, sob a epígrafe «[i]ncumprimento e restituição do apoio», que prevê expressamente, na al. d) do respectivo n.º 2, que a entidade empregadora deve restituir proporcionalmente o apoio financeiro recebido quando se verifique um incumprimento da obrigação de manutenção do nível de emprego estabelecida no art. 8.º do mesmo diploma legal.

As medidas que de seguida desenvolveremos (Contrato-Emprego e Promoção da Igualdade de Género no Mercado de Trabalho) são financiadas pelo «Portugal 2020», o "novo"[22] ciclo de programa comunitário que compreende quatro domínios temáticos[23] e cinco programas operacionais regionais, no Continente, que possibilitam o financiamento destes apoios através do Fundo Social Europeu, consoante se trate de regiões consideradas de transição (Algarve), menos desenvolvidas (Norte, Centro e Alentejo) e mais desenvolvidas (Lisboa).

A intervenção do Programa Operacional de Inclusão Social e Emprego (POISE), incluindo a Iniciativa Emprego Jovem (IEJ) e os Programas Operacionais Regionais (POR's), é feita de acordo com a tipologia da medida, o grupo etário ou a região em causa.

A medida intitulada Promoção da Igualdade de Género no Mercado de Trabalho encontra-se geneticamente dependente da medida Contrato-Emprego, porquanto o financiamento daquela consiste numa majoração desta última ou de medidas futuras de apoio à contratação, financiadas pelo IEFP, que não excluam essa majoração (v. o art. 2.º, n.º 1 da Portaria n.º 84/2015, de 20 de Março, e o art. 10.º, n.º 5 da Portaria n.º 34/2017, de 18 de Janeiro).

2.2.1. *Contrato-Emprego*

A Medida Contrato-Emprego (doravante apenas Medida), criada pela já referida Portaria n.º 34/2017, de 18 de Janeiro (daqui em diante, abreviadamente designada por Portaria), consiste na concessão de um apoio financeiro aos empregadores que celebrem contratos de trabalho, a tempo completo ou a tempo parcial, com desempregados inscritos no IEFP, podendo tais contratos revestir a modalidade de contrato de trabalho sem termo ou a modalidade de contrato de trabalho a termo certo, desde que, no caso desta última modalidade, se trate de contrato por prazo igual ou superior a

---

[22] Face ao tão propalado QREN, que constituiu o enquadramento para a aplicação da política comunitária de coesão económica e social em Portugal no período de 2007-2013; correspondendo o Portugal 2020 ao Acordo de Parceria para o período de 2014-2020.

[23] Competitividade e Internacionalização; Inclusão Social e Emprego; Capital Humano; e Sustentabilidade e Eficiência no Uso de Recursos.

12 meses com públicos desfavorecidos[24]. Os empregadores têm a obrigação de proporcionar formação profissional aos trabalhadores contratados.

Os candidatos a esta Medida podem ser o empresário em nome individual, a pessoa colectiva de natureza jurídica privada, com ou sem fins lucrativos, bem como a empresa que tenha iniciado processo especial de revitalização, previsto no CIRE, e a empresa que tenha iniciado o processo no SIREVE[25], desde que reúnam os requisitos previstos no n.º 3 do artigo 3.º da Portaria[26], requisitos esses exigidos não apenas no momento do registo da oferta de emprego, mas também durante todo o período de duração do apoio financeiro correspondente.

Para além de o empregador ficar vinculado à celebração de contrato de trabalho sem termo ou a termo certo, por prazo igual ou superior a 12 meses, com grupos específicos de desempregados, e à atribuição de formação profissional aos trabalhadores contratados, durante o período de duração do apoio concedido, constituem, ainda, condições de atribuição deste apoio as seguintes: a publicitação e registo de oferta de emprego, no portal do IEFP[27], sinalizada com a intenção de candidatura à Medida; a

---

[24] Só são elegíveis os contratos de trabalho a termo certo, com duração igual ou superior a 12 meses, celebrados com os seguintes desempregados:
  i. Beneficiário do rendimento social de inserção;
  ii. Pessoa com deficiência e incapacidade;
  iii. Refugiado;
  iv. Ex-recluso e aquele que cumpra ou tenha cumprido penas ou medidas judiciais não privativas de liberdade em condições de se inserir na vida activa;
  v. Toxicodependente em processo de recuperação;
  vi. Com idade igual ou superior a 45 anos;
  vii. Inscrito há 25 ou mais meses.

[25] Devendo para o efeito fazer prova dessa situação.

[26] São eles: estar regularmente constituída e registada; preencher os requisitos legais exigidos para o exercício da actividade ou apresentar comprovativo de ter iniciado o processo aplicável; ter a situação tributária e contributiva regularizada perante, respectivamente, a AT e a Seg. Social; não se encontrar em situação de incumprimento no que respeita a apoios financeiros concedidos pelo IEFP; ter a situação regularizada em matéria de restituições no âmbito dos financiamentos pelo Fundo Social Europeu; dispor de contabilidade organizada de acordo com o previsto na lei; não ter salários em atraso (com excepção das empresas que iniciaram processo especial de revitalização previsto no CIRE ou processo no SIREVE); não ter sido condenada em processo-crime ou contraordenacional por violação de legislação de trabalho, nomeadamente sobre discriminação no trabalho e no acesso ao emprego.

[27] *www.netemprego.gov.pt.*

criação líquida de emprego; a manutenção do nível de emprego atingido por via do apoio; o respeito, na determinação da remuneração oferecida, pelo previsto em termos de RMMG[28] e, quando aplicável, no respectivo instrumento de regulamentação colectiva de trabalho[29].

Os empregadores que celebrem contrato de trabalho com desempregados destinatários[30] desta Medida têm direito a um apoio financeiro

---

[28] O DL n.º 86-B/2016, de 29 de Dezembro, veio proceder ao aumento do salário mínimo nacional para € 557,00, com efeitos a 01.01.2017.

[29] V. o art. 4.º da Portaria.

[30] No art. 6.º da Portaria encontramos os destinatários da Medida. Em suma, diga-se que o contrato de trabalho que está na base da atribuição deste apoio financeiro tem de ser celebrado com desempregado inscrito no IEFP que reúna uma das seguintes condições:

a) Esteja inscrito no IEFP há seis meses consecutivos;
b) Independentemente do tempo de inscrição, se trate de:
  i) Beneficiário de prestação de desemprego;
  ii) Beneficiário do rendimento social de inserção;
  iii) Pessoa com deficiência e incapacidade;
  iv) Pessoa que integre família monoparental;
  v) Pessoa cujo cônjuge ou pessoa com quem viva em união de facto se encontre igualmente em situação de desemprego e inscrito no IEFP;
  vi) Vítima de violência doméstica;
  vii) Refugiado;
  viii) Ex-recluso e aquele que cumpra ou tenha cumprido penas ou medidas judiciais não privativas de liberdade em condições de se inserir na vida activa;
  ix) Toxicodependente em processo de recuperação.
c) Se encontre inscrito há pelo menos dois meses consecutivos, quando se trate de pessoa:
  i) Com idade igual ou inferior a 29 anos;
  ii) Com idade igual ou superior a 45 anos;
  iii) Que não tenha registos na segurança social como trabalhador por conta de outrem nem como trabalhador independente nos últimos 12 meses consecutivos que precedem a data do registo da oferta de emprego.
d) Pertença a outro público específico a definir por despacho do membro do Governo responsável pela área do emprego, em função das prioridades da política pública;
e) Independentemente do tempo de inscrição, tenha concluído, há menos de 12 meses, estágio financiado pelo IEFP no âmbito de projectos reconhecidos como de interesse estratégico, incluindo os projectos apresentados conjuntamente por entidades promotoras e centros de interface tecnológico.

De notar que, nos termos deste artigo, o tempo de inscrição no IEFP não é prejudicado pela frequência de estágio profissional, formação profissional ou outra medida activa de emprego, com excepção de estágios financiados pelo IEFP, de medidas de apoio direto à contratação e das que visem a criação do próprio emprego.

correspondente a: *(i)* nove vezes o valor do IAS[31], no caso de contrato sem termo; e *(ii)* três vezes o valor do IAS, no caso de contrato a termo certo.

Estes apoios beneficiam de uma majoração em 10%, quando esteja em causa a contratação dos desempregados referidos nas subalíneas *ii)* a *ix)* da alínea b) e na alínea d) do n.º 2 do artigo 6.º da Portaria[32]; ou a criação de postos de trabalho localizados em território economicamente desfavorecido, nos termos definidos no anexo 5 do Regulamento Específico aplicável à Medida[33].

Encontra-se prevista a hipótese de concessão à entidade empregadora de um prémio pela conversão de contrato de trabalho a termo certo, abrangido pela presente Portaria ou pela Portaria n.º 149-A/2014, de 24 de Julho[34], em contrato de trabalho sem termo, de valor equivalente a duas vezes a retribuição base mensal nele prevista, até ao limite de cinco vezes o valor do IAS, desde que se verifiquem os seguintes requisitos legais:

a) Manutenção do contrato de trabalho convertido e do nível de emprego existente desde o início de vigência do contrato a termo certo, até ao momento do pagamento do prémio;

---

[31] A Portaria n.º 4/2017, de 3 de Janeiro, produziu efeitos a dia 1 de Janeiro de 2017 e procedeu à actualização do valor do IAS para € 421,32.

[32] Ou seja:
   i. Beneficiário do rendimento social de inserção;
   ii. Pessoa com deficiência e incapacidade;
   iii. Pessoa que integre família monoparental;
   iv. Pessoa, cujo cônjuge, ou pessoa com quem viva em união de facto se encontre igualmente em situação de desemprego, inscrito no IEFP;
   v. Vítima de violência doméstica;
   vi. Refugiado;
   vii. Ex-recluso e aquele que cumpra ou tenha cumprido penas ou medidas judiciais não privativas de liberdade em condições de se inserirem na vida activa;
   viii. Toxicodependente em processo de recuperação;
   ix. Pessoa que pertença a outro público específico, a definir por despacho do membro do Governo, responsável pela área do emprego, em função das prioridades da política pública.

[33] Este regulamento está disponível em *www.iefp.pt/documents/10181/6809287/Regulamento-24-01-2017vf/2dc0cba6-35c8-4f47-aec9-5d92cde5f8f1* [consultado a 25.01.2017].

[34] Correspondente à anterior medida de apoio à contratação conhecida como medida Estímulo-Emprego.

b) Manutenção dos requisitos da entidade empregadora constantes do n.º 3 do artigo 3.º;
c) A observância do estabelecido em termos de retribuição mínima mensal garantida e, quando aplicável, do respectivo instrumento de regulamentação colectiva de trabalho, nomeadamente na remuneração oferecida no contrato.

A entidade empregadora fica dispensada, no âmbito da execução do contrato convertido, da obrigação de proporcionar formação profissional que está estabelecida no artigo 9.º da Portaria, sem prejuízo, porém, do estabelecido no CT[35].

No que respeita à relação desta Medida com outro tipo de apoios, o artigo 16.º da Portaria refere, de forma expressa, que a mesma não é cumulável com:

a) Medidas que prevejam a dispensa parcial ou isenção total do pagamento de contribuições para o regime geral da Seg. Social;
b) Outros apoios directos ao emprego aplicáveis ao mesmo posto de trabalho.

Esta proibição de cumulação de apoios pode, contudo, ser excepcionada por despacho do membro do Governo responsável pela área do emprego.

Façamos agora uma breve abordagem à relação entre as normas previstas na Portaria e o que dispõe o CT.
Por um lado, o artigo 6.º, n.º 3 da Portaria estabelece que são equiparadas a desempregados as pessoas inscritas no IEFP como trabalhadores com contrato de trabalho suspenso com fundamento no não pagamento pontual da retribuição[36].

---

[35] *V.*, a este respeito, o que regem os arts. 130.º a 134.º do CT sobre a matéria da formação profissional.

[36] A propósito da articulação do regime especial da suspensão pelo não pagamento pontual da retribuição e do regime geral da excepção de não cumprimento (arts. 428.º e ss. do CT), *v.*, por exemplo, GOMES, Júlio Manuel Vieira (2007), ob. cit., pp. 869-878; RAMALHO, Maria do Rosário Palma (2009), ob. cit., pp. 62-65; LEITÃO, Luís Menezes (2010), ob. cit., pp. 463--464; e, ainda, MARTINEZ, Pedro Romano (2016). «Artigos 325.º a 327.º». In AA. VV. *Código do Trabalho Anotado* (10.ª ed.). Coimbra: Almedina, pp. 740-743.

Importa relacionar o disposto neste n.º 3 com os artigos 325.º e seguintes do CT e com o artigo 25.º, n.º 1 da Lei n.º 105/2009, de 14 de Setembro, do qual resulta que «[o] trabalhador que suspenda o contrato de trabalho com fundamento em não pagamento pontual da retribuição tem direito a prestações de desemprego durante o período da suspensão». Da articulação destas normas decorre a possibilidade de contratação, com direito ao apoio financeiro associado à Medida, de um trabalhador de outra empresa (contanto que esta contratação não desrespeite o dever de lealdade ao empregador originário, nos termos do art. 326.º do CT), desde que esse trabalhador tenha o contrato suspenso por não pagamento pontual de retribuição.

Resta saber o que acontece ao apoio concedido ao novo empregador, quando o empregador originário efectue o pagamento integral das retribuições em dívida e juros de mora, o qual importa, nos termos do artigo 327.º, al. b) do CT, a cessação da suspensão do contrato de trabalho originário (que, repare-se, subsiste mesmo durante a suspensão, nos termos do art. 295.º, n.º 1 do CT). Parece-nos que esta situação não está contemplada nas situações que implicam a restituição total do apoio financeiro concedido ao empregador, contidas no artigo 15.º, n.º 4 da Portaria[37]. Todavia, já cremos ser aplicável a solução de restituição proporcional do apoio financeiro recebido, prevista no n.º 2 do mesmo artigo, atendendo a que esta solução está pensada tanto para os casos em que o trabalhador abrangido pela Medida promova a denúncia do respectivo contrato de trabalho, como para os casos em que o empregador e o trabalhador abrangido pela Medida façam cessar o contrato de trabalho por acordo[38]. Cremos, assim, que tais situações de

---

[37] A situação de restituição total verifica-se nos seguintes casos: de trabalhador abrangido por despedimento colectivo, por extinção de posto de trabalho ou por inadaptação; de despedimento por facto imputável ao trabalhador que seja declarado ilícito ou cessação do contrato de trabalho durante o período experimental por iniciativa do empregador, efectuados durante o período de duração do apoio; de resolução lícita de contrato de trabalho pelo trabalhador; e de incumprimento da obrigação de proporcionar formação profissional durante o período de duração do apoio ou da obrigação de cumprir a RMMG ou a retribuição prevista em IRCT.

[38] A solução de restituição parcial do apoio financeiro recebido é ainda aplicável nas situações de despedimento por facto imputável ao trabalhador; nas situações de incumprimento da obrigação de manutenção do nível de emprego; e em caso de incumprimento superveniente das obrigações previstas no âmbito da Portaria.

cessação do novo contrato são viáveis, de modo a que o trabalhador possa voltar a prestar actividade laboral ao empregador originário.

De todo o modo, mesmo que o trabalhador não promova a cessação do contrato alvo do apoio financeiro, unilateralmente ou por acordo, consideramos viável a interpretação de que o mesmo caduca por impossibilidade superveniente, absoluta e definitiva, de o trabalhador prestar o seu trabalho[39], em virtude de ter de voltar a assegurar a prestação de trabalho ao empregador originário[40]. Apesar de esta situação de caducidade do contrato não se encontrar prevista expressamente no artigo 15.º, n.º 2 da Portaria, consideramos que, também neste caso, a solução relativa ao apoio financeiro recebido passaria pela restituição proporcional do mesmo, dado que seria uma situação semelhante à prevista na alínea a) dessa norma, ou seja, uma situação em que a cessação do contrato de trabalho abrangido pelo apoio financeiro associado à Medida cessaria por motivos alheios à vontade do empregador beneficiário, sendo, por isso, excessivamente onerosa a restituição total do apoio.

A propósito destas e de outras vicissitudes que possam resultar para o contrato de trabalho abrangido pelo apoio financeiro, importa atender ao n.º 3 do referido artigo 15.º, que prevê que a obrigação de restituição proporcional do apoio não é aplicável no caso em que a entidade empregadora proceda à substituição do trabalhador apoiado, cujo contrato tenha cessado por um denúncia, acordo ou despedimento por facto imputável ao próprio, por um desempregado inscrito no IEFP que se encontre nas mesmas condições, no prazo de 20 dias úteis a contar da data em que se verificou o motivo que fundamenta essa substituição. Por outro lado, nos termos do n.º 7 do artigo 10.º da Portaria, quando ocorra a suspensão do contrato de trabalho apoiado, nomeadamente por motivo de doença ou de gozo de licença parental, por período superior a um mês, a entidade empregadora tem direito ao apoio financeiro calculado proporcionalmente ao trabalho prestado e remunerado, sempre que: no caso de contrato sem termo, não se verifiquem, no trigésimo sexto mês após a data de início deste, 24 meses completos de prestação de trabalho pelo trabalhador

---

[39] V. a al. b) do art. 343.º do CT.
[40] E contanto que seja inviável a manutenção dos dois vínculos laborais, pois o pluriemprego é admissível no ordenamento jurídico português e, no caso de contratos de trabalho a tempo parcial, até pode ser viável a manutenção de dois vínculos dessa natureza.

apoiado; ou, no caso de contrato a termo certo, não se verifique, no final da duração inicial deste, o correspondente número de meses completos de prestação de trabalho pelo trabalhador apoiado. Mais uma vez, esta redução proporcional do apoio não se verifica se a entidade empregadora substituir o trabalhador ausente por outro desempregado, inscrito no IEFP, que se encontre nas mesmas condições, no prazo de 20 dias úteis a contar da data em que ocorra o motivo que levou à suspensão.

Por outro lado, nos termos do n.º 6 do artigo 6.º da Portaria, não são apoiados os contratos de trabalho celebrados entre a entidade empregadora ou entidade pertencente ao mesmo grupo empresarial e o desempregado que a esta tenha estado vinculado, por contrato de trabalho, imediatamente antes de ser colocado em situação de desemprego, excepto quando a situação de desemprego tenha ocorrido há mais de 24 meses; nem os contratos celebrados com desempregado que tenha frequentado um estágio profissional financiado pelo IEFP, na mesma entidade empregadora ou em entidade pertencente ao mesmo grupo empresarial, nos 24 meses anteriores. Este impedimento não se aplica quando, independentemente do tempo de inscrição, o desempregado tenha concluído, há menos de 12 meses, um estágio financiado pelo IEFP, no âmbito de projectos reconhecidos como de interesse estratégico, incluindo os projectos apresentados em conjunto por entidades promotoras e centros de interface tecnológico[41].

A previsão legal em causa justifica-se pela necessidade de prevenção de situações fraudulentas, através das quais um empregador (com vista à obtenção indevida deste tipo de apoios financeiros) desencadeasse, com ou sem o conluio do trabalhador, as sucessivas cessação e celebração de contratos de trabalho com este.

Ainda a propósito dos requisitos do contrato de trabalho (seja a tempo completo ou a tempo parcial[42]) associado à atribuição do apoio financeiro concedido por esta Medida, veja-se que a mesma – ao contrário das anteriores medidas de cariz semelhante – se focaliza nos contratos sem termo (abrindo apenas a possibilidade de contratos a termo para os chamados

---

[41] V. art. 6.º, n.º 2, al. e) da Portaria.
[42] No caso de celebração de contrato de trabalho a tempo parcial, o apoio financeiro associado a esta Medida é reduzido proporcionalmente, tendo por base um período normal de trabalho de 40 horas semanais (art. 10.º, n.º 6 da Portaria).

públicos desfavorecidos[43]); e introduz uma maior diferenciação no apoio concedido a cada modalidade contratual, exigindo uma duração mínima de 12 meses nos contratos a termo. Repare-se ainda que, nos termos do n.º 9 do artigo 15.º da Portaria em análise, não é devido qualquer apoio à entidade empregadora quando o contrato de trabalho apoiado cesse antes de decorrido um mês completo de vigência, independentemente da causa.

Por fim, para efeitos de cumprimento dos requisitos de atribuição do apoio financeiro subjacente à Medida, o empregador tem de observar, por um lado, a criação líquida de emprego e, por outro lado, a manutenção do nível de emprego atingido por via do apoio. No que respeita à criação líquida de emprego, prevê o art. 7.º da Portaria que se considera existir criação líquida de emprego «quando, no mês de registo da oferta de emprego, a entidade empregadora tiver alcançado por via do apoio financeiro previsto na presente medida um número total de trabalhadores superior à média dos trabalhadores registados nos 12 meses que precedem o mês de registo da oferta».

O Regulamento Específico desta Medida esclarece que a verificação da criação líquida de emprego é efectuada com recurso à consulta dos dados de qualificação da entidade empregadora disponibilizados, mensalmente, pela Seg. Social, sendo contabilizados todos os trabalhadores, independentemente do tipo de contrato de trabalho que possuam e da função que desempenhem, que descontem para a Seg. Social e que pertençam a todos os estabelecimentos da entidade empregadora, ficando excluídos, assim, os sócios de capital da entidade empregadora que não sejam trabalhadores nem sócios gerentes; os contratados no âmbito de prestações de serviços; os estagiários e os membros de órgãos estatutários.

No que concerne à obrigação de manutenção do nível de emprego, o empregador, a partir da contratação e durante o período de atribuição do

---

[43] Uma das novidades desta medida, em relação a outras medidas de apoio à contratação anteriores semelhantes, é o facto de a mesma estabelecer que a concessão do apoio financeiro depende da aplicação de critérios de análise definidos pelo IEFP, designadamente: abrangência de públicos desfavorecidos, com maior dificuldade de integração no mercado de trabalho, nomeadamente jovens e desempregados de longa duração; e, localização do posto de trabalho em território economicamente desfavorecido. Tais critérios de análise constam da matriz definida no Regulamento específico da medida, cujo anexo 5 contem a listagem dos territórios economicamente desfavorecidos (TED).

apoio financeiro[44], tem de registar um número total de trabalhadores igual ou superior ao número de trabalhadores atingido por via do apoio, incluindo o(s) trabalhador(es) objecto de apoio. A verificação da manutenção do nível de emprego é efectuada nos seguintes termos: semestralmente, no caso de contrato sem termo, até ao prazo de 24 meses; semestralmente e no final do período de duração, no caso de contrato a termo certo. Para efeitos de aferição do cumprimento desta obrigação de manutenção do nível de emprego, não são contabilizados os trabalhadores cujos contratos de trabalho tenham cessado por sua própria iniciativa, por motivo de invalidez, de falecimento, de reforma por velhice, de despedimento com justa causa promovido pela entidade empregadora ou de caducidade de contratos a termo celebrados nos termos das alíneas a) a d) do n.º 2 do artigo 140.º do CT, desde que a entidade empregadora comprove esses factos ao IEFP, no prazo de cinco dias úteis[45].

---

[44] Verificado desde o início da vigência do contrato de trabalho e pelo período de 24 meses, no caso de contrato sem termo; ou pelo período de duração inicial do contrato, no caso de contrato a termo certo.

[45] A este propósito veja-se, uma vez mais, o Regulamento Específico da Medida em análise, que esclarece, com relevo para a forma de aferição da manutenção do nível de emprego, as seguintes situações:
«9.5 Nas situações de fusão, cisão e transformação de empresas (durante o período de execução do apoio), considera-se que:
  a) A execução do projeto, no âmbito da medida, pode continuar desde que, com a fusão, cisão ou transformação de empresas [...] sejam assegurados na íntegra os requisitos legais exigidos no âmbito dos apoios;
  b) Para efeitos de continuidade de execução do projeto de contratação, nas situações aplicáveis, a entidade empregadora inicial e a nova entidade devem assinar documento no qual a empresa fica com a responsabilidade solidária, em caso de incumprimento da nova empresa [...].
  c) No período posterior à data da alteração da forma de reorganização societária da entidade empregadora [...], a manutenção do nível de emprego considera-se observada da seguinte forma:
    i. Se, no restante período de duração do apoio, se verificar, pelo menos, o mesmo número total de trabalhadores registados, aquando da verificação do requisito legal de criação líquida de emprego, que a empresa inicial (com quem o IEFP estabeleceu compromisso no âmbito da medida) alcançou e que possibilitou a atribuição do apoio para um determinado projeto de contratação;
    ii. No que respeita à nova empresa, para efeitos de observância do requisito legal de manutenção do nível de emprego, releve-se que não podem ser contabilizados os

Como já acima referido, o incumprimento da obrigação de manutenção do nível de emprego implica a restituição proporcional do apoio financeiro[46], mas apenas quando ocorra antes do fim da duração inicialmente fixada no contrato de trabalho a termo certo ou, no caso dos contratos de trabalho sem termo, antes de 24 meses de vigência. Para efeitos de obtenção de um prémio pela conversão de contrato de trabalho a termo certo em contrato de trabalho sem termo, o empregador fica sujeito à manutenção do contrato convertido e do nível de emprego existente desde o início de vigência do contrato a termo certo, nos termos do disposto no artigo 8.º, até ao momento do pagamento do prémio. A suspensão do contrato de trabalho apoiado, nos termos do disposto no n.º 7 do artigo 10.º da Portaria, não prejudica a concessão do prémio de conversão, desde que verificadas a já referida manutenção do contrato convertido e do nível de emprego existente, a manutenção dos requisitos da entidade empregadora definidos no n.º 3 do artigo 3.º, a observância do previsto em termos de RMMG e, quando aplicável, da remuneração prevista em IRCT.

Por último, o empregador obriga-se a proporcionar formação profissional ao trabalhador contratado, ajustada às competências requeridas pelo posto de trabalho, numa das seguintes modalidades: formação em contexto de trabalho, pelo período mínimo de 12 meses, mediante acompanhamento

> trabalhadores oriundos da mesma, ou seja, tem-se sempre, como base de cálculo, o número de trabalhadores, transitado da empresa inicial, promotora do projeto de contratação inicial;
> d) Para efeitos do disposto na alínea anterior, os serviços do IEFP efetuam uma análise comparativa da lista nominativa referente aos trabalhadores que estiveram na base para reunir o requisito da criação líquida de emprego, aferida no mês do registo da oferta de emprego, com a lista de trabalhadores da nova empresa, devendo figurar todos os trabalhadores, cujos postos de trabalho são objeto de apoio, que transitaram para a empresa adquirente, [...].
> 9.6. Na situação de contrato de cessão onerosa, a entidade empregadora abrangida inicialmente pela medida não é prejudicada, caso cumpra os requisitos legais durante o período do apoio e assegure a transição dos trabalhadores (objeto do apoio) para a entidade empregadora adquirente, devendo, esta última, acautelar a continuidade dos contratos, nas mesmas condições, salvaguardando, assim, os direitos e as obrigações dos mesmos.
> 9.7. Nas situações previstas anteriormente, a entidade empregadora inicial recebe o apoio proporcional desde a contratação do trabalhador até à data da transição do mesmo para a nova entidade (arredondado para meses completos)».

[46] V. art. 15.º, n.º 2, al. d) da Portaria.

de um tutor designado pelo empregador; ou formação, em entidade formadora certificada[47], com uma carga horária mínima de 50 horas e realizada, preferencialmente, durante o período normal de trabalho, sendo que, fora deste, o trabalhador tem direito a uma redução equivalente no respectivo período de trabalho[48]. No final da formação profissional, a entidade empregadora deve entregar ao IEFP o relatório de formação elaborado pelo tutor[49] ou a cópia do certificado de formação emitido pela entidade formadora certificada, consoante o caso.

Também no âmbito do CT o empregador deve assegurar ao trabalhador a formação profissional (matéria regulada, essencialmente, como já referimos, nos arts. 130.º a 134.º). O artigo 131.º do CT tem inserto, na alínea a) do seu n.º 1, o objectivo da formação contínua[50]. Para prosseguir este objectivo, o empregador deve assegurar, a cada trabalhador, um número mínimo anual de horas de formação[51], mediante acções desenvolvidas na empresa, ou a concessão de tempo para a frequência de formação por iniciativa do próprio trabalhador.

Assim, também esta formação contínua «pode ser desenvolvida pelo empregador» ou «por entidade formadora certificada para o efeito ou por estabelecimento de ensino reconhecido pelo ministério competente», dando «lugar a emissão de certificado e a registo na Caderneta Individual de Competências». Analisando os normativos legais da Portaria e do CT, que regem estas matérias de formação, verificamos que – com excepção do caso de conversão do contrato de trabalho a termo certo em contrato sem termo, em que o legislador dispensa o empregador da obrigação de

---

[47] São entidades formadoras certificadas todas as que obtenham certificação ao abrigo do regime previsto na Portaria n.º 851/2010, de 6 de Setembro, alterada e republicada pela Portaria n.º 208/2013, de 26 de Junho, bem como todas as que são consideradas automaticamente certificadas por desenvolverem actividades formativas previstas na respectiva lei orgânica, diploma de criação, homologação, autorização de funcionamento ou outro regime especial aplicável, estando por isso dispensadas de requerer certificação ao abrigo do regime previsto naquela portaria.
[48] V. o art. 9.º da Portaria.
[49] V. o anexo 2 do Regulamento, disponível em www.iefp.pt/documents/10181/6809287/Regulamento-24-01-2017vf/2dc0cba6-35c8-4f47-aec9-5d92cde5f8f1 [consultado a 25.01.2017].
[50] «Promover o desenvolvimento e a adequação da qualificação do trabalhador, tendo em vista melhorar a sua empregabilidade e aumentar a produtividade e a competitividade da empresa».
[51] No mínimo de 35 horas por ano, em caso de contrato sem termo, e proporcional à duração do contrato, em caso de contrato de trabalho a termo de duração igual ou superior a três meses.

formação introduzida pela Portaria, mantendo apenas a do CT[52] – o requisito de proporcionar formação profissional durante o período de duração do apoio[53] é um dever do empregador beneficiário, que acresce ao dever de formação estabelecido no CT.

Por esta razão, a formação profissional prevista na Portaria contém uma regulação especial, em relação à que decorre do CT, no que concerne à formação realizada fora do período normal de trabalho. Esta implica, como vimos, uma redução equivalente do período do trabalho; enquanto o CT considera a formação profissional realizada fora do horário de trabalho como trabalho suplementar e, apenas, se exceder duas horas diárias[54]. Assim, na prática, cremos que: ou o empregador contrata uma entidade certificada para assegurar pelo menos 50 horas de formação; ou designa um tutor que acompanha o trabalhador alvo do apoio financeiro durante toda a duração do mesmo, pelo que as datas de início e fim da formação a apor no relatório de formação, que tem de ser enviado para o IEFP, têm de coincidir com as datas de início e fim do contrato associado à concessão do apoio.

De todo o modo, consideramos que, nos termos que sejam compatíveis, é possível o aproveitamento de parte da formação profissional concedida ao abrigo da Medida para demonstrar, bem assim, o cumprimento do dever de assegurar a formação contínua dos trabalhadores da empresa, previsto no CT.

Em suma, a capitalização das empresas por via desta Medida consiste na atribuição de um apoio financeiro (eventualmente acrescido de um prémio de conversão), que tem como objectivos a contratação de desempregados e a promoção do reforço da sua empregabilidade. No contexto da racionalização de medidas activas de emprego, o legislador impõe ao empregador interessado na obtenção deste apoio um conjunto de deveres que este tem de cumprir escrupulosamente, sob pena de ter de restituir o apoio financeiro que lhe foi concedido num curto espaço de tempo e com custos agravados: a este propósito, veja-se o normativo resultante dos n.ºs 6 e 7 do artigo 15.º da Portaria, do qual resulta, por um lado, a possibilidade de o IEFP pôr termo à atribuição do apoio financeiro, comunicando tal

---

[52] V. art. 11.º, n.º 2 da Portaria.
[53] Requisito de que depende a atribuição do apoio financeiro subjacente à Medida.
[54] V. art. 9.º, n.º 2 da Portaria e art. 226.º, n.º 3, al. d) do CT.

decisão com a indicação da respectiva fundamentação e do montante que deve ser restituído; e, por outro lado, o prazo de 60 dias consecutivos para o empregador proceder a essa restituição, «sob pena de pagamento de juros de mora à taxa legal em vigor»[55]. Acresce, ainda que, com esta nova Medida, a entidade empregadora fica impedida, durante dois anos a contar da notificação da decisão fundamentada que põe termo à concessão do apoio financeiro, de beneficiar de qualquer apoio ou comparticipação do Estado com a mesma natureza e finalidade, excepto quando se verifique uma denúncia do contrato de trabalho promovida pelo trabalhador abrangido pela Medida ou o seu despedimento por facto que lhe seja imputável[56]. Por fim, nos termos do n.º 1 deste artigo 15.º, o incumprimento, por parte da entidade empregadora, das obrigações relativas ao apoio financeiro concedido, além de implicar a imediata cessação do mesmo e a restituição, total ou proporcional, dos montantes já recebidos, acarreta ainda o exercício do direito de queixa por eventuais indícios da prática do crime de fraude na obtenção de subsídio de natureza pública.

2.2.2. *Promoção da igualdade de Género no Mercado de Trabalho*

A medida Promoção de Igualdade de Género no Mercado de Trabalho foi criada pela Portaria n.º 84/2015, de 20 de Março, e consiste num apoio financeiro aos empregadores que celebrem contratos de trabalho com desempregados inscritos nos serviços de emprego, do sexo sub-representado em determinada profissão[57], que se traduz, como acima aludimos, numa majoração aos apoios atribuídos no âmbito da medida Estímulo-Emprego ou de futuras medidas de apoio à contratação financiadas pelo IEFP, nos seguintes termos: 20% do apoio atribuído, no caso de celebração de contratos de trabalho a termo; e 30% do apoio atribuído, no caso de celebração de contratos de trabalho sem termo ou de conversão de contrato de trabalho a termo em contrato de trabalho sem termo.

---

[55] V. n.º 7, *in fine*, do art. 15.º da Portaria.
[56] V. art. 15.º, n.º 8 da Portaria.
[57] V. art. 10.º, n.º 5 da Portaria e art. 1.º, n.º 2 da Portaria n.º 84/2015: «profissão em que não se verifique uma representatividade de 33,3% em relação a um dos sexos».

Também aqui, no caso de celebração de contrato de trabalho a tempo parcial, o apoio é reduzido proporcionalmente, tendo por base um período normal de trabalho de 40 horas semanais.

Os empregadores beneficiários e os trabalhadores/desempregados destinatários desta medida são sensivelmente os mesmos dos que estão previstos na medida Estímulo-Emprego, com a especificidade de, como vimos, os destinatários terem de integrar o género menos representado numa determinada profissão[58]. A lista de profissões alvo deste tipo de majoração encontra-se anexada ao Regulamento Específico de 27 de Março de 2015 e está «sujeita a actualização periódica, com base no Relatório Único sobre a actividade social da empresa»[59].

Como resulta deste Regulamento, para além do incentivo à contratação de desempregados do género sub-representado em determinada profissão, esta medida tem os seguintes objectivos: «atingir um maior equilíbrio e combater a discriminação de funções entre homens e mulheres no mercado de trabalho»; e «incentivar os jovens desempregados a escolher uma determinada profissão ou função, atendendo à sua vocação sem constrangimentos motivados por estereótipos de género»[60].

A título de exemplo, e apenas observando os cargos de direcção da lista de profissões alvo de majoração, é possível verificar que, com excepção dos serviços de cuidados de crianças ou a pessoas idosas e dos serviços de educação e de apoio social, em que o género menos representado é o masculino, nas restantes áreas[61] esses cargos são, invariavelmente, atribuídos a homens, pelo que o género sub-representado é, aqui, sempre o género feminino.

Por outro lado, no que concerne a «constrangimentos motivados por estereótipos de género», verificamos, na referida lista, que, *naturalmente*, o género feminino é o menos representado em profissões como as de operador de máquinas, bombeiro, porteiro, segurança, *disc-jockey*, engenheiro (independentemente da área), técnico ou programador de *software*, *web*, multimédia ou aplicações, e jogador ou atleta profissional ou árbitro

---

[58] Ou seja, como referimos, aquele em que não se verifique uma representatividade de 33,3%.
[59] Regulamento disponível em *www.iefp.pt/documents/10181/5471970/Regulamento+Medida+ Promocao+Igualdade+Genero+Mercado+Trabalho.pdf/b06f0a58-1dda-4651-9af0-c8086475d5ed* [consultado em 06.01.2017].
[60] Cfr. documento citado na nota anterior.
[61] Indústria, comércio, gestão, produção, tecnologia e informação.

de desporto, enquanto o masculino é, ainda na actualidade, o género sub-representado em profissões como as de trabalhador de limpeza, de costura (incluindo alfaiate), cabeleireiro, cozinheiro, massagista, *manicure*, professor, educador ou mesmo enfermeiro.

Importa assinalar que a própria legislação laboral contém normas destinadas à observação do direito à igualdade no acesso a emprego e no trabalho[62], incumbindo à Comissão para a Igualdade no Trabalho e Emprego (mais conhecida por CITE) fiscalizar o cumprimento dessas normas, pugnando pela igualdade e pela não discriminação entre mulheres e homens no mundo do trabalho, bem como o cumprimento de normas relacionadas com a protecção na parentalidade[63] e com a necessária conciliação das vidas profissional, familiar e pessoal[64].

Como esclarece Luís Menezes Leitão, «não constitui discriminação a contratação exclusiva de candidatos de determinado sexo, quando a pertença a esse sexo constituía requisito necessário para o exercício de determinada actividade»[65]; porém, como resulta ainda do esclarecimento deste A., na expressão «requisito necessário» não se enquadram naturalmente «as tradições sociais», as quais «não podem ser apresentadas como justificativas da discriminação no acesso ao emprego»[66].

Aliás, cremos que é precisamente para combater algumas "tradições sociais" que o CT estipula, no seu artigo 27.º, que «para os efeitos deste Código, não se considera discriminação a medida legislativa de duração limitada que beneficia certo grupo, desfavorecido em função de factor de discriminação, com o objectivo de garantir o exercício, em condições de igualdade, dos direitos previstos na lei ou corrigir situação de desigualdade que persista na vida social».

Assim sendo, a «medida de acção positiva» prevista no CT concretizou-se nomeadamente através desta Medida de Promoção da Igualdade de Género no Mercado de Trabalho, sendo razoável concluir que foi o legislador do trabalho quem, ao defender o tratamento igualitário, em função do género,

---

[62] *V.* os arts. 24.º e ss. do CT.
[63] *V.* os arts. 33.º e ss. do CT.
[64] *V.* o art. 127.º, n.º 3 do CT.
[65] Leitão, Luís Menezes (2010), ob. cit., p. 252, na qual o A. dá o exemplo das mulheres contratadas como modelos encarregues de apresentar roupa feminina e dos homens contratados para o cargo de tenor de ópera.
[66] Ibidem.

dos trabalhadores e dos candidatos a emprego, potenciou a criação de mecanismos que interferem, necessariamente, com a liberdade de contratação, com o objectivo de contrariar as "tradições" dos empregadores nacionais[67].

Por exemplo, nos termos do artigo 31.º do CT, os «trabalhadores têm direito à igualdade de condições de trabalho, em particular quanto à retribuição, devendo os elementos que a determinam não conter qualquer discriminação fundada no sexo», sendo que a igualdade de retribuição implica que, para trabalho igual ou de valor igual, e que qualquer modalidade de retribuição variável seja estabelecida na base da mesma unidade de medida, devendo a retribuição calculada em função do tempo de trabalho ser também a mesma. Este artigo acautela também que as diferenças de retribuição não constituem discriminação quando assentes em critérios objectivos, comuns a homens e mulheres, nomeadamente baseados em mérito, produtividade, assiduidade ou antiguidade (n.º 3); e, de igual modo, que tais diferenças devem assentar em critérios objectivos, comuns a homens e mulheres, de forma a excluir qualquer discriminação baseada no sexo (n.º 5), os sistemas de descrição de tarefas e de avaliação de funções. Por fim, o n.º 4 do mesmo artigo prevê que as licenças, faltas ou dispensas relativas à protecção na parentalidade não podem fundamentar diferenças na retribuição dos trabalhadores. Esta previsão legal justifica-se porque, ainda que as normas relativas à protecção na parentalidade se dirijam, cada vez mais e de uma forma igualitária, a homens e mulheres, o certo é que as mulheres, designadamente por razões biológicas e fisiológicas, tendem a usufruir mais das referidas licenças, faltas ou dispensas. Por estes motivos, o Governo e os parceiros sociais apuraram a necessidade de criação, no âmbito das políticas de emprego, de uma medida destinada à obtenção de um maior equilíbrio no mercado de trabalho, de modo a combater a discriminação de funções entre homens e mulheres.

Não obstante a importância reconhecida a este tipo de medida, designadamente pelo legislador laboral[68], o facto de a mesma se encontrar dependente de outras medidas, no que à génese do apoio financeiro a

---

[67] No sentido de contratarem, por exemplo, só mulheres como cabeleireiras, educadoras de infância ou secretárias; e só homens como directores, pilotos ou operários de construção civil (um pouco na óptica da educação portuguesa, de acordo com a qual "as meninas brincam com as bonecas e os meninos brincam com os carrinhos").

[68] Veja-se o art. 27.º do CT.

que se reporta[69], determina que, para além de ser limitada a sua duração, também a sua ocorrência seja incerta.

Por fim, nos termos dos artigos 3.º e 4.º da Portaria n.º 84/2015, o apoio previsto para esta medida é pago no momento do pagamento do apoio objecto de majoração, sendo que, em caso de incumprimento, o apoio deve ser restituído, total ou proporcionalmente, nos termos aplicáveis à restituição do apoio majorado. Temos, portanto, que, também aqui, a violação das obrigações legais associadas ao apoio financeiro que promoveu a capitalização da empresa, pode implicar rapidamente a respectiva descapitalização, não só por via da necessária restituição do apoio financeiro e eventuais juros de mora, mas também por via dos custos inerentes à contratação do trabalhador que justificou a obtenção de tal apoio.

2.3. Apoios da responsabilidade do Instituto da Segurança Social

Entre outras obrigações de natureza diversa, os empregadores têm a obrigação de contribuir para o sistema previdencial de segurança social[70]. O sistema previdencial, como resulta expressamente do artigo 50.º da LBSS, visa «garantir, assente no princípio de solidariedade de base profissional, prestações pecuniárias substitutivas de rendimentos do trabalho perdido em consequência da verificação das eventualidades legalmente definidas»[71].

Nazaré da Costa Cabral ensina que, «[c]onfirmando uma tendência que se esboçara a partir de 1977, consagrou-se entre nós, de forma inequívoca, desde 1986 – com o Decreto-Lei n.º 140-D/86, de 14 de Junho – a existência de uma taxa social única (a partir de 1999, denominada taxa contributiva global), cujo valor global encerra o custo de todas as eventualidades

---

[69] Isto é, a majoração do apoio associado às medidas de apoio à contratação financiadas pelo IEFP.
[70] De acordo com o disposto no art. 39.º do CCSS, «[a]s entidades empregadoras, para efeitos de segurança social, são consideradas entidades contribuintes».
[71] Instituído pela Lei n.º 4/2007, de 16 de Janeiro, que aprova as bases gerais do sistema de segurança social. Constituem princípios gerais deste sistema «o princípio da universalidade, da igualdade, da solidariedade, da equidade social, da diferenciação positiva, da subsidiariedade, da inserção social, da coesão intergeracional, do primado da responsabilidade pública, da complementaridade, da unidade, da descentralização, da participação, da eficácia, da tutela dos direitos adquiridos e dos direitos em formação, da garantia judiciária e da informação», desenvolvidos nos arts. 6.º a 22.º da referida Lei.

que o sistema é chamado a suportar»[72]. Actualmente, o regime geral dos trabalhadores por conta de outrem suporta as seguintes eventualidades: parentalidade, doença, doenças profissionais, desemprego, invalidez, velhice e morte.

Do CCSS resulta que a obrigação contributiva consiste no pagamento de contribuições e quotizações por parte das pessoas que se relacionam com este sistema. Para o que importa para o presente estudo, salientamos que as *contribuições* são da responsabilidade das entidades empregadoras[73] e as *quotizações* da responsabilidade dos trabalhadores, nos exactos termos legalmente previstos. A obrigação contributiva das entidades empregadoras decorre do início do exercício da actividade profissional dos trabalhadores ao seu serviço.

O CCSS regula «os regimes abrangidos pelo sistema previdencial aplicável aos trabalhadores por conta de outrem ou em situação legalmente equiparada para efeitos de segurança social, aos trabalhadores independentes, bem como o regime de inscrição facultativa»[74].

Sobre as entidades contribuintes impende a responsabilidade pelo pagamento das contribuições e das quotizações dos trabalhadores ao seu serviço. Tanto as contribuições como as quotizações consistem em prestações pecuniárias que se destinam a assegurar o direito à segurança social e o seu valor depende da aplicação da correspondente taxa contributiva[75] às remunerações que constituem a base de incidência contributiva, como decorre dos artigos 12.º e 13.º do CCSS.

A taxa contributiva global do regime geral dos trabalhadores por conta de outrem é, actualmente, de 34,75%, sendo que 23,75% cabem à entidade empregadora e 11% ao trabalhador (beneficiário), sem prejuízo das hipóteses de adequação de taxas legalmente previstas.

---

[72] CABRAL, Nazaré da Costa (2010). «Contribuições para a Segurança Social – Natureza, Aspectos de Regime e de Técnica e Perspectivas de Evolução num Contexto de Incerteza». In *Cadernos IDEFF, n.º 12*, p. 61.

[73] As contribuições podem, ainda, ser da responsabilidade dos trabalhadores independentes, das entidades contratantes e dos beneficiários do seguro social voluntário.

[74] V. o art. 1.º do CCSS.

[75] Segundo o art. 15.º do CCSS, «[a] taxa contributiva representa um valor em percentagem, determinado actuarialmente em função do custo de protecção das eventualidades previstas no presente Código, sendo afecta à cobertura das diferentes eventualidades e às políticas activas de emprego e valorização profissional, nos termos previstos no presente Código».

Como bem transmite ainda Nazaré da Costa Cabral, «[o] valor da taxa contributiva (recorde-se que ela é de 34,75% no regime geral dos trabalhadores por conta de outrem) não é, teoricamente, um valor aleatório. Ele resulta de uma ponderação prévia dos custos que devem ser suportados pelo sistema previdencial – o custo da ocorrência dos riscos sociais em função da sua probabilidade»[76].

De acordo com o artigo 50.º do CCSS, a taxa contributiva global (mais conhecida como TSU) incorpora o custo respeitante a cada uma das eventualidades acima mencionadas, custo esse que é calculado em função do valor de quatro parcelas diversas: o custo técnico das prestações, os encargos administrativos, os encargos de solidariedade laboral e os encargos com políticas activas de emprego e valorização profissional[77].

Dispensa temporária do pagamento de contribuições no caso de contratação de jovens à procura de primeiro emprego e de desempregados de longa duração

O regime geral dos trabalhadores por conta de outrem, desenvolvido no CCSS, compreende, nos termos do artigo 5.º desse diploma legal, o regime aplicável à generalidade dos trabalhadores por conta de outrem, o regime aplicável aos trabalhadores integrados em categorias ou situações específicas e, também, o regime aplicável às situações equiparadas a trabalho por conta de outrem. Os trabalhadores contratados ao abrigo do CT, que exercem actividade profissional remunerada, são abrangidos, de forma obrigatória, pelo regime geral.

A LBSS prevê, no respectivo n.º 3 do artigo 57.º, a respeito da taxa contributiva, a «possibilidade de adequações, designadamente em razão da natureza das entidades contribuintes, das situações específicas dos beneficiários ou de políticas activas de emprego». Nas palavras de Nazaré da Costa Cabral, cujo pensamento continuamos a acompanhar, «no universo contributivo da Segurança Social, o termo usualmente empregue

---

[76] Cabral, Nazaré da Costa (2010), ob. cit., p. 61.
[77] No sentido de que as taxas contributivas «não servem apenas para suportar o custo técnico das eventualidades e custos de administração; suportam também o esforço de solidariedade laboral (dimensão redistributiva)» e «financiam também as políticas activas de emprego e formação profissional», *v.* Ibidem, pp. 65 e 69.

para enquadrar as adequações da taxa contributiva global é o de "taxas contributivas mais favoráveis" (veja-se o artigo 56.º do CC)»[78]-[79].

Esta hipótese de fixação de taxas contributivas mais favoráveis consiste na redução da taxa contributiva global na parte imputável à entidade empregadora, ao trabalhador ou a ambos, consoante o interesse que se vise proteger. Das situações elencadas no n.º 1 do citado artigo 56.º consta, entre outras, na alínea d), a que se refere à adopção de medidas de estímulo ao aumento de postos de trabalho.

No caso concreto da medida de dispensa temporária do pagamento de contribuições em análise, a adequação da taxa construtiva em questão consiste, como o próprio nome indica, na isenção respeitante às contribuições devidas pela entidade empregadora, mantendo-se a obrigação relativa às quotizações dos trabalhadores (correspondente a 11%).

Vejamos em que se traduz, na prática, esta medida e quais os requisitos a cumprir para que possa ser aplicada. Para a compreendermos em termos globais, importa atender não apenas ao artigo supradito, mas também à disciplina estabelecida nos artigos 57.º, 59.º e 100.º a 104.º do CCSS, bem como às regras contidas no DL n.º 89/95, de 6 de Maio[80] e, ainda, ao esclarecimento constante do Despacho n.º 11130/97[81], emitido pelo então Secretário de Estado da Segurança Social. Vamos referir-nos a esta medida conjugando, assim, todas as normas que a caracterizam.

Da conjugação das normas citadas, resulta que as entidades empregadoras que contribuam para o regime geral de segurança social dos trabalhadores por conta de outrem têm o direito à dispensa temporária do pagamento de contribuições, desde que: tenham a situação contributiva regularizada (tanto perante a Seg. Social como perante a AT); celebrem contratos de trabalho sem termo, a tempo inteiro ou parcial, com trabalhadores à procura de primeiro emprego ou com desempregados de longa duração; e tenham ao seu serviço um número de trabalhadores subordinados superior ao que se verificava no último mês do ano civil anterior ou no mês imediatamente anterior ao da contratação de novos trabalhadores,

---

[78] IBIDEM, p. 70.
[79] CC é a abreviatura usada pela A. para se referir ao CCSS.
[80] Note-se que o CCSS revogou os arts. 7.º, 9.º, 10.º, 11.º e 12.º do DL n.º 89/95, alterado pelo DL n.º 34/96, de 18 de Abril.
[81] Publicado no Diário da República n.º 264/1997, Série II, de 14 de Novembro.

no caso de a entidade empregadora ter iniciado a sua actividade no mesmo ano[82].

Esta medida assume um carácter temporário dado que, estando cumpridos os requisitos cumulativos legalmente previstos para efeitos de acesso à isenção de contribuições, a dispensa de pagamento é concedida pelo prazo máximo de 36 meses. A lei prevê, todavia, a hipótese de suspensão da dispensa de contribuições, sempre que ocorra uma incapacidade ou indisponibilidade temporária do próprio trabalhador para a prestação de trabalho, contanto que estas sejam devidamente comprovadas e gerem a suspensão do respectivo contrato, nos termos previstos no CT[83].

Para efeitos da aplicação desta medida, consideram-se jovens à procura de primeiro emprego «as pessoas, com idade superior a 16 anos e inferior a 30 anos[84], que nunca tenham prestado a sua actividade ao abrigo de contrato de trabalho por tempo indeterminado[85]», entendendo-se por desempregados de longa duração «os trabalhadores, disponíveis para o trabalho, [...] que se encontrem desempregados e inscritos nos centros de emprego há mais de 12 meses[86]», mesmo que, neste período, tenham celebrado contratos a termo, por período inferior a seis meses, cuja duração conjunta não ultrapasse os 12 meses.

Como vimos, a taxa contributiva global do regime geral dos trabalhadores por conta de outrem é, nos termos do artigo 53.º do CCSS, de 34,75%, sendo que 23,75% cabem à entidade empregadora e 11% ao trabalhador, ainda que aquela assuma a responsabilidade pelo pagamento tanto das contribuições como das quotizações devidas[87].

---

[82] Não têm direito a este tipo de dispensa as entidades empregadoras, no que respeita a trabalhadores abrangidos por esquemas contributivos com taxas inferiores à estabelecida para a generalidade dos trabalhadores por conta de outrem, com excepção das entidades cuja redução de taxa resulte do facto de serem pessoas colectivas sem fins lucrativos ou por pertencerem a sectores considerados no CCSS como economicamente débeis; nem as entidades empregadoras, no que respeita a trabalhadores abrangidos por bases de incidência fixadas em valores inferiores à remuneração real ou convencional.
[83] V., a este respeito, os arts. 296.º e 297.º do CT.
[84] A idade do trabalhador é aferida na data da celebração do contrato de trabalho.
[85] V. o art. 3.º, n.º 1 do DL n.º 89/95.
[86] V. o art. 4.º do DL n.º 89/95.
[87] De acordo com o art. 42.º, n.º 2 do CCSS, «as entidades contribuintes descontam nas remunerações dos trabalhadores ao seu serviço o valor das quotizações por estes devidas e remetem-no, juntamente com o da sua própria contribuição, à instituição de segurança social competente».

O montante que, em concreto e em regra, é pago a título de contribuições e quotizações determina-se pela aplicação da taxa contributiva às remunerações que constituem, para efeitos de segurança social, a chamada base de incidência contributiva. Atendendo ao vasto leque de prestações que integram a base de incidência contributiva[88] – nomeadamente, a remuneração base, seja em dinheiro ou em espécie; a remuneração pela prestação de trabalho suplementar; os subsídios de férias, de Natal e outros de natureza análoga; as diuturnidades e outros valores associados à antiguidade dos trabalhadores; e as comissões –, facilmente se compreende em que medida a dispensa de pagamento de contribuições, ainda que temporalmente limitada, constitui, por um lado, um incentivo à contratação de determinado grupo de trabalhadores e, por outro lado, um mecanismo de capitalização das empresas em que aqueles se integrem.

Com efeito, o empregador que tenha direito a esta isenção temporária total pode economizar[89], porquanto passa a descontar apenas, nas remunerações dos respectivos trabalhadores, o valor das quotizações por estes devidas, deixando de pagar (economizando) as contribuições a seu cargo. Assim, em vez de uma taxa global de 34,75%, aplica-se apenas a percentagem de 11% respeitante às quotizações devidas, mediante desconto nas remunerações dos trabalhadores ao seu serviço que preencham os requisitos associados aos conceitos de jovem à procura de primeiro emprego ou de desempregado de longa duração[90].

Importa não ignorar em que situações a concessão deste benefício pode cessar e que cuidados deve ter a entidade empregadora que dele beneficie. A dispensa do pagamento de contribuições em causa cessa se terminar o

---

[88] V. os arts. 46.º a 48.º do CCSS. O n.º 1 deste primeiro art. estabelece que «para efeitos de delimitação da base de incidência contributiva consideram-se remunerações as prestações pecuniárias ou em espécie que nos termos do contrato de trabalho, das normas que o regem ou dos usos são devidas pelas entidades empregadoras como contrapartida do seu trabalho»; no seu n.º 2 constam exemplos das prestações que integram essa mesma base de incidência.

[89] Mais ou menos, consoante as remunerações concretamente pagas e o número de trabalhadores em questão.

[90] Assim, se a remuneração base do trabalhador corresponder, por exemplo, a € 1.000,00, a Seg. Social receberá apenas, pela aplicação a esta remuneração da parcela da taxa contributiva a cargo do trabalhador (€ 110,00), em vez de receber, também, os € 237,50 correspondentes à parcela da taxa contributiva a cargo do empregador (23,75%).

período de concessão[91]; se deixarem de se verificar as condições de acesso; se se verificar a falta de entrega, no prazo legal, das declarações de remunerações ou a não inclusão de quaisquer trabalhadores nessas declarações; e, ainda, se cessar o contrato de trabalho que lhe deu origem[92].

Centremo-nos agora nesta última situação: a da cessação do contrato de trabalho celebrado com jovem à procura de primeiro emprego ou com desempregado de longa duração. O CT prevê, no respectivo artigo 340.º, os casos em que o contrato de trabalho pode cessar[93]. Não cabe aqui desenvolver o regime e implicações das diversas modalidades de cessação deste tipo de contrato. Importa, contudo, salientar que, no caso de a iniciativa dessa cessação ser do empregador, seja por despedimento sem justa causa, despedimento colectivo, despedimento por extinção de posto de trabalho ou despedimento por inadaptação, aquele fica obrigado a pagar as contribuições correspondentes ao período durante o qual a dispensa tenha, em concreto, vigorado. O mesmo se passa se essa cessação contratual se verificar no período de 24 meses subsequente ao fim do período de concessão da dispensa, isto é, se, por iniciativa do empregador que consubstancie uma das formas de cessação vindas de mencionar, o contrato sem termo celebrado com jovem à procura de primeiro emprego ou com desempregado de longa duração cessar dentro dos 24 meses que se seguem ao fim do período de concessão, tornam-se exigíveis as contribuições anteriormente dispensadas.

Cremos que, no fundo, o objectivo subjacente a esta concreta medida destinada à promoção do emprego é não apenas o de favorecer a contratação

---

[91] Ao fim de 36 meses a contar da celebração do contrato ou em momento posterior, se ocorrer alguma situação de suspensão legalmente admitida.

[92] A dispensa temporária do pagamento de contribuições, relativa à entidade empregadora, mantém-se até ao termo do período de concessão, desde que ocorra a substituição de um trabalhador por outro por razões não imputáveis à entidade empregadora, contanto que estejam preenchidos os restantes requisitos legais para o efeito.

[93] Este artigo estabelece que «[p]ara além de outras modalidades legalmente previstas, o contrato de trabalho pode cessar por:
    a) Caducidade;
    b) Revogação;
    c) Despedimento por facto imputável ao trabalhador;
    d) Despedimento colectivo;
    e) Despedimento por inadaptação;
    f) Resolução pelo trabalhador;
    g) Denúncia pelo trabalhador».

propriamente dita, mas também o de procurar assegurar que os contratos celebrados se mantenham em vigor, pelo menos, pelo prazo de 60 meses[94]. Parece-nos, contudo, que a "ameaça" de pagamento de contribuições dispensadas por um período tão longo é, se considerarmos as hipóteses de cessação de contrato de trabalho que assentam em fundamentos objectivos – designadamente o despedimento colectivo[95] e o despedimento por extinção de posto de trabalho[96] –, desadequada. Estando em causa despedimentos lícitos e sendo cumpridos escrupulosamente os fundamentos e procedimentos estabelecidos na legislação laboral, entendemos demasiado penalizadora para as entidades empregadoras a obrigação de pagamento das contribuições «relativas ao período durante o qual tenha vigorado a dispensa».

Esta questão da «exigibilidade de contribuições»[97] que o empregador estava dispensado de pagar não é, a nosso ver, despicienda, desde logo se pensarmos no tema, geral e transversal a várias áreas do Direito, que inspira todos os textos da presente Colecção: o tema da «Capitalização de empresas».

Na verdade, se, por um lado, o empregador que beneficie de dispensa temporária de pagamento de contribuições capitaliza, indirectamente, a sua empresa, porquanto pode, por exemplo, afectar os valores das contribuições (que, em regra, teria de pagar e que não paga, como vimos, durante o período máximo de 36 meses) para outros recursos, por outro lado, se o contrato que originou a concessão dessa dispensa cessar, por sua iniciativa e nos termos legalmente previstos, esse mesmo empregador terá, necessariamente, de desembolsar todas as contribuições que não entregou à Seg. Social e terá de o fazer no prazo de 60 dias, sob pena de ficar obrigado também ao pagamento de juros de mora[98]. Uma capitalização correspondente, por hipótese, ao não pagamento de contribuições pelo período de 20 meses pode, assim, originar uma rápida descapitalização num hiato temporal bem inferior a esse.

---

[94] Os 36 meses de duração máxima da concessão da dispensa e os 24 meses seguintes ao termo do período dessa concessão.
[95] Regulado, essencialmente, nos arts. 359.º a 366.º do CT.
[96] Regulado, essencialmente, nos arts. 367.º a 372.º do CT.
[97] Epígrafe do art. 103.º do CCSS.
[98] V. o art. 103.º, n.º 3 do CCSS.

A mensagem que queremos, neste particular, deixar vincada, é a de que o recurso a este tipo de benefício – por mais tentador que seja à primeira vista – deve ser previamente ponderado, uma vez que a «poupança» que o mesmo permite realizar pode dar lugar a uma descapitalização inevitável e desfavorável. Acresce que as entidades empregadoras ficam impossibilitadas de beneficiar de novas dispensas temporárias de pagamento de contribuições, dentro dos condicionalismos previstos, nos 24 meses seguintes à cessação do contrato por alguma das formas, elencadas no artigo 103.º do CCSS, que acima identificámos.

A respeito do conceito de jovem à procura de primeiro emprego e de desempregado de longa duração, julgamos útil fazer uma referência breve ao facto de o CT admitir, no já por nós citado n.º 4 do respectivo artigo 140.º, a celebração de contrato a termo certo para a contratação de «trabalhador à procura de primeiro emprego, em situação de desemprego de longa duração ou noutra prevista em legislação especial de política de emprego». Nas palavras de Luís Miguel Monteiro e Pedro Madeira de Brito, em concreto na anotação que fazem ao esse artigo, «o legislador considerou fundamentarem o recurso ao contrato a termo razões empresariais relacionadas com a diminuição do risco de determinadas actividades e motivos de política de emprego (n.º 4 do artigo em anotação)»[99].

O CT não contém nenhuma definição ou qualificação do que deve entender-se, para efeitos do recurso à contratação a termo nestes casos, por trabalhador à procura de primeiro emprego e desempregado de longa duração; sem prejuízo, concordamos que a determinação destes conceitos é relevante para a aplicação daquela disposição legal[100]. A jurisprudência nacional vem defendendo que os conceitos em questão devem «ser integrados com as regras que no âmbito da segurança social e incentivos ao emprego definem o universo daqueles trabalhadores»[101].

Como pode ler-se no Ac. da Relação do Porto de 22.10.2012[102], «[o] regime jurídico aplicável ao contrato a termo parte de uma ideia central:

---

[99] Dos AA. (2016). «Artigo 140.º». In AA. VV. *Código do Trabalho Anotado* (10.ª ed.). Coimbra: Almedina, p. 375.
[100] Ibidem, p. 379.
[101] Ibidem.
[102] Proferido no âmbito do processo n.º 173/11.7TTGMR.P1, disponível em *www.dgsi.pt* [consultado em 06.01.2017].

a contratação por tempo determinado só deve ser admitida para satisfazer necessidades de trabalho objectivamente temporárias, de duração incerta ou de política de emprego [...] o STJ vem entendendo que trabalhador à procura de primeiro emprego é aquele que nunca foi contratado por tempo indeterminado, bem como que "o conceito de trabalhador à procura de primeiro emprego, aplicável para efeito da admissibilidade dos contratos de trabalho a termo, não é sobreponível ao conceito de jovem à procura de primeiro emprego, que releva apenas para a definição do âmbito pessoal da concessão de apoios financeiros à criação, pelas empresas, de novos postos de trabalho [Acórdão do S.T.J. de 07.12.2005. In *CJ, Ac. do S.T.J., Tomo III*, pág. 277]"»[103].

Para efeitos do DL n.º 89/95, que regula a atribuição da dispensa temporária de pagamento de contribuições para o regime geral de segurança social em causa, a anterior celebração de contratos de trabalho a termo não releva para a atribuição da qualificação de jovem à procura de primeiro emprego. Concluímos, pois, que o trabalhador contratado a termo certo ao abrigo da primeira parte do citado artigo 140.º, n.º 4, al. b) do CT, pode, num momento posterior, ser contratado por tempo indeterminado (pelo mesmo empregador ou por empregador diferente do inicial) e ser qualificado como jovem à procura de primeiro emprego para efeitos da citada dispensa, desde que tenha idade superior a 16 anos e inferior a 30. Já no que respeita ao conceito de desempregado de longa duração que releva para o mesmo DL n.º 89/95, recorde-se que o mesmo só não é prejudicado pela celebração de contratos a termo, por período inferior a seis meses, cuja duração conjunta não ultrapasse os 12 meses.

Uma nota final, neste âmbito, para o artigo 97.º da Lei n.º 42/2016, de 28 de Dezembro, que aprova o OE para 2017. Este artigo estabelece que «[n]o ano de 2017, o Governo inicia o processo de avaliação das atuais isenções e reduções da taxa contributiva para a segurança social, com vista à sua revisão».

É muito provável que esta medida específica de apoio ao emprego, à qual decidimos dedicar a nossa atenção, venha a sofrer alterações. A comunicação social já avançou a possibilidade de redução para 50% da actual dispensa total (100%) do pagamento de contribuições, redução

---

[103] No mesmo sentido, *v.*, entre outros, o Ac. do STJ de 14.05.2009, proferido no âmbito do processo n.º 08S3916 e disponível em *www.dgsi.pt* [consultado a 06.01.2017].

essa que seria acompanhada do aumento do actual período de concessão de três para cinco anos e continuaria a valer caso o trabalhador mudasse de emprego. Desconhecemos, porém, se estas possibilidades vão, efectivamente, concretizar-se e, em caso afirmativo, quais os respectivos contornos concretos, pelo que entendemos prematuro tecer, nesta fase, considerações a este respeito.

3. Conclusão

O empregador, enquanto pessoa singular ou colectiva que recebe a prestação de trabalho e está obrigada a pagar uma retribuição ao trabalhador, é o «titular do capital»[104]. No entanto, como pudemos constatar através da análise de determinados normativos legais associados a medidas activas de emprego que visam incentivar a contratação de trabalhadores – seja de desempregados inscritos nos serviços de emprego (no caso da atribuição de apoios financeiros pelo IEFP), seja de jovens à procura de primeiro emprego ou de desempregados de longa duração (no caso da isenção de contribuições para o regime geral da Seg. Social) –, quando o empregador necessita ou opta por se socorrer destas medidas, podemos dizer que o mesmo deixa de ser, em parte, o (único) titular desse capital. Nestas situações, o capital que permite ao empregador assegurar o cumprimento dos seus deveres laborais, designadamente a obrigação legal de pagamento pontual da retribuição [decorrente do art. 127.º, n.º 1, al. b) do CT], provém de apoios concedidos pelo Estado, seja através de financiamentos do serviço público de emprego, seja através da redução do esforço contributivo social obrigatório.

Atendendo a que se encontra prevista uma revisão das isenções da taxa contributiva para a Seg. Social, importará avaliar, no futuro, de que modo se logrará o principal objectivo que lhes subjaz – o do combate ao desemprego e, em particular, o combate ao desemprego jovem e o combate ao desemprego de longa duração –, pois que, não obstante a possibilidade de financiamento comunitário de algumas das medidas de apoio ao emprego, as mesmas só se mostram bem empregues e bem sucedidas se tiverem conseguido alcançar, pelo menos em parte, tal objectivo. Para efeitos desta avaliação, importa atender, ainda, aos efeitos concretos que essas medidas

---

[104] FERNANDES, António Monteiro (2009), ob. cit., p. 255.

têm na capitalização das empresas que a elas recorrem, incentivando-as a contratar mais trabalhadores.

Efectivamente, conforme já aflorado, o empregador facilmente compreende que o Estado adopte medidas activas de emprego que o beneficiam, na medida em que estas lhe permitem, por vezes em simultâneo, a redução do esforço contributivo associado à contratação e a disponibilização de um apoio financeiro, mas nem sempre está consciente de que as mesmas lhe limitam a liberdade de contratação, nomeadamente nos seguintes aspectos: quanto à escolha dos respectivos trabalhadores (que deverão ser, consoante a medida concretamente aplicável, desempregados inscritos nos serviços de emprego, designadamente do género do sexo sub-representado, ou jovens à procura do primeiro emprego); relativamente à necessidade de cumprimento dos rigorosos requisitos associados à celebração dos respectivos contratos de trabalho; e, mais difícil ainda, no que concerne à necessidade de manutenção da relação laboral que está associada aos apoios à contratação.

A nosso ver, a avaliação das actuais medidas activas de emprego, em parte já prevista na Lei de aprovação do OE para 2017, deverá aproveitar o ensejo para ponderar não apenas a eficiência no alcance do objectivo de combate ao desemprego em que as mesmas assentam, mas também para aferir a capacidade de cumprimento dos requisitos legais em vigor (e que poderão sofrer alterações), por parte das empresas que recorrem aos incentivos à contratação de trabalhadores.

A capitalização de empresas pela via da insolvência

JOÃO BALDAIA / MIGUEL ALMEIDA LOUREIRO[*]

Sumário:
As recentes alterações legislativas (mais propriamente as decorrentes do DL n.º 16/2012, de 20 de abril, estando previstas outras, com entrada em vigor em julho de 2017), embora não modificando o objetivo último da insolvência – a satisfação dos credores –, visam alinhar os intervenientes no processo de insolvência no sentido da efetiva recuperação do insolvente. Assim, o plano de insolvência, na sua vertente de recuperação, assume-se como o mecanismo principal de satisfação dos créditos; apenas quando tal não se afigure viável haverá lugar à aplicação do meio supletivo: a liquidação dos bens do insolvente e a consequente distribuição do produto da venda daqueles pelos credores. Este estudo analisa as medidas passíveis de adoção, no âmbito do plano de recuperação.

Palavras-chave:
Insolvência atual; insolvência iminente; plano de insolvência; plano de recuperação; reforma do CIRE de 2012.

---

[*] Os AA. seguem as regras do Acordo Ortográfico da Língua Portuguesa de 1990.

O conhecimento une cada um consigo mesmo e todos com todos.

José Saramago, *Outros Cadernos de Saramago*
(Fundação José Saramago, 22 de maio de 2009)

1. Considerações prévias iniciais

O presente estudo visa – conforme o seu título claramente indicia – resenhar ilações sobre o plano de insolvência aprovado pelos credores do insolvente, no sentido de apurar se, através deste instituto, os interesses de todos os intervenientes são efetivamente atendidos, permitindo a recuperação cabal dos créditos concedidos, por um lado, e a recuperação do devedor, por outro.

Mais do que considerações de teor exegético – existindo já vasta, elaborada e autorizada doutrina sobre esta matéria – importa condensar considerações sob o prisma mais prático, permitindo-se, a partir de uma base factual, tecer conclusões sobre a viabilidade do plano de insolvência na sua vertente de recuperação da empresa[1].

Nem por isso se prescindirá – nem sequer se poderia fazê-lo – da inevitável resenha e conceptualização do plano de insolvência,

---

[1] Nos termos do disposto no art. 5.º do CIRE, por empresa considera-se toda a organização de capital e de trabalho destinada ao exercício de qualquer atividade económica. Interessa, todavia, delimitar o presente estudo às pessoas coletivas e às pessoas singulares que sejam titulares de uma empresa, na medida em que o plano de insolvência não se aplica aos insolventes não empresários e titulares de pequenas empresas, conforme dispõe o art. 250.º do CIRE.

iniciando-se o nosso itinerário, contudo, por tecer algumas considerações sobre as alterações legislativas mais recentes e o conceito de insuficiência económica.

Com a consabida crise financeira e económica que afetou a economia a uma escala mundial – não constituindo, naturalmente, o nosso país exceção – a temática das «falências» e das «insolvências» é comummente abordada nos meios de comunicação social. Temas como descalabro económico das instituições bancárias e a elevada dívida pública têm o condão de provocar uma insuportável inquietação até mesmo nos mais estáveis espíritos; mas igual inquietação pode ser perniciosamente incutida quando se questiona a salubridade das finanças «caseiras», sendo raros os casos que não receiam, nem que seja no segredo do seu próprio âmago, estar iminente, exemplificativamente, um despedimento coletivo ou, *quiçá*, uma «alteração» ao contrato de trabalho em prol do «bem da empresa».

O direito da insolvência, porque umbilicalmente relacionado com o crédito e a economia de mercado, é, portanto, uma das pedras angulares de qualquer economia moderna, não sendo indiferente que a política legislativa imponha matrizes mais orientadas para a liquidação ou, antipodicamente, para a recuperação e reabilitação do insolvente – mormente a das pessoas coletivas. Mais do que nunca, importa rever, de forma sumária, as recentes evoluções do direito da insolvência e as suas alterações legislativas; mas, também mais do que nunca, importa analisar, dentro dos dados que são divulgados, qual o impacto das mesmas na urdidura financeira portuguesa, sobretudo sob o prisma dos credores institucionais e, reflexamente, da (re)capitalização das empresas, assim se apurando[2] se a política legislativa vigente, a qual terá que ser dissecada para bem compreendida, alcançou o seu fito e se, indo mais além, é sequer suscetível de o fazer.

2. Considerações prévias – evolução do regime do direito da insolvência e a alteração legislativa de 2012

É, portanto, nesta demanda que nos surge o plano de insolvência, instituto atualmente revigorado, apresentado como novo paladino do direito da

---

[2] Embora nunca olvidando a inexistência de bases factuais suficientemente extensas que permitam apresentar conclusões irrebatíveis.

insolvência português. A estrutural reforma, imposta pela Lei n.º 16/2012, de 20 de abril, empossou o plano de insolvência de um cargo de destaque, com reflexo no próprio artigo 1.º, n.º 1 do CIRE: «o processo de insolvência é um processo de execução universal que tem como finalidade a satisfação dos credores pela forma prevista num plano de insolvência, baseado, nomeadamente, na recuperação da empresa compreendida na massa insolvente, ou, quando tal não se afigure possível, na liquidação do património do devedor insolvente e a repartição do produto obtido pelos credores».

A nova redação deste preceito parece inculcar uma ideia de que, de facto, a recuperação[3] é o derradeiro e inarredável fito do plano de insolvência; que apenas se poderá considerar outras soluções quando estejam completamente exauridas todas as estratégias «salvíficas» da empresa, sendo vista a liquidação como uma inevitabilidade indesejada, opção apenas quando tudo o resto não se logrou.

Contudo (e como se evidenciará irrefutavelmente *infra*), deverá ser bem refletida a afirmação, atenta a opacidade legislativa e não obstante o que uma leitura perfunctória do preceito transcrito possa transmitir[4], que tenha existido uma alteração de paradigma do direito da insolvência; e tal questão extrai-se através da mera contraposição com a anterior redação atribuída ao mesmo artigo 1.º[5]: «o processo de insolvência é um processo de execução universal que tem como finalidade a liquidação do património de um devedor insolvente e a repartição do produto obtido pelos credores, ou a satisfação destes pela forma prevista num plano de insolvência, que nomeadamente se baseie na recuperação da empresa compreendida na massa insolvente».

Da comparação de ambos os preceitos, contudo, resulta que a finalidade verdadeiramente essencial, aquela que terá que nortear sempre todo e

---

[3] Das empresas, uma vez que existe uma limitação legal ao grupo de potenciais candidatos a este instituto, como vimos supra.

[4] Acoplada ao que as demais inovações introduzidas pela Lei n.º 16/2012, de 20 de abril, também possam, de sua banda, intuir – e referimo-nos, exemplificativamente, ao PER, o qual não será abordado no presente estudo.

[5] O qual era constituído por uma única disposição – ao contrário da redação atual, que contempla dois números e, consequentemente, duas previsões diferentes.

qualquer processo de insolvência, permanece intocada[6-7] – a satisfação dos credores, seja através de um plano de insolvência que vise a recuperação da empresa ou a sua liquidação, dentro das várias possibilidades sugeridas pelo Código, seja através do recurso às regras supletivas do processo executivo de insolvência, é absolutamente imutável. *Rectius*, o paradigma, na verdadeira aceção da palavra é sempre o mesmo; a forma preferencial como se alcança esse objetivo é que talvez tenha sido alterado, sendo, de sua banda, certo que o CIRE não se encontra particularmente munido de expedientes que induzam os credores a optar pela via da recuperação. Ademais, a aparente natureza obrigatória do plano de insolvência tem que ser questionada quando se contemplam as restantes disposições do CIRE,

---

[6] Ora, a complexidade da questão contende precisamente pela definição de paradigma e finalidade do processo de insolvência; assim, há AA. que propendem para o nosso entendimento – o de que o paradigma *strictu sensu*, permanece intocado e, quiçá, reforçado –: «hoje, e após as alterações de 2012 introduzidas no CIRE, a finalidade do processo de insolvência continua a ser a satisfação dos credores. O art. 1.º, n.º 1, até parece dar a entender que o plano de insolvência será sempre necessário. A satisfação dos credores terá lugar "pela forma prevista num plano de insolvência". Esse plano de insolvência pode basear-se na recuperação da empresa ou, quando tal não se afigure possível, na liquidação do património do insolvente e «a» repartição do produto obtido pelos credores» – MARTINS, Alexandre de Soveral (2016). *Um Curso de Direito da Insolvência* (2.ª ed.). Coimbra: Almedina, p. 38; já outros AA. entendem que esta alteração legislativa consubstanciou uma alteração de paradigma, na medida em que se impõe que o ressarcimento seja alcançado preferencialmente através de um plano de insolvência, não sendo, de forma alguma, sobreponível o conceito jurídico de plano de insolvência e plano de recuperação; neste sentido, *v.* EPIFÂNIO, Maria do Rosário (2014). *Manual de Direito da Insolvência* (6.ª ed.). Coimbra: Almedina, p. 270.

[7] Na versão originária do art. 1.º não se atribuía preferência à forma como se alcançava a satisfação dos credores, a qual poderia ocorrer, como se viu, através da liquidação do património do devedor insolvente e da repartição do produto pelos credores ou através de um plano de insolvência, o qual poderia conter medidas de recuperação da empresa. Para todos os efeitos, a verdade é que os credores eram vistos, como o afirma inquestionavelmente o ponto 3 do Preâmbulo do Decreto-Lei n.º 53/2004, como «proprietários económicos da empresa», a quem incumbia, se assim entendessem, «a decisão de recuperar a empresa, e em que termos, nomeadamente quanto à sua manutenção na titularidade do devedor insolvente ou na de outrem». A evidente secundarização da recuperação conduziu, *inter alia*, LEITÃO, Luís Manuel Teles de MENEZES (2012). *Direito da Insolvência* (4.ª ed.). Coimbra: Almedina, p. 75, a redigir que «nem sequer se compreendia a designação do Código como Código da Insolvência e da Recuperação de Empresas, sendo suficiente a designação Código da Insolvência, dado que a ideia de recuperação é secundária ou subalternizada». Para todos os efeitos, em termos práticos, a verdade é que o plano de insolvência nunca usufruiu de sobeja contemplação.

em geral, e os demais institutos congéneres, em particular, chamando-se à liça, exemplificativamente, o disposto nos artigos 249.º e 250.º do CIRE, o qual impede a aplicação do mesmo a pessoas singulares ou titulares de pequenas empresas, isto sem ignorar que o principal óbice à viabilidade do plano de insolvência permanece intocado – a aprovação dos credores.

Para todos os efeitos, pese embora as mais recentes alterações legislativas[8], o plano de insolvência não tem que visar a recuperação da empresa[9]; tal conclusão extrai-se, exemplificativamente, do próprio teor do artigo 192.º, n.º 1, que determina que o plano pode servir «[...] para, em derrogação das normas do CIRE, regular o pagamento de créditos sobre a insolvência, a liquidação da massa insolvente e a sua repartição pelos titulares daqueles créditos e pelo devedor, e a responsabilidade do devedor depois de findo o processo de insolvência»[10].

3. Considerações prévias (continuação) – a situação de insolvência

Encontra-se em situação de insolvência «o devedor que se encontre impossibilitado de cumprir as suas obrigações vencidas» (artigo 3.º, n.º 1 do CIRE). Como se vê, apenas é concedida relevância, para estes efeitos, às obrigações vencidas, bem como à impossibilidade de cumprir – incapacidade essa que se consubstancia, simplesmente, na inexistência de meios, próprios ou alheios (através, nomeadamente, de recurso a crédito concedido por terceiros), para liquidar as referidas obrigações[11]. Ademais, «não basta que [o devedor] não consiga cumprir pontualmente uma parte insignificante das suas obrigações vencidas»[12], relevando, unicamente, a impossibilidade

---

[8] Lei n.º 16/2012, de 20 de abril.
[9] Como se verá detidamente *infra*, é duvidoso que exista uma hierarquia estrutural, dentro do plano de insolvência, que obrigue a que se tenha que equacionar, inicialmente, o plano de recuperação (art. 192.º, n.º 3 do CIRE) e só posteriormente, apenas no caso de a recuperação não ser viável, se abordar a liquidação da empresa.
[10] *Vide* MARTINS, Alexandre de Soveral (2016), ob. cit., p. 38.
[11] Naturalmente, não se afigura necessário provar, inilidível e exaustivamente, a impossibilidade de liquidar toda e qualquer obrigação assumida; basta, pelo contrário, «a prova de que o devedor não consegue cumprir obrigações vencidas que demonstrem não ter possibilidade de cumprir as restantes» – MARTINS, Alexandre de Soveral (2016), ob. cit., p. 48.
[12] IBIDEM, p. 48.

de cumprimento pontual e efetivo, consubstanciada na incapacidade de liquidar atempadamente as obrigações assumidas[13].

Paralelamente, o artigo 3.º, n.º 2 do CIRE encerra um critério próprio para a aferição da solvabilidade «[d]as pessoas coletivas e [d]os patrimónios autónomos por cujas dívidas nenhuma pessoa singular responda pessoal e ilimitadamente, por forma direta ou indireta [...]», materializado na relação comparativa entre o passivo e o ativo, afirmando-se a situação de insolvência «quando o seu passivo seja manifestamente superior ao ativo, avaliados segundo as normas contabilísticas aplicáveis». Estamos, portanto, perante um critério autónomo de determinação da situação de insolvência, «pretendendo a lei evitar que se mantenha ou agrave uma situação claramente perigosa para quem se relaciona com o devedor»[14]. De frisar que o CIRE não se contenta com a superioridade do passivo relativamente ao ativo; torna-se necessário, pelo contrário, que aquele seja *manifestamente* superior a este último[15] – estando, consequentemente, em situação de insolvência aquelas entidades cujo passivo seja manifestamente superior ao ativo.

---

[13] FERNANDES, Luís A. Carvalho / LABAREDA, João (2015). *Código da Insolvência e de Recuperação de Empresas Anotado* (3.ª ed.). Lisboa: Quid Juris, pp. 84-85, a este propósito e após sublinhar as diferenças com o preceito homólogo no CPEREF – *inter alia*, a ausência de referência quanto à pontualidade –, dispõem que «realmente é, em bom rigor, inerente à ideia do cumprimento a realização atempada das obrigações a cumprir, visto que só dessa forma se satisfaz, na plenitude, o interesse do credor e se concretiza integralmente o plano vinculativo a que o devedor está adstrito. Neste sentido, não interessa somente que (ainda) se possa cumprir num momento futuro qualquer; importa igualmente que a prestação ocorra no tempo adequado e, por isso, pontualmente», rematando de seguida que «[...] a menção legal à impossibilidade de cumprir obrigações vencidas e, logo exigíveis – é suficiente para justificar a necessidade da pontualidade na atuação do devedor».

[14] MARTINS, Alexandre de Soveral (2016), ob. cit., p. 51.

[15] Após contrapor as construções atribuídas aos homólogos precedentes ao CIRE, MARTINS, Alexandre de Soveral (2016), ob. cit., p. 52, discorre sobre a atual redação legislativa da seguinte forma: «[n]o CIRE é considerado relevante, em certos casos, o caráter manifestamente superior do passivo relativamente ao ativo. E isto faz todo o sentido no que diz respeito às entidades que podem ser declaradas insolventes com o fundamento previsto no art. 3.º, n.º 2. Com efeito, esses devedores cujo passivo é manifestamente superior ao ativo constituem um perigo para o tráfico e para os que, em geral, com eles lidam. Tanto mais que, muitas vezes, as decisões de administração (em sentido lato) são tomadas por quem não investiu na entidade em causa. A lei confere, assim, uma maior importância aos dados contabilísticos e obriga a dar-lhes atenção. Como é evidente, se o passivo é superior ao ativo aumenta o risco de o devedor em causa não pagar. E se o passivo é manifestamente superior ao ativo, o risco aumenta manifestamente. Mas

Umbilicalmente relacionado com este preceito surge o artigo 3.º, n.º 3 do CIRE[16], o qual encerra critérios de reavaliação patrimonial por referência à relação instituída entre ativo e passivo. No que à redação deste preceito concerne, apenas compete afirmar que contém conceitos e estabelece critérios (nomeadamente o de «justo valor») que dão alguma abertura a debate doutrinário e jurisprudencial[17].

Por fim, o artigo 3.º, n.º 4 do CIRE equipara a situação de insolvência atual à que seja meramente iminente, no caso de apresentação pelo devedor à insolvência[18]-[19]. Trata-se de um preceito particularmente relevante – ou, pelo menos, na prática assim o deveria ser – no que concerne à apresentação e aprovação de um plano de recuperação, uma vez que, como se intui, sempre será mais fácil envidar esforços para recuperar aquilo que ainda não ruiu, mesmo que o descalabro esteja perto de acontecer, do que aquilo que já está em irrefutável ruína.

Sucede que um conceito cuja relevância se suporia atualmente reforçado e sublinhado, tendo em conta a alteração legislativa operada em 2012, continua a não merecer particular atenção por parte do legislador, sendo

---

esse risco aumenta se o passivo é manifestamente superior ao ativo. Não é o maior risco que torna manifesta a superioridade». *Per summa capita*, «o que se pretende, obviamente, é evitar que a situação patrimonial do devedor se agrave cada vez mais enquanto o devedor vai conseguindo crédito e pagando as obrigações vencidas».

[16] «Cessa o disposto no número anterior [art. 2.º, n.º 2] quando o ativo seja superior ao passivo, avaliados em conformidade com as seguintes regras: / a) Consideram-se no ativo e no passivo os elementos identificáveis, mesmo que não constantes no balanço, pelo seu justo valor; / b) Quando o devedor seja titular de uma empresa, a valorização baseia-se numa perspetiva de continuidade ou de liquidação, consoante o que se afigure mais provável, mas em qualquer caso com exclusão da rubrica de trespasse; / c) Não se incluem no passivo dívidas que apenas hajam de ser pagas à custa de fundos distribuíveis ou do ativo restante depois de satisfeitos ou acautelados os direitos dos demais credores do devedor».

[17] Não se assumindo, contudo, como objetivo deste estudo discorrer-se sobre as suas implicações.

[18] «Equipara-se à situação de insolvência atual a que seja meramente iminente, no caso de apresentação pelo devedor à insolvência».

[19] Bem pesados todos os proveitos e desvantagens das implicações deste preceito, cremos que merece aplauso a opção legislativa, seja no prisma do interesse do próprio devedor – evitando-se a sujeição a pressões injustificadas e a restrição da liberdade económica do devedor, como expõe MARTINS, Alexandre de Soveral (2016), ob. cit., p. 55 –, seja até no prisma dos credores, reflexamente e em certa medida, uma vez que é suscetível de assegurar os respetivos interesses e até mesmo a segurança no tráfico jurídico.

esta constatação apodicticamente comprovada precisamente pela total ausência da própria definição de *insolvência iminente*[20].

Consequentemente, o conceito de insolvência iminente não pode cingir--se a um mero temor; tem que materializar-se, objetivar-se, analisando-se qual a probabilidade de (não) liquidar as obrigações vencidas e as que ainda não se venceram, embora sendo atuais, na sua data de vencimento. Se se prever que existirá incumprimento, neste referido raciocínio prognóstico, então existirá uma situação de insolvência iminente[21]-[22].

Já no que concerne ao hiato que se deve considerar para aferir a insolvência iminente, ter-se-á que concluir que se está sempre dependente de vários fatores; para indicar alguns, depende do próprio devedor e da sua

---

[20] De facto, não obstante a aparente influência do § 18 da *InsO,* a verdade é que o CIRE não contém uma disposição semelhante ao § 18 (2) da *InsO*: «o devedor será considerado em situação de iminente incapacidade de pagamentos quando previsivelmente não irá estar na posição de cumprir no momento do vencimento das obrigações de pagamento existentes». De sua banda, a *Ley Concursal* define este conceito, também aquando da abordagem da apresentação à insolvência pelo próprio devedor, da seguinte forma: «si la solicitud de declaración de concurso la presenta el deudor, deberá justificar su endeudamiento y su estado de insolvencia, que podrá ser atual o inminente. Se encuentra en estado de insolvencia inminente el deudor que prevea que no podrá cumplir regular e pontualmente sus obligaciones» (cremos não ser necessário traduzir o preceito em questão na medida em que é fácil extrair o seu teor – bem vistas as coisas, o castelhano e o português não são línguas assim tão diferentes...).

[21] A este propósito, MARTINS, Alexandre de Soveral (2016), ob. cit., p. 56, apresenta uma exegese formulada pela doutrina alemã: «na doutrina alemã há quem proponha que seja feita uma avaliação em função do que é mais provável: há insolvência iminente se a insolvência é mais provável do que a hipótese de a evitar (*worst-case-Betrachtung*). E este parece ser um bom critério. Tanto mais que permite distinguir a insolvência iminente da mera existência de uma situação económica difícil: esta última, nos termos do art. 17.º-B, consiste em «dificuldade séria para cumprir pontualmente as suas obrigações, designadamente por ter falta de liquidez ou não conseguir obter crédito». E, prosseguindo o mesmo raciocínio, o reputado Autor conclui que «existe dificuldade séria para cumprir (e não insolvência iminente) se a probabilidade de se verificar uma situação de insolvência não é superior à de a evitar».

[22] Questão (diametralmente, diga-se) diversa é a que se prende com as obrigações ainda não contraídas, isto é, com saber se este tipo de obrigações pode ou deve ser considerado para efeitos de apreciação da insolvência iminente. Como se intui, será sempre necessária cautela quando se integram estas obrigações na ponderação hipotética de uma situação de insolvência iminente, mas poder-se-á dizer que se devem integrar as obrigações que, embora não sendo atuais, com um elevado grau de probabilidade serão contraídas e, consequentemente, se vencerão durante o período de tempo a considerar.

atividade, não sendo despiciendos, por exemplo, os ciclos económicos que forem possíveis apurar[23].

Outra questão de difícil trato é a de descortinar se também existe um dever de apresentação à insolvência no caso de insolvência iminente. A intuição levar-nos-ia, perfunctoriamente, a afirmar que inexiste esse dever de apresentação. Contudo, a opção legislativa de equiparar a insolvência iminente à situação de insolvência atual baralha todas as ilações, não sendo de todo descabido afirmar-se que a equiparação se estende, precisamente, ao dever de apresentação à insolvência conforme configurado no artigo 18.º, n.º 1 do CIRE[24]. Não obstante o mérito da exegese contrária[25], crê-se não ter sido o fito da lei equiparar ambas as situações quanto a esta temática – recorrendo-se aqui ao elemento literal do artigo 18.º, n.º 1 do CIRE, que apenas remete para o artigo 3.º, n.º 1 do CIRE –, inexistindo, consequentemente, um dever de apresentação à insolvência[26].

---

[23] A doutrina portuguesa é praticamente unânime ao obrigar a que se seja sensível à atividade prestada pelo devedor, nomeadamente se o devedor é uma sociedade ou um particular, se presta atividade sazonal, a curto ou longo prazo, etc. Já num registo ligeiramente diferente, veja-se FERNANDES, Luís A. Carvalho / LABAREDA, João (2015), ob. cit., p. 87: «haverá, pois, que levar em conta a expectativa do homem médio face à evolução normal da situação do devedor, de acordo com os factos conhecidos e na eventualidade de nada acontecer de incomum que altere o curso dos acontecimentos».

[24] «O devedor deve requerer a declaração da sua insolvência dentro dos 30 dias seguintes à do conhecimento da situação de insolvência, tal como descrita no n.º 1 do artigo 3.º, ou à data em que devesse conhecê-la».

[25] No sentido de que existe um dever efetivo de apresentação à insolvência em caso de a mesma estar iminente, veja-se FERNANDES, Luís A. Carvalho / LABAREDA, João (2015), ob. cit., pp. 85-86, os quais dispõem que «a dúvida, por sua vez, consiste em saber se, verificando-se, efetivamente, uma situação de insolvência iminente, nasce, imediatamente, para o devedor, mais do que a possibilidade de iniciar o processo de insolvência, como acabámos de referir, um verdadeiro dever de o fazer, sempre e quando ele esteja obrigado à apresentação em conformidade com o que consta do art. 18, e com as consequências que são inerentes à respetiva violação, se o devedor nada fizer», concluindo que «devendo o devedor tomar o impulso processual quando se encontre em situação de insolvência iminente e esteja legalmente obrigado a apresentar-se, esse dever cumpre-se se, apoiado por credores, o devedor desencadeia o processo de revitalização, como é sua faculdade. E o mesmo sucede se optar por promover um procedimento de recuperação por via extrajudicial (SIREVE)».

[26] Nesse sentido, LEITÃO, Luís Manuel Teles de Menezes (2012), ob. cit., p. 138, o qual, identificando o problema – «resta, porém, saber se a insolvência iminente determina logo que se inicie o prazo constante no art. 18.º, n.º 1, para o devedor se apresentar à insolvência, ou se

Ora, é nosso entendimento, como já teve o ensejo de se indicar, que, de facto, é diferente, tanto do prisma dos credores, como do prisma do devedor, a altura em que surge o pedido de apresentação à insolvência – *rectius*, é diferente que o devedor se apresente já efetivamente insolvente, com uma probabilidade diminuta de se recuperar financeiramente, ou que se apresente apenas com dificuldades mais ou menos sérias no que concerne à sua solvabilidade. Outro aspeto (muito) diferente é, do nosso ponto de vista, saber se, por parte dos credores, existe algum dever consagrado e instituído de analisar e envidar todos os esforços no sentido da recuperação; sendo que, bem analisadas as coisas, terá que concluir-se que as alterações legislativas não foram suficientes para que se possa impor esse ónus aos credores[27].

4. Do plano de insolvência[28]

Conforme é consabido, o plano de insolvência vem regulado no título IX do CIRE. No seu primeiro preceito (o artigo 192.º, n.º 1) determina-se um princípio geral: o de que constitui função do plano de insolvência disciplinar

---

esse prazo só se inicia a partir do momento em que ocorre a insolvência atual» –, conclui que «atendendo à circunstância de o art. 18.º, n.º 1, remeter apenas para o art. 3.º, n.º 1, e não para o n.º 4, aliado ao facto de ser extremamente insegura a determinação do momento em que se verifica a insolvência iminente, parece-nos preferível a segunda solução».

[27] Veja-se, a este propósito e exemplificativamente, MACHADO, José Manuel Gonçalves (2016). *O Dever de Renegociar no âmbito Pré-Insolvencial – Estudo Comparativo Sobre os Principais Mecanismos de Recuperação de Empresas.* Coimbra: Almedina, p. 57, o qual, embora versando sobre um instituto diferente, discorre genericamente que «o novo modelo deveria criar as condições necessárias ao processo negocial a ser estabelecido entre o devedor e os seus credores. Sem menosprezar os direitos (incluindo os credores públicos), o sucesso de um plano de recuperação das empresas não poderia continuar a depender em exclusivo da condescendência dos credores», podendo tal conclusão ser aplicável, *mutatis mutandis*, ao plano de insolvência.

[28] A propósito da evolução deste instituto, *vide* JÚNIOR, Eduardo Santos (2007). «O Plano de Insolvência. Algumas Notas». In AA. VV. *Estudos em Memória do Professor Doutor José Dias Marques.* Coimbra: Almedina, p. 129, o qual resumiu que «seguindo o modelo alemão do Insolvenzordnung (InsO), modelo este influenciado, por sua vez, pelo Direito da Insolvência Estado-Unidense e pelos ensinamentos da teoria, originada na Escola de Chicago, da análise económica do Direito enquanto aplicada ao Direito da Insolvência, a consagração do plano de insolvência consubstancia, na verdade, uma mudança de finalidade no processo de insolvência, relativamente ao regime consagrado no anterior Código dos Processos Especiais de Recuperação da Empresa e da Falência (CPEREF), que se inspirava no modelo francês».

de modo especial, mormente em derrogação das demais normas do CIRE, a liquidação da massa insolvente e a sua repartição pelos titulares desses créditos e pelo devedor, bem como a responsabilidade deste último depois de findo o processo de insolvência[29]-[30].

Com a estrutural reforma legislativa operada em 2012[31], o plano de insolvência arroga-se de uma posição pivotante, na própria medida em que, conforme cristalinamente espelha o artigo 1.º, n.º 1 do CIRE, «o processo de insolvência é um processo de execução universal que tem como finalidade a satisfação dos credores pela forma prevista num plano de insolvência, baseado, nomeadamente, na recuperação da empresa compreendida na massa insolvente, ou, quando tal não se afigure possível, na liquidação do património do devedor insolvente e a repartição do produto obtido pelos credores».

Facilmente se depreende o esforço legislativo da alteração do paradigma processual, evidenciada através da mera contraposição com a redação inicialmente prevista, relativamente a esse mesmo preceito, pelo Decreto-Lei n.º 53/2004, de 18 de março[32]. De facto, se na sua génese, o CIRE visava primacialmente a satisfação dos interesses dos credores pela forma que os

---

[29] Assim, *inter alia*, v. EPIFÂNIO, Maria do Rosário (2014), ob. cit., p. 270.

[30] Embora discorrendo sobre a lei revogada, SERRA, Catarina (2010). *O Novo Regime Português de Insolvência – Uma Introdução* (4.ª ed.). Coimbra: Almedina, p. 126, resenha, de forma concisa, que «pode ter finalidades liquidatórias e regular o pagamento dos créditos sobre a insolvência, a liquidação da massa insolvente e a sua repartição pelos credores ou a responsabilidade do devedor após o fim do processo de insolvência (cfr. art. 192.º, n.º 1). Mas pode ainda, como se disse, ter a finalidade de recuperação da empresa e regular as medidas para a atingir (cfr. art. 1.º). [...] Como depende, quase exclusivamente, da vontade dos credores, permite que se opte pela recuperação mesmo quando não se verifica a condição natural de aplicabilidade das providências de recuperação (a viabilidade da empresa) e, correspectivamente, que o processo supletivo de insolvência siga o seu curso e tenha lugar a liquidação não obstante ela se verificar».

[31] Concretamente, a Lei n.º 16/2012, de 20 de abril, cuja resenha já teve oportunidade de se elaborar *supra*.

[32] O qual, de sua banda, estatuía que «o processo de insolvência é um processo de execução universal que tem como finalidade a liquidação do património de um devedor insolvente e a repartição do produto obtido pelos credores, ou a satisfação destes pela forma prevista num plano de insolvência, que nomeadamente se baseie na recuperação da empresa compreendida na massa insolvente».

mesmos compreendessem ser a mais adequada[33], atualmente o fito cardeal transitou para a satisfação do interesse dos credores pela forma prevista num plano de insolvência. Dito de outro modo: «se, inicialmente, existia uma tramitação regra e só subsidiariamente atuava o plano de insolvência, depois da alteração legislativa introduzida ao CIRE pela Lei nº 16/2012, de 20 de abril, é vontade do legislador que o plano de insolvência constitua a regra e só subsidiariamente vigore a tramitação supletiva»[34].

Substancialmente diferente, como se viu, é saber se a alteração legislativa pretendeu impor um paradigma da recuperação da empresa insolvente no sentido de, para além de dar primazia à aprovação de um plano de insolvência, dentro desta se deverá optar pela recuperação da mesma e só supletivamente a aprovação da liquidação da empresa. E, se tal era o fito, crê-se que a lei não espelha a verdadeira (e hipotética) vontade legislativa, ao optar pelo termo "nomeadamente" na redacção do artigo 1.º, n.º 1 do CIRE, sendo esta então, consequentemente, apenas uma das finalidades do processo de insolvência; ademais, a acoplar à própria literalidade da lei acabada de frisar, a verdade é que inexiste qualquer mecanismo legal ou judicial criado ou orientado para garantir a prioridade da aprovação do plano de insolvência[35], tendo-se apenas aditado um n.º 3 ao artigo 192.º do CIRE, o qual estatui que «o plano que se destine a prover à recuperação do devedor designa-se plano de recuperação, devendo tal menção constar em todos os documentos e publicações respeitantes ao mesmo».

De sua banda, o artigo 195.º, n.º 2, alínea b) do CIRE indica quatro modalidades previstas para o plano de insolvência – o plano de liquidação da massa insolvente[36], o plano de recuperação[37], o plano de transmissão da empresa para a outra entidade[38] e o plano misto[39]. Já no que concerne às concretas medidas de recuperação, existindo atipicidade quanto às mesmas, o CIRE apresenta algumas propostas, podendo-se adotar, exemplificativa-

---

[33] Isto porque, como se disse, «a liquidação e a recuperação dependiam exclusivamente da decisão dos credores, transformadores em "proprietários económicos da empresa"» – Epifânio, Maria do Rosário (2014), ob. cit., p. 275.
[34] Ibidem, p. 276.
[35] Ibidem.
[36] "Liquidationplan" no InsO.
[37] "Sanierungsplan" no InsO.
[38] "Übertragungsplan" no InsO.
[39] O qual, conforme se intui, resulta da combinação das modalidades descritas.

mente, providências com incidência no passivo[40], providências específicas das sociedades comerciais[41]-[42] ou o saneamento por transmissão[43].

De frisar que «o plano de insolvência é suscetível de impor aos credores uma compressão generalizada das suas faculdades típicas: pode afetar a esfera jurídica dos interessados e interferir com direitos de terceiros independentemente do seu consentimento – desde que a lei o autorize expressamente – (cfr. art. 192.º, n.º 2 do CIRE); pode sujeitar um credor a um tratamento mais desfavorável relativamente a outros credores sem

---

[40] Nos termos do n.º 2 do art. 196.º, «o plano de insolvência pode, nomeadamente, conter as seguintes providências com incidência no passivo do devedor: / a) O perdão ou redução do valor dos créditos sobre a insolvência, quer quanto ao capital, quer quanto aos juros, com ou sem cláusula "salvo regresso de melhor fortuna"; / b) O condicionamento do reembolso de todos os créditos ou de parte deles às disponibilidades do devedor; / c) A modificação dos prazos de vencimento ou das taxas de juro dos créditos; / d) A constituição de garantias; / e) A cessão de bens aos credores», sendo que o seu n.º 2 estatui que «o plano de insolvência não pode afetar as garantias reais e os privilégios creditórios gerais acessórios de créditos detidos pelo Banco Central Europeu, por bancos centrais de um Estado membro da União Europeia e por participantes num sistema de pagamentos como tal definido pela alínea a) do artigo 2.º da Diretiva n.º 98/26/CE, do Parlamento Europeu e do Conselho, de 19 de maio, ou equiparável, em decorrência do funcionamento desse sistema».

[41] De acordo com o art. 198.º, n.º 2 do CIRE, «podem, porém, ser adotados pelo próprio plano de insolvência: / a) Uma redução do capital social para cobertura de prejuízos, incluindo para zero ou outro montante inferior ao mínimo estabelecido na lei para o respetivo tipo de sociedade, desde que, neste caso, a redução seja acompanhada de aumento do capital para montante igual ou superior àquele mínimo; / b) um aumento do capital social, em dinheiro ou em espécie, a subscrever por terceiros ou por credores, nomeadamente a conversão de créditos em participações sociais, com ou sem respeito pelo direito de preferência dos sócios legal ou estatutariamente previsto; / c) A alteração dos estatutos da sociedade; / d) A transformação da sociedade noutra de tipo distinto; / e) A alteração dos órgãos sociais; / f) A exclusão de todos os sócios, tratando-se de sociedade em nome coletivo ou em comandita simples, acompanhada da admissão de novos sócios; / g) A exclusão dos sócios comanditados acompanhada da redução do capital social a zero nos termos da alínea a), tratando-se de sociedade em comandita por ações».

[42] De destacar que a medida prevista no art. 198.º, n.º 2, al. a) do CIRE, se consubstancia no «azzeramento, no caso de a redução ser no âmbito da chamada "operação-acordeão"» – SERRA, Catarina (2010), ob. cit., p. 127.

[43] «O plano de insolvência que preveja a constituição de uma ou mais sociedades, neste Código designadas por nova sociedade ou sociedades, destinadas à exploração de um ou mais estabelecimentos adquiridos à massa insolvente mediante contrapartida adequada contém, em anexo, os estatutos da nova ou novas sociedades e prevê quanto ao preenchimento dos órgãos sociais», nos termos do art. 199.º do CIRE.

necessidade do seu consentimento expresso – é suficiente o seu consentimento tácito – (cfr. art. 194.º, n.º 2 do CIRE)»[44].

---

[44] Bem assim, SERRA, Catarina (2010), ob. cit., p. 128. A reputada A. aborda, ainda, a sensível temática da contemplação e consequente afetação das dívidas fiscais e das dívidas à Seg. Social: «tem-se discutido, em particular, a categoria das dívidas fiscais e das dívidas à Seg. Social: pergunta-se se é possível que o plano de insolvência que o plano de insolvência preveja perdões, reduções de valor, moratórias ou outros condicionamentos ao pagamento destas dívidas. No que toca às dívidas fiscais, está em causa, por um lado, o caráter imperativo dos arts. 30.º, n.ºˢ 2 e 3 e 36.º, n.ºˢ 2 e 3, da Lei Geral Tributária (LGT) e do art. 196.º, n.ºˢ 1 e 5 do Código de Procedimento e Processo Tributário (CPPT)». Contudo, a jurisprudência portuguesa recente tem-se inclinado para a impossibilidade de afetar este tipo de créditos, vendo-se, exemplificativamente, o aresto do STJ n.º 1786/12.5TBTNV.C2.S1, de 18.02.2014, relator FONSECA RAMOS, em cujo sumário pode ler-se:
«1. O Direito falimentar português tem sido objeto de reformas, sempre oscilando entre dois paradigmas, tendo em conta a situação da economia e das empresas – indissociável da conjuntura económica e financeira nacional e transnacional – num tempo histórico em que a globalização, tornou vulneráveis as economias de muitos países, mormente, daqueles cuja situação económica e financeira, por ser mais precária, foi mais atingida por uma nova realidade: um dando primazia à recuperação, outro privilegiando a liquidação de empresas em estado de insolvência iminente. [...] / 3. Daqui decorre que o Estado, num quadro de forte constrangimento económico e financeiro, assumiu o compromisso de legislar no sentido de introduzir um quadro legal de cooperação e flexibilização dos seus créditos quando estiver em causa a aceitação de reestruturação de créditos de outros credores, ou seja, o Estado Português, aceitou adotar legislativamente, procedimentos flexíveis quanto aos seus créditos, que no direito português como é consabido, se apresentam exornados de fortes garantias (v.g. privilégios creditórios), em ordem à salvaguarda das empresas em comunhão de esforços com os credores particulares, dando primazia à recuperação. / 4. Esse foi o caminho trilhado pela Jurisprudência dos Tribunais Superiores antes mesmo da Reforma de 2012, ao considerar que o Estado, no contexto do processo insolvencial, poderia ver os seus créditos afetados por decisão dos credores, porquanto as prerrogativas dos seus créditos, no contexto da relação tributária não seriam, sem mais, transponíveis para o processo universal que a insolvência é, e por isso, não estavam os créditos da Autoridade Tributária numa posição de intangibilidade, enquanto os credores privados renunciavam aos seus direitos na tentativa de recuperar a empresa e, reflexamente, outros interesses a ela ligados, onde nem sequer é despiciendo aludir aos benefícios que o erário público colhe quando uma empresa é recuperada e não liquidada pela inviabilidade da sua recuperação. / 5. O legislador alterou a Lei Geral Tributária blindando os créditos fiscais. O art. 30.º, n.º 2, estatui – "O crédito tributário é indisponível, só podendo fixar-se condições para a sua redução ou extinção com respeito pelo princípio da igualdade e da legalidade tributária", tendo o art. 125.º da Lei n.º 55-A/2010, de 31.12 (Lei do Orçamento para 2011), aditado um n.º 3 ao art. 30.º para que não restassem dúvidas: "O disposto no número anterior prevalece sobre qualquer legislação especial." / 6. Reafirmando com indiscutível clareza a indisponibilidade

5. O plano de recuperação e as providências específicas das sociedades comerciais

Como vimos, a insolvência não é o termo da vida da sociedade[45], podendo, ao invés – e chegamos ao cerne do presente estudo – ser um novo fôlego, uma nova vida, uma nova oportunidade, assentando a recuperação, essencialmente, na sua capitalização. E assim será, dependendo das soluções que o proponente[46] do plano escolher, a lei não proibir[47], os credores aprovarem[48] e tal não implicar a sua não homologação[49]. A lei procura ser o menor dos obstáculos àquele que apresenta o plano, permitindo-lhe

dos créditos tributários, proibindo a sua redução ou extinção e tendo em conta a amplitude do conceito de "relação tributária" e o que a constitui – cfr. art. 30.º, n.º 1, als. a) a e) – o direito insolvencial, após a reforma de 2012, quando conjugado com aqueles preceitos da LGT é dificilmente harmonizável. [...] / 8. Numa perspetiva de adequada ponderação de interesses, tendo em conta os fins que as leis falimentares visam, pode violar o princípio da proporcionalidade admitir que o processo de insolvência seja colocado em pé de igualdade com a execução fiscal, servindo apenas para a Fazenda Nacional atuar na mera posição de reclamante dos seus créditos, sem atender à particular condição dos demais credores do insolvente ou pré-insolvente, que contribuem para a recuperação da empresa, abdicando dos seus créditos e garantias, permanecendo o Estado alheio a esse esforço, escudado em leis que contrariam o seu Compromisso de contribuir para a recuperação das empresas, como resulta do Memorandum assinado com a troika e até das normas que, no contexto do PER, o legislador fez introduzir no CIRE. [...] / 10. O plano de insolvência, assente numa ampla liberdade de estipulação pelos credores do insolvente, constitui um negócio atípico, sendo-lhe aplicável o regime jurídico da ineficácia, por isso o Plano de Recuperação da empresa que for aprovado, não é oponível ao credor ou credores que não anuíram à redução ou à modificação *lato sensu* dos seus créditos».

[45] Seguimos de perto os ensinamentos de FERNANDES, Luís A. Carvalho / LABAREDA, João (2015), ob. cit., p. 727, no comentário que fazem ao art. 198.º do CIRE, considerando a designação genérica por forma a incluir, igualmente, as sociedades civis sob a forma comercial ou outras realidades de natureza societária ou pessoas coletivas.

[46] Nos termos do disposto no art. 193.º do CIRE, têm legitimidade para apresentar proposta de plano o administrador de insolvência, o insolvente, qualquer pessoa responsável pelas dívidas da insolvência (administradores ou representantes legais, tais como definidos no art. 6.º do CIRE) e credor ou credores que representem mais de um quinto do total dos créditos não subordinados reconhecidos ou estimados.

[47] Por exemplo, o disposto no art. 194.º do CIRE.

[48] Em assembleia de credores marcada para o efeito, seguindo a formalidade do disposto no artigo 209.º do CIRE, atendendo aos limites do art. 210.º do CIRE, podendo ser expresso por escrito, conforme dispõe o art. 211.º do CIRE e obtido os quóruns previstos no art. 212.º do CIRE.

[49] Oficiosa ou a requerimento dos credores, nos termos e fundamentos constantes dos arts. 215.º e 216.º do CIRE.

diversas soluções – que, reitere-se, enumera a título exemplificativo – e ainda outras que, não elencando, admite, ao não fixar um *numerus clausus*, deixando os limites à sua criatividade.

Com efeito, neste âmbito vigora, não só a regra da liberdade de conteúdo do plano, como também a possibilidade que o seu proponente tem de incluir variadas medidas. Tal resulta evidente do uso do advérbio «nomeadamente», presente nos artigos 195.º, n.º 2, e 196.º, n.º 1 do CIRE, como também do preâmbulo do diploma, onde se preceitua que «[c]essa ainda o caráter taxativo das medidas de recuperação da empresa tal como constante do CPEREF. O conteúdo do plano de insolvência é livremente fixado pelos credores, limitando-se o juiz, quando atue oficiosamente, a um controlo da legalidade, com vista à respetiva homologação. Não deixam de indicar-se, em todo o caso, algumas das medidas que o plano pode adotar, regulando-se com mais detalhe certas providências de recuperação específicas de sociedades comerciais, dado o relevo por estas assumido na atividade económica e empresarial».

As alterações legislativas mais recentes[50] visam, acima de tudo, evitar o encerramento da devedora e relegar para o regime supletivo a liquidação do seu ativo com o único propósito de pagamento (satisfação) aos credores. Em consequência, o que se pretende agora é a manutenção da devedora, prosseguindo a sua atividade, nos termos em que o vinha fazendo ou noutros termos e condições. O fim da insolvência é a satisfação dos interesses dos credores[51] e este é essencialmente conseguido pela via da recuperação da devedora ou pela via da liquidação, mas neste último caso, sem a manutenção da atividade da devedora.

Em sede de plano de insolvência surge, assim, a possibilidade de recorrer a este mecanismo por qualquer um daqueles meios; se o escolhido para a satisfação dos credores for a manutenção da atividade da devedora, então, diz-nos o artigo 192.º, n.º 3 do CIRE que estamos perante um plano de recuperação; caso contrário, se o meio for a liquidação, estamos perante um plano de insolvência. Ou seja, a lei distingue claramente entre o plano de insolvência e o plano de recuperação, como meios para obter a satisfação dos credores, juntamente com a simples liquidação[52].

---

[50] Decorrentes da Lei n.º 16/2012, de 20 de abril.
[51] Art. 1.º, n.º 1 do CIRE.
[52] Arts. 158.º e ss. do CIRE.

O plano de insolvência tem como objetivo primordial a liquidação em condições mais vantajosas que a simples liquidação levada a cabo pelo administrador de insolvência, mas nunca o prosseguimento da atividade da insolvente. Cumprido este plano, a insolvente extingue-se e assim se fecha o seu ciclo de vida.

Já assim não será com o plano de recuperação. O seu objetivo primordial é o prosseguimento da atividade da insolvente, seja pela sua manutenção, seja pela criação de nova(s) sociedade(s). Mantendo-se, podemos antever[53] soluções como o aumento de capital, o perdão de dívida (total ou parcial), o alargamento de prazos de pagamento, o alívio da forma e condições de pagamento, a sua reorganização departamental, redução de trabalhadores, entre tantas outras soluções. Sendo estas autoexplicativas, veremos, em concreto e mais à frente, as medidas específicas para empresas.

O CIRE, depois de estipular o que deverá ser o conteúdo do plano (artigo 195.º), elenca genericamente as medidas que visam a recuperação da devedora, permitindo ao proponente daquele e a quem o negoceia um leque diversificado de providências, cujo fim será a recuperação da empresa insolvente e a satisfação dos créditos dos credores.

Mas sempre haverá limites a observar, designadamente, as medidas inseridas no plano não poderão violar o princípio da igualdade dos credores (artigo 194.º CIRE) ou afetar direitos de terceiros (artigo 192.º, n.º 2 do CIRE), no primeiro caso, salvo diferenciações objetivas[54] e devidamente justificadas e fundamentadas no plano e, no segundo, sem os afetados prestarem o seu consentimento[55] (artigo 192.º, n.º 2 do CIRE). De igual modo, o plano não poderá afetar garantias específicas (artigo 196.º, n.º 2

---

[53] Em respeito ao aludido princípio da liberdade de configuração do conteúdo do plano.

[54] A jurisprudência tem interpretado o art. 194.º, n.º 1 do CIRE de forma algo lata. Sobre este assunto, a título exemplificativo, veja-se o Ac. da Relação de Lisboa de 12.07.2007 (relator ABRANTES GERALDES), in *CJ, 32, ano 2007*, 3, pp. 110-115, que admitiu a homologação de um plano de insolvência que previa a manutenção de apenas alguns trabalhadores na empresa adquirente do património da insolvente e, bem assim, diferentes percentagens de pagamento imediato de certos credores privilegiados. No mesmo sentido, o Ac. da Relação do Porto, de 15.11.2007 (relator DEOLINDA VARÃO), in *CJ, 32, ano 2007*, 5, pp. 175-178, que admitiu a homologação de um plano de insolvência que previa o pagamento dos créditos hipotecários antes dos créditos privilegiados dos trabalhadores, pelo produto da liquidação de imóveis onde estes prestavam a sua atividade.

[55] O consentimento pode ser expresso, mas também tácito, o que acontecerá, por exemplo, no caso de o credor tratado de forma desfavorável votar favoravelmente o plano. Sobre este assunto

do CIRE), os créditos tributários (artigo 30.º, n.º 3 da LGT) e não pode sujeitá-lo a condições resolutivas (artigo 201.º, n.º 3 do CIRE).

Das providências previstas, temos aquelas com incidência no passivo, que vão desde a concessão de moras até ao perdão parcial ou total de créditos, passando pela alteração de taxas, pela constituição de garantias ou a cessão de bens aos credores, entre outras (artigo 196.º, n.º 1 do CIRE), inclusive medidas não tipificadas na lei.

No que concerne às sociedades comerciais[56], já com o escopo centrado na sua recuperação, são previstas no artigo 198.º do CIRE providências com incidência na estrutura societária que visam a sua capitalização – redução ou aumento do capital social [artigo 198.º, n.º 2, als. a) e b)] – e as que visam a modificação do contrato social – alteração dos estatutos [artigo 198.º, n.º 2, al. c)], transformação do tipo societário [artigo 198.º, n.º 2, al. d)], a alteração dos órgãos sociais [artigo 198.º, n.º 2, al. e)] e a exclusão de sócios [artigo 198.º, n.º 2, als. f) e g)].

Assim, as duas primeiras possibilidades que se apresentam dizem respeito à alteração ao capital social, mais propriamente a sua redução, aumento ou redução e subsequente aumento (a apelidada *operação harmónio* ou *operação acordeão*).

No primeiro caso, o que se verifica é a redução do capital social [artigo 198.º, n.º 2, al. a)] por forma a equipará-lo ao seu real valor, cobrindo os prejuízos, voltando a espelhar os capitais próprios da empresa, que se degradaram significativamente com a situação de crise que conduziu à situação de insolvência e necessidade (agora forçosa) de recuperação. Claro está que tal operação só é possível se as perdas forem inferiores ao capital social mínimo exigido; sendo superiores, a solução possível será outra, à qual nos referiremos posteriormente.

A redução do capital irá implicar a redução proporcional das participações societárias em que se encontra dividido o capital (quotas ou ações) e importará igual diminuição do passivo.

Esta operação de reequilíbrio das contas sociais, apesar de necessária, desvaloriza e enfraquece a empresa, sendo por isso muito menos interessante para os credores e podendo afastar investimento, dificultar a obtenção

---

veja-se, entre outros, o Ac. da Relação de Lisboa, processo 2014/12.9TYLSB.L1, relator TOMÉ GOMES, disponível em *www.dgsi.pt* [consultado em 04.01.2017].

[56] Ver nota de rodapé 1.

de matéria-prima e as trocas comerciais. Ou seja, em face dos sinais que transmite, diminui o envolvimento com os demais agentes do mercado, sejam eles trabalhadores, fornecedores, investidores particulares ou a banca.

É uma providência que, excluindo a consequente manutenção da atividade da empresa e permitir que o seu capital social passe a refletir o seu real valor, não aporta nada de vantajoso para o exterior e que terá sempre de ser complementada com outras medidas que confortem os credores, na medida em que a satisfação dos seus créditos é o fim a que o plano deve suma obediência.

Mais normal que a redução de capital e também mais atraente, essencialmente porque elimina grande parte das desvantagens atrás referidos quanto à «simples» redução do capital, é evidentemente, o seu aumento, a subscrever por credores ou terceiros[57], que poderá ter lugar por meio de novas entradas em dinheiro ou em espécie [artigo 198.º, n.º 2, al. b)], aportando valor à empresa[58], sendo evidente a solução que mais garantias traz aos credores e terceiros que se relacionam profissional e/ou institucionalmente com aquela.

Uma das questões que se coloca é a preferência dos sócios no aumento de capital, cuja regra está prevista nos artigos 266.º, 458.º e 460.º do CSC. Refira-se, primeiramente, que o CIRE não o afasta ou limita, tendo plena aplicação o regime ali consagrado. Todavia, em sede de plano de recuperação, prevê-se a possibilidade de o aumento de capital ocorrer sem a concessão do direito de preferência dos sócios, desde que ocorra a redução do capital social a zero ou que a medida não acarrete a desvalorização das participações que os sócios conservem[59] (artigo 198.º, n.º 4 do CIRE). Assim será quando a razão da crise da empresa se prende com a atuação ou omissão dos seus sócios, ou quando estes são naturalmente incapazes de aportar

---

[57] Naturalmente que a subscrição pode ser aberta aos sócios, mas não lhes poderá ser imposta.

[58] Daí não se prever como medida de recuperação o aumento de capital por incorporação de reservas, na medida em que estas, a existirem – o que certamente não será o caso estando perante a insolvência da empresa –, não trazem qualquer incremento de valor à empresa.

[59] O que se assegura, tal como defendem FERNANDES, Luís A. Carvalho / LABAREDA, João (2015), ob. cit., p. 730, ao «conjugar o interesse dos titulares do capital (sócios) com o dos credores na recuperação dos seus créditos, quando estejam em causa medidas de alteração do capital [...] permiti[ndo] aos sócios que mantenham, na nova situação, uma posição proporcional equivalente à que detinham antes da modificação».

àquela o que necessita para recuperar, por exemplo, porque não dispõem dos conhecimentos essenciais para tal ou porque são necessários parceiros estratégicos para a recuperação.

Mas este aumento de capital vai ser decidido pelos credores em assembleia de credores para votação do plano, o que colide com a legitimidade reconhecida legalmente aos sócios como promotores de tal medida. Há, portanto, um conflito, mas que o legislador resolveu, no confronto entre os princípios em causa: de um lado, temos a recuperação e manutenção da empresa como meio para a satisfação dos interesses dos credores (interesse público), de outro, temos o interesse particular dos sócios da mesma empresa[60], cedendo este em face do primeiro. Só a sobreposição do interesse público ao interesse dos sócios da insolvente permite admitir o aumento de capital por iniciativa dos credores, sem atender (ou mesmo contra) a vontade dos sócios.

O aumento de capital em dinheiro, em sede de recuperação da empresa, segue as regras previstas no CSC, designadamente, nos artigos 87.º a 93.º. Apenas haverá que realçar que, «o capital considera-se aumentado e as participações consideram-se constituídas na data da deliberação [...] ou [...] na data em que qualquer membro da administração declarar, por escrito e sob sua responsabilidade, quais as entradas já realizadas e que não é exigida pela lei, pelo contrato ou pela deliberação a realização de outras entradas» (artigo 88.º, n.ºs 1 e 2 do CSC). Ora, uma vez que as entradas só deverão ocorrer após a homologação do plano, ou seja, após a deliberação (na assembleia de credores em que estes votam o plano), as mais das vezes só se considerará aumentado o capital após a declaração, por escrito, pelo gerente ou administrador, da disponibilização das entradas[61].

---

[60] Refere CUNHA, Paulo Olavo (2016). «A recuperação de sociedades no contexto do PER e da insolvência». In *Revista de Direito da Insolvência*, n.º 0, p. 115, que «há princípios estruturantes do Direito Societário, como o princípio da igualdade de tratamento dos sócios e acionistas, que, não podendo ser postergados, constituem limitações do sistema jurídico-societário à forma como se efetivam as medidas de recuperação de sociedades em sede de insolvência e que, por isso, devem ser respeitados nas operações de recapitalização». Quanto à prevalência dos interesses dos credores sobre os dos sócios, materializada na supressão do direito de preferência destes na subscrição de aumentos de capital por entradas em dinheiro, a mesma justifica-se porquanto a medida pode constituir a única possibilidade de manter viva a sociedade.

[61] Terá de ocorrer no prazo máximo de um ano após a deliberação de aumento, sob pena de caducidade – art. 89.º, n.º 3 do CSC.

As entradas em espécie podem ser realizadas em bens ou por meio da conversão de créditos e igualmente seguem o regime do CSC. Quanto à conversão de créditos, o relatório do revisor oficial de contas[62] terá de identificar os créditos convertidos e a redução efetuada[63] – se existir –, tendo de acompanhar o plano que será apresentado e votado.

Além destas operações de redução e aumento de capital, é habitual a operação denominada de *harmónio* ou *acordeão*, em que há a redução do capital e, ato contínuo[64], o seu aumento, obrigatório nas situações em que o capital está totalmente perdido, pelo menos igualando o capital mínimo obrigatório [artigo 198.º, n.º 2, al. a) *in fine* do CIRE]. Esta operação implicará a alteração dos sócios, principalmente se existir a conversão de créditos, caso em que a nova composição acionista ou quotista passa a ser preenchida por credores, em substituição dos anteriores acionistas ou sócios.

Estas últimas medidas – aumento de capital e operação harmónio – são mais apelativas para os credores, porquanto visam dotar a empresa de meios para a sua recuperação, oferecendo aos demais agentes do mercado a confiança necessária para o reatamento das relações comerciais. Muitas das vezes, esses agentes passam a controlar a empresa, alterando a estrutura societária, expurgando-a daqueles que são considerados os responsáveis pela situação de insolvência, mesmo que por simples omissão.

Todavia, o artigo 198.º, n.º 2 do CIRE, nas suas alíneas c) a f), prevê outras medidas, mais viradas para verdadeira alteração estatutária e societária, como sejam a alteração dos seus estatutos, dos seus órgãos sociais, a transformação da empresa numa sociedade de tipo diferente e, finalmente, a exclusão de sócios. No caso das alíneas c) a e), não basta deliberá-lo, será necessário complementar aquelas medidas com um aumento de capital destinado, pelo menos em parte, a não sócios, e que a medida observe as maiorias legais para aprovação em sede de deliberação de sócios [artigo 198.º, n.º 5, als. a) e b) do CIRE]. Em suma, mantendo-se os sócios originais, estes terão de perder a maioria e o controlo societário.

A alteração dos estatutos [artigo 198.º, n.º 2, al. c) do CIRE] e dos órgãos sociais [artigo 198.º, n.º 2, al. e) do CIRE] prende-se com o reconhecimento, por parte do proponente do plano e dos credores que o aprovem,

---

[62] Determinado pelo art. 28.º do CSC.
[63] *Write off*.
[64] Operação incindível, não podendo ser votada em separado.

da existência de obstáculos ou impedimentos internos à efetiva recuperação da empresa. Estes podem decorrer de cláusulas limitativas ou demasiado onerosas inseridas no pacto societário, ou das diferenças inconciliáveis de visão dos órgãos sociais existentes, divergente do novo «alinhamento de agulhas» pretendido pelo plano. Com estas medidas, os credores moldam diretamente a estrutura e a orgânica sociais, de forma a alcançar o seu objetivo principal, a satisfação dos seus créditos. Naturalmente que estas medidas são muitas vezes complementares de outras inseridas no plano, mas nada obsta a que sejam as únicas.

Já a transformação da empresa noutro tipo societário [artigo 198.º, n.º 2, al. d) do CIRE] é a sua alteração mais catastrófica e implica uma alteração profunda a todos os níveis. O que está em causa é a passagem de um tipo societário para outro (por exemplo, sociedade anónima transformar-se em sociedade por quotas), o que implicará, não obstante se aplicar sem alterações o regime constante do CSC (nos artigos 130.º e ss.) que o plano contenha os novos estatutos, a nova estrutura e composição dos órgãos sociais. A opção por esta medida é, amiúde, a constatação pelo proponente do plano e pelos credores que o aprovem, de que a empresa tal com existe, está limitada no seu crescimento, impedida de recorrer a mecanismos que permitam a sua recuperação ou que tem uma estrutura desajustada por excesso, sendo necessário reduzir a estrutura e o capital social.

No elenco do número 2 do artigo 198.º do CIRE surge, ainda, a possibilidade de exclusão de todos os sócios, medida que, não estando expressamente contemplada para as sociedades anónimas, surge como exclusiva às sociedades em nome coletivo, às sociedades em comandita simples e às sociedades por quotas. Como contrapartida, os sócios excluídos terão direito à devida compensação, correspondente ao valor da participação perdida, exceto se destituída de qualquer valor (artigo 198.º, n.º 6 do CIRE).

Fora do elenco que temos vindo a analisar, está previsto no artigo 199.º do CIRE o saneamento por transmissão[65], ou seja, a constituição de uma ou mais sociedades novas como forma de recuperação da insolvente e que irão explorar algum, vários ou todos os estabelecimentos desta.

---

[65] Esta medida pode implicar a extinção da insolvente, transmitindo-se para a sociedade(s) terceira(s) o seu património – caso em que estaremos perante uma liquidação (art. 162.º do CIRE) ou plano de insolvência (art. 192.º, n.º 1 do CIRE).

A constituição da nova ou novas sociedades segue o regime do CSC, a que acresce a necessidade de, em momento anterior à homologação, terem de ser realizadas integralmente as entradas em dinheiro, depositadas à ordem do administrador da insolvência, ou em espécie, certificadas por revisor oficial de contas (artigo 201.º, n.º 2 do CIRE) e de os seus estatutos e os órgãos sociais constarem do plano que será submetido a votação pelos credores. Outra particularidade é o facto de a constituição da sociedade ser prévia[66], razão pela qual, na ótica de Luís A. CARVALHO FERNANDES e JOÃO LABAREDA[67], não é admissível a conversão de créditos dos credores enquanto entrada em espécie da(s) nova(s) sociedade(s), embora o admitam quanto àqueles credores que são sócios da insolvente[68].

Uma última nota para destacar a posição de PAULO OLAVO CUNHA[69]-[70] (que seguimos de perto), que defende que o disposto no artigo 97.º, n.º 3 do CSC – a impossibilidade de a sociedade se fundir a partir do pedido de declaração de insolvência – não impede a fusão[71] (ou cisão[72], por força do artigo 120.º do CSC), desde que esta resulte do plano de recuperação. Com efeito, aquele A. entende que o interesse público subjacente à recuperação da empresa se sobrepõe ao direito societário e, nessa medida, será de homologar um plano que acolha a fusão ou cisão da empresa.

---

[66] Porém só será eficaz com a sentença de homologação do plano – art. 217.º, n.º 3, al. a) do CIRE.
[67] V., dos AA., (2015), ob. cit., p. 775, na anotação ao art. 199.º do CIRE.
[68] Posição contrária é defendida por MARTINS, Alexandre de Soveral (2016), ob. cit., p. 475.
[69] In (2016), ob. cit., p. 131, e ainda, do mesmo A. (2013). «Providências específicas do plano de recuperação de sociedades». In SERRA, Catarina (Coord.). *I Congresso de Direito da Insolvência*. Coimbra: Almedina, p. 116.
[70] Em sentido inverso, DOMINGUES, Paulo de Tarso (2014). «O Processo Especial de Revitalização aplicado às sociedades comerciais». In SERRA, Catarina (Coord.). *I Colóquio de Insolvência de Santo Tirso*. Coimbra: Almedina, p. 34.
[71] O direito societário visa a proteção dos sócios da sociedade saudável, impedindo-os de assumir as dívidas da insolvente e com isso colocar em risco a empresa sã.
[72] Nesta operação, a alegada proteção do direito societário, desta feita aos credores sociais, não fará sentido, na medida em que a sociedade cindida responde solidariamente pelas dívidas da nova sociedade – art. 122.º, n.º 1 do CSC.

6. Conclusão

Com a crise do *subprime*[73] em 2008 e a eclosão da crise financeira mundial assistimos ao colapso de parte do sistema financeiro e à desalavancagem generalizada da banca, com inevitáveis reflexos no tecido empresarial português, nomeadamente, nas pequenas e médias empresas[74], que ficaram sem acesso ao financiamento bancário, viram aumentar o preço da matéria prima e o incumprimento por parte dos seus clientes, sofreram com a queda da procura e assistiram, sem possibilidade de reação, ao aumento da concorrência da China e do leste europeu. Tudo somado, sem poupanças, sem reservas e sem mercados alternativos, deu-se o incremento exponencial dos processos de insolvência e de recuperação de empresas, verificando-se um aumento de 2007 para 2008, acentuando-se em 2009 e 2010, e disparando em 2011 e 2012[75], consolidando-se em 2013, 2014 e apenas havendo um decréscimo em 2015, tal como resulta do gráfico 1.

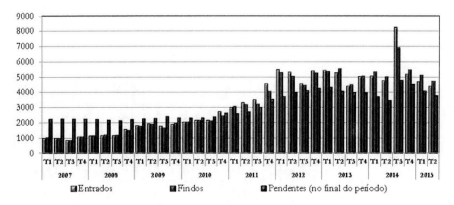

Gráfico 1
Processos de insolvência e recuperação de empresas nos Tribunais portugueses[76]

---

[73] O *subprime* é um tipo de crédito concedido a quem não oferece garantias suficientes para beneficiar da taxa de juros mais vantajosa (*prime rate*), normalmente vendo o seu pedido de crédito recusado pela banca. Surge nos Estados Unidos da América, com grande utilização no crédito hipotecário.
[74] De cariz essencialmente familiar e pouco profissional.
[75] Com a entrada da Troika e incremento das políticas de austeridade.
[76] In BOLETIM DE INFORMAÇÃO ESTATÍSTICA TRIMESTRAL 22, Estatísticas trimestrais sobre processos de falência, insolvência e recuperação de empresas e sobre processos especiais de revitalização (2007–2015), disponibilizados pela Direção-Geral da Política de Justiça em www.dgpj.mj.pt [consultado em 04.01.2017].

Com efeito, verifica-se que no ano de 2009 houve um aumento de 100% no número de processos daquele tipo entrados, por comparação com o ano de 2007, e um aumento de 500% no ano de 2012. Se, em 2007, tínhamos uma média de 1.000 processos novos por trimestre, em 2009, a média ronda os 2.000 processos e nos trimestres de 2012, 2013 e 2014 temos um número médio superior a 5.000 processos de insolvência e recuperação de empresas, que apenas diminui no terceiro trimestre de 2015, para cerca de 4.000 novos processos.

Já no que concerne unicamente às insolvências decretadas, se atentarmos ao gráfico 2, estas representam cerca de 50% daqueles processos em 2007, e 80% dos mesmos processos no período de 2012 a 2014. Mais se constata a curva esmagadora de insolvências decretadas, disparando de umas «meras» 600, em 2007, para cerca de 4.000 no período de 2012 a 2014, ou seja, seis vezes mais.

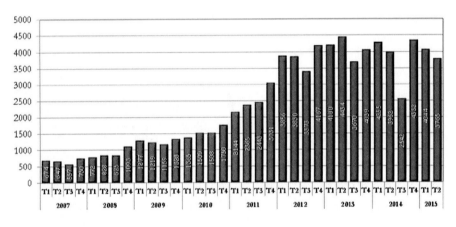

Gráfico 2
Insolvências decretadas nos Tribunais portugueses[77]

---

[77] In Boletim De Informação Estatística Trimestral 22, Estatísticas trimestrais sobre processos de falência, insolvência e recuperação de empresas e sobre processos especiais de revitalização (2007–2015), disponibilizados pela Direção-Geral da Política de Justiça em www.dgpj.mj.pt [consultado a 04.01.2017].

Neste período de tempo, entre insolvências de pessoas singulares e de pessoas coletivas, passamos de uma relação de 17% – 82% em 2007 para valores gradualmente superiores relativamente às pessoas coletivas, que no segundo trimestre de 2011 ultrapassam as insolvências de pessoas singulares, atingindo uma percentagem de 60% e 70% do universo das insolvências declaradas, entre o terceiro trimestre de 2012 e o último de 2015, conforme demonstra o gráfico 3.

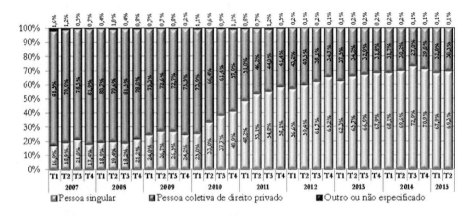

GRÁFICO 3
Processos de insolvência por tipo de pessoa nos Tribunais portugueses[78]

Neste panorama, uma vez que os insolventes, os credores e os administradores de insolvência não tiveram a capacidade para «mudar a agulha» da liquidação para a recuperação dos insolventes, foi necessária a já mais que mencionada alteração de 2012. Esta deu o mote, ao dar uma nova roupagem aos artigos 1.º e 192.º do CIRE e criando o PER, aditando os artigos 17.º-A a 17.º-I àquele diploma. Passou, então, a dar-se primazia às soluções que, ainda que visando a satisfação dos credores, permitissem a recuperação dos devedores.

---

[78] In BOLETIM DE INFORMAÇÃO ESTATÍSTICA TRIMESTRAL 22, Estatísticas trimestrais sobre processos de falência, insolvência e recuperação de empresas e sobre processos especiais de revitalização (2007–2015), disponibilizados pela Direção-Geral da Política de Justiça em *www.dgpj.mj.pt* [consultado a 04.01.2017].

Pese embora a intervenção, não se definiu qualquer obrigação de assim agir, não se previu qualquer penalização para quem não o fizesse, pelo que, na prática, tudo se manteve.

Apesar de não termos conhecimento de estudos que o demonstrem, a verdade é que a experiência nos diz que os planos aprovados em sede de PER, numa percentagem muitíssimo elevada, não resultam na efetiva recuperação dos devedores que a eles recorreram nem permitem a satisfação dos credores; pelo contrário, estão dar origem apenas a um incremento do número de processos do género em Portugal, sejam eles segundos PER, primeiros processos de insolvência no seguimento de planos de revitalização incumpridos ou segundos processos de insolvência, com ou sem planos (de insolvência ou de recuperação).

O problema parece estar, não na legislação existente (já nem na anterior), mas, atrevemo-nos a dizê-lo, nos agentes.

Os devedores continuam a evitar o recurso em tempo útil aos mecanismos de recuperação existentes, tendem a cansar e antagonizar os seus credores, obrigando-os a recorrer às instâncias judiciais e apenas quando estas começam a produzir os seus efeitos recorrem, forçados, aos PER e à insolvência, como forma de estancar o que já dificilmente o será. Depois, o que normalmente ocorre é a existência de negociações com um ou outro credor que lhes assegure a aprovação de um plano, que amiúde se limita a recorrer a perdões, moratórias, carências, sem qualquer preocupação ou ensejo na reorganização, reestruturação e eliminação dos verdadeiros problemas endógenos que originaram a situação de insolvência ou de pré-insolvência.

Por seu lado, os credores raramente estão dispostos a negociar. Confrontados com perdões, carências e prazos demasiado alargados no tempo, respondem (quando o fazem) com alternativas egoísticas e inexequíveis para os devedores, nunca ou quase nunca olhando para o quadro geral. Outro grande problema prende-se com as taxas de juro que pretendem ver incluídas nos planos anuais, pugnando por taxas na ordem dos 8% ou 10%...

Finalmente, não raras vezes, os devedores necessitam de novos financiamentos, da manutenção de contas correntes, de aberturas de crédito, apoios à tesouraria, etc., mas dificilmente – o que é compreensível – os credores institucionais – os bancos – estão dispostos a fazê-lo, pese embora as garantias que agora existem[79], fruto do enorme descrédito e desconfiança

---

[79] Por exemplo, o art. 17.º-H do CIRE.

nos devedores. Uma possível medida seria a criação de fundos estatais ou prestação de garantias do Estado que permitissem o necessário financiamento para a retoma dos devedores.

Na ligação entre devedores e credores assume, a nosso ver, essencial importância a atuação dos administradores judiciais. A estes, exige-se uma análise criteriosa e profunda da situação dos devedores, devendo, *inclusive*, auxiliar diretamente na elaboração dos planos, delineando as soluções que melhor se adequam, não apenas à satisfação dos credores, mas também à continuidade dos devedores. Por outro lado, devem desincentivar a apresentação de planos sem viabilidade e que apenas visem a sobrevivência dos devedores durante o período de carência de pagamentos, devendo, ao invés, propugnar pela apresentação de planos sustentáveis e que visem a efetiva reestruturação dos devedores.

Julgamos que, na ausência de outros mecanismos exteriores, quanto mais cedo os devedores, credores e administradores judiciais interiorizarem que a verdadeira mudança terá de partir de si próprios, mais rapidamente os instrumentos existentes poderão surtir verdadeiro efeito positivo e pretendido pelo legislador, contribuindo para o rejuvenescimento e fortalecimento do tecido empresarial português.

7. Adenda

Após conclusão do presente estudo, em desenvolvimento do Programa Capitalizar, foram colocados sob consulta pública, com data prevista de publicação e entrada em vigor em julho de 2017, vários diplomas legislativos que alteram o CIRE, o CSC e criam várias figuras novas, como sendo a do mediador de recuperação de empresas, o Regime Extrajudicial de Recuperação de Empresas (RERE), regulam a apropriação do penhor mercantil pelo credor pignoratício e a conversão de créditos em capital, tudo com vista ao relançamento da economia, redução do endividamento das empresas, fomento das condições para o investimento e criação de emprego.

Não visamos, neste fase, sem a devida ponderação e verificação na prática da implementação, sucesso ou insucesso destas medidas, debruçar-nos sobre as mesmas; porém, tendo em conta a ligação de grande parte das mesmas com o presente estudo, haverá que deixar algumas notas.

A primeira para referir que, em matéria de providências de recuperação de empresas, nada se alterou quanto ao elenco constante do CIRE. Certamente que o legislador considerou que o que existe e a liberdade contratual atribuída às partes é suficiente para os objetivos últimos do Programa Capitalizar.

A segunda nota para referir que, pese embora a imutabilidade das medidas de recuperação de empresas, o legislador criou um novo regime, extrajudicial, assente na liberdade contratual, num normal desenvolvimento desse princípio geral que subjaz às providências de recuperação de empresas, o RERE.

Tendo em conta o projeto legislativo ainda sob consulta pública aquando destas linhas, estamos perante um mecanismo que visa, em primeira linha, incentivar as empresas em dificuldades, em recorrer aos mecanismos legais no momento certo, não o retardando até ao *point of no return* em que, nenhuma das providências será, já, útil.

Depois, permite que a empresa negoceie livremente com o credor ou grupo de credores que entende ser necessário, num dado momento, para a reestruturação das suas responsabilidades, para a busca de novas formas de envolvimento, reorganização e refinanciamento sem ter de, ao mesmo tempo, negociar com outro(s) credor(es) com interesses muitas vezes antagónicos à reestruturação ou medidas pretendidas e necessárias e, talvez o mais importante, sem ter de observar o princípio da igualdade entre credores[80]. Além disso, a confidencialidade do acordo alcançado é também uma medida a saudar, possibilitando a negociação livre e despreocupada dos interesses e pressões dos demais credores que podem sentir-se compelidos a forçar idênticos acordos quando tal não se justifique.

Quanto a este regime, uma última referência ao facto de permitir que terceiros – incluindo sócios e garantes – sejam incluídos nas negociações, dando-lhes novos poderes que vinham sendo sucessivamente ignorados[81].

---

[80] Cuja importância e validade não se questiona, mas antes reconhecer que, em determinadas negociações com certas classes e categorias de credores, pode ser um entrave, o que, por esta via, deixa de o ser.

[81] Veja-se, quanto aos garantes, a limitação constante do art. 95.º, n.º 2 do CIRE e, no que concerne aos sócios, a quase insignificância destes para o desiderato da recuperação da empresa e a inexistência de proteção dos seus direitos em tais providências, surgindo nos processos como credores subordinados.

Quanto aos sócios, permite-se que tenham uma voz ativa na recuperação da empresa, deixando de estar totalmente dependentes da administração da empresa, por exemplo, consagrando nos estatutos desta a sua intervenção neste regime.

Uma terceira nota para a figura do mediador de recuperação de crédito. Mais uma medida prevista para obviar ao recurso tardio da empresa às necessárias providências de efetiva recuperação, medida fortemente relacionada com o RERE, mas, ao que se julga, não unicamente dependente deste.

Pretende-se que a empresa em dificuldades recorra aos serviços de um profissional altamente especializado, que auxilie na busca das melhores soluções para a efetiva recuperação da empresa, seja pela constatação da necessidade de recapitalização, de financiamento, reorganização estrutural, reestruturação do passivo ou de uma mescla de algumas ou de todas, fazendo, depois, a ponte com os credores. É, mais uma vez, a legislação a dar o mote ao recurso atempado aos mecanismos de recuperação por parte das empresas e ao maior envolvimento neste processo de agentes que já existem, tais como, os administradores judiciais, que serão os entes naturais desta figura.

A quarta nota fica reservada para a medida de conversão de créditos em capital, permitindo-se, por esta via, a capitalização das empresas por iniciativa dos credores e fora do âmbito de um processo de insolvência ou de um PER, respaldado, mais uma vez, num processo confidencial, pelo menos até ao registo comercial da conversão.

Estamos perante uma medida que denota a forte preocupação do legislador na intervenção célere e num maior envolvimento de terceiros na capitalização da empresa – *in casu*, os credores, mas também dos sócios. Pretende-se que a iniciativa da capitalização seja daqueles, que propõe a conversão dos seus créditos em capital, permitindo-se a estes – se o capital não for reduzido a zero[82] – a preferência na subscrição, caso em que o aumento (por parte dos sócios) terá de ser em dinheiro, obrigatoriamente a afetar ao pagamento – ainda que proporcional – dos créditos dos credores que avancem com esta proposta. Na eventualidade de os sócios,

---

[82] Como vimos atrás, nas situações em que, da liquidação da empresa, nada subsiste para distribuir pelos sócios.

em assembleia obrigatória, recusarem a proposta de conversão de créditos em capital social, podem os proponentes requerer o suprimento judicial, caso em que serão chamados ao processo os demais credores.

Esta iniciativa dos credores está vedada, entre outras entidades, às instituições de crédito, sociedades financeiras ou entidades públicas, o que, na maioria dos casos, representam o grosso dos créditos.

A quinta e última nota para as alterações projetadas do CIRE, circunscrevendo-nos à matéria do presente estudo, para referir que o acesso ao PER será mais limitado, não só estabelecendo uma determinada percentagem de créditos do(s) credor(es) subscritor(es) do acordo para início do processo[83], como se limita o PER às empresas, deixando de fora – agora expressamente – os não empresários[84], como se exige a junção, com o requerimento inicial, de uma declaração escrita, por parte de contabilista certificado ou revisor oficial de contas, de que a empresa não se encontra em situação de insolvência. Procura o legislador esclarecer aquilo que parecia óbvio mas que a jurisprudência vinha inicialmente aceitando e, agora, recusando, que o PER deverá circunscrever-se às empresas e empresários.

Com as alterações que se avizinham, procura limitar-se o PER às situações que efetivamente podem ser recuperáveis, responsabilizando, não só os gerentes e administradores de facto e de direito em virtude das informações prestadas aos credores, mas também terceiros – contabilistas e ROCs – que passam a ter de atestar o estado não insolvente da empresa. Exige-se, agora, que ao requerimento inicial seja junto o projeto de plano de revitalização, prevê-se a possibilidade de os intervenientes fazerem intervir peritos nas negociações, revê-se toda a dinâmica da apresentação do plano de recuperação, concebendo-se a possibilidade de os credores solicitarem à empresa que o altere previamente à votação para evitar os pedidos de não homologação, impossibilita-se o recurso a novo PER no período de dois anos em todas as situações, excepto quando a situação decorra de alterações supervenientes não imputáveis à empresa ou alheios ao plano anterior e facilita-se a recuperação dos grupos de sociedades.

---

[83] Exige-se que o(s) credor(es) subscritor(es) represente(m) 10% dos créditos não subordinados, podendo o juiz, a requerimento fundamentado, reduzir a percentagem a metade daquele valor.
[84] Embora criando um processo idêntico que será enxertado no CIRE.

Em suma, o legislador procura fornecer a todos os intervenientes – empresa, credores, administradores judiciais – mais mecanismos para a recuperação de empresas, aumentando a responsabilidade dos mesmos em tal processo, com o fito de alterar comportamentos obstaculizantes a esse objetivo.

O tempo dirá se as perspetivadas alterações legislativas serão um sucesso, aguardando-se, ainda, pelas modificações que virão da União Europeia, tendo em vista a harmonização dos procedimentos de reestruturação, recuperação, recapitalização e refinanciamento das empresas europeias[85].

---

[85] Está em discussão uma proposta de diretiva do Parlamento Europeu e do Conselho relativa aos quadros jurídicos em matéria de reestruturação preventiva, à concessão de uma segunda oportunidade e às medidas destinadas a aumentar a eficiência dos processos de reestruturação, insolvência e quitação, e que altera a Diretiva 2012/30/UE, disponível em: *ec.europa.eu/transparency/regdoc/rep/1/2016/PT/COM-2016-723-F1-PT-MAIN-PART-1.PDF*.

Fontes reais e irreais de *funding* empresarial: Do mútuo aos *business angels*

MARISA SILVA MONTEIRO[*]

Sumário:
O tráfego das relações comerciais e o desenvolvimento da economia dependem do fluxo de capitais à disposição dos agentes económicos. Do mútuo ao capital de risco, passando pela locação financeira e pelo *lease-back* são muitos os modelos negociais de concessão de crédito e financiamento às empresas. Importa saber se os novos tipos negociais que vão surgindo nas relações bancárias representam verdadeiras alternativas às figuras do sistema creditício tradicional, mormente ao clássico esquema de mútuo com garantias reais.

Palavras-chave:
Economia; liquidez; crédito; financiamento; mútuo; locação financeira; lease-back; *capital de risco; garantias.*

---

[*] A A. não segue as regras do Acordo Ortográfico da Língua Portuguesa de 1990.

O supérfluo dos ricos é propriedade dos pobres.

Santo Agostinho

1. Introdução

Uma abordagem sistemática e técnico-juridicamente rigorosa das fontes de financiamento das empresas acaba por gizar os grandes traços do quadro legal da actividade mercantil sob o prisma dos mecanismos de obtenção de capital.

O sistema financeiro, enquanto estrutura reguladora da circulação do dinheiro em determinada organização social e económica, abarca os modos de aquisição de liquidez e as formas de destinação desse recurso. Num importante ensaio de 1932, a que sempre regressamos no exame destas matérias, Lionel Robbins descreve o eixo principal da ciência económica moderna, apontando-a como «a ciência que estuda as formas de comportamento humano resultantes da relação existente entre as ilimitadas necessidades a satisfazer e os recursos, que embora escassos, se prestam a usos alternativos»[1]. Podemos, assim, situar na manifesta escassez de recursos a raiz do problema económico da determinação do critério da sua afectação.

Nesta medida, a interpenetração conceptual entre economia e Direito é desejável. Dela resultará a inclusão de conceitos económicos na análise

---

[1] Cfr. Lionel Robbins, Lionel (1932). *An Essay on the Nature and Significance of Economic Science.* London: Macmillan and Co., Limited, p. 52.

dos efeitos das normas legais como auxiliar na determinação das normas economicamente eficientes. Assim, o diálogo entre estes dois saberes representará uma valia traduzida na sua visão de conjunto emprestada ao processo de produção de normas jurídicas, em que o legislador pondera o impacto das leis no funcionamento dos sistemas económicos a que se destinam.

A economia mundial atravessa, desde 2007, uma grave crise económica e financeira que teve origem nos Estados Unidos da América com a denominada crise do *subprime*[2]. Esta cavada crise global desaguou num processo de fortíssima retracção na concessão de crédito bancário. Daí ao estrangulamento financeiro de muitas empresas foi um pequeno passo.

2. As fontes de financiamento empresarial em tempo de crise

O tráfego das relações comerciais e o desenvolvimento da economia dependem do fluxo de capitais à disposição dos agentes económicos. Na perspectiva particular da actividade das empresas, o crédito é vital no ciclo dos seus processos produtivos e, no catálogo das principais fontes de financiamento, existem mecanismos internos e externos para tanto. Internamente, as empresas podem autofinanciar-se por recurso às reservas de lucros, aos

---

[2] A designação deriva do próprio conceito de *subprime* que se apresenta como uma prática de concessão de crédito de alto risco. Originariamente vocacionado para estimular a economia estadunidense, na sequência dos atentados de 11 de Setembro de 2001, resultou de uma política de sucessivas baixas da taxa de juros, tendo atraído (sobretudo) para o mercado imobiliário compradores com baixos rendimentos e precariedade laboral, que conseguiram aceder ao crédito bancário unicamente por via da sobrevalorização dos imóveis e pela garantia dos mútuos apenas com as hipotecas constituídas sobre as habitações adquiridas. O problema surge quando o Sistema de Reserva Federal dos EUA (FED) decide subir a taxa de juros (que em 2003 era de 1%), altura a partir da qual os mutuários começam a não ter condições financeiras para suportar as prestações bancárias. Em sequência dos incumprimentos, os bancos começaram a executar as hipotecas, colocando os imóveis à venda – num esquema clássico de execução de mútuo garantido por hipoteca – para, com o produto da venda, satisfazerem o seu crédito e, assim, recuperarem o valor mutuado. Contudo, a inundação do mercado com imóveis fez descer abruptamente preços e as instituições bancárias acabaram por não conseguir realizar os seus créditos. No espaço europeu, o contágio operou fundamentalmente porque muitas instituições de crédito e financeiras tinham participações em fundos de investimento de instituições norte-americanas e aplicações em produtos financeiros seus derivados.

suprimentos e aos resultados da gestão corrente. Externamente, através de instrumentos de capitais próprios, as empresas podem proceder a aumentos de capital e emissão de acções e obrigações ou recorrer ao capital de risco e, por meio de capitais alheios, os financiamentos provêm sobretudo do *factoring*, *leasing* e dos mútuos bancários.

Todavia, na prática, o crédito bancário ainda é a fonte mais representativa de obtenção de liquidez, pelo que a contracção na concessão de empréstimos colocou em crise as próprias fontes de financiamento e deixou as empresas sem alternativas imediatamente acessíveis.

3. O sistema creditício tradicional

3.1. O mútuo civil

O mútuo corresponde ao grande contrato (típico e nominado) de concessão de crédito[3]. Regulado entre os artigos 1142.º e 1151.º do CC, é um empréstimo de coisas fungíveis e, nessa medida, representa o contrato através do qual alguém empresta a outrem dinheiro ou outra coisa fungível, ficando este adstrito à obrigação de restituir o equivalente do mesmo género e qualidade.

O mútuo é a base de todo o sistema creditício clássico e subclassifica-se em mútuo civil, mercantil e bancário.

No que respeita aos requisitos formais, como determina o artigo 1143.º do CC, exige-se que o contrato de mútuo civil seja celebrado por documento escrito quando tiver por objecto valor superior a 2.500 euros e por escritura pública ou documento particular autenticado quando o valor exceda os 25.000 euros[4].

---

[3] Sobre a figura, cfr. LEITÃO, Luís Manuel Teles de Menezes (2006). *Direito das Obrigações – vol. III, Contratos em Especial* (4.ª ed.). Almedina: Coimbra, pp. 383 e ss.; SILVA, João Calvão da (2001). *Direito Bancário*. Almedina: Coimbra, pp. 360 e ss.; e CORDEIRO, António Menezes (2010). *Manual de Direito bancário* (4.ª ed.). Coimbra: Almedina, pp. 623 e ss.

[4] A apontada norma que contém os requisitos de forma foi alterada pela Lei n.º 116/2008, de 4 de Julho, tendo entrado em vigor a actual redacção em 1 de Janeiro de 2009, com a revisão em alta dos valores a solicitar documento escrito e escritura pública. Na verdade, até 31 de Dezembro de 2008, a exigência de documento escrito era para mútuos de valor superior a 2.000 euros e a escritura pública ou documento particular autenticado era para mútuos de valor superior a 20.000 euros. Vale isto por dizer que desde 2009 que são menos apertados os requisitos formais do mútuo.

Quanto aos *essentialia* do mútuo, pergunta-se se a entrega do dinheiro será um elemento essencial do negócio. O artigo 1142.º do CC evidencia que o mútuo é um contrato real. Da formulação – «contrato pelo qual uma das partes empresta à outra» – resulta tratar-se de um contrato real *quoad constitutionem*, posicionando a entrega da coisa na fase formativa do negócio jurídico, por confronto com os contratos consensuais que apenas geram a obrigação de entregar[5].

A *traditio* constitui, assim, um elemento essencial à constituição do mútuo, embora possa não corresponder a uma entrega no sentido de disponibilidade material, bastando que o mutuante faculte ao mutuário a disponibilidade jurídica do objecto do contrato: dinheiro, por exemplo. Esta nota é de extrema importância prática nas situações em que a coisa mutuada é uma quantia pecuniária; assim, num mútuo celebrado entre um cliente e uma instituição de crédito, para a perfeição do empréstimo basta que o banco (mutuante) credite o valor do empréstimo na conta bancária do cliente (mutuário).

Quanto à natureza onerosa ou gratuita do negócio[6], o nosso Código Civil presume que o mútuo é oneroso[7] e concede às partes a possibilidade de firmarem convenção de juros, nos termos do n.º 1 do artigo 1145.º.

Todavia, e apesar de a apontada norma conceder expressamente às partes liberdade para convencionarem o pagamento de juros como retribuição do mútuo, não rege o princípio da liberdade contratual relativamente ao *quantum*. Proclama o artigo 1146.º do CC, no seu n.º 1, considerar-se usurário o mútuo com estipulação de juros anuais superiores a 3% ou 5%, respectivamente, conforme o direito de crédito esteja ou não assegurado por garantia real[8].

Reforçando a ideia, o n.º 2 obstaculiza que as partes contornem este limite máximo de taxa de juros apondo ao contrato uma cláusula penal que compense aquele tecto. E assim a lei considera, de igual modo, usurária

---

[5] *Vide*, como paradigmático de um contrato consensual, a compra e venda e a alusão à (mera) obrigação de entrega da coisa na al. b) do art. 879.º do CC.
[6] Negócio gratuito é aquele em que uma das partes apenas sofre um sacrifício patrimonial e a outra somente aufere uma vantagem. Negócio oneroso é aquele em que ambas as partes sofrem um sacrifício patrimonial e auferem uma vantagem.
[7] A segunda parte do n.º 1 do art. 1145.º do CC, por referência ao mútuo, determina que «este presume-se oneroso em caso de dúvida».
[8] E os negócios usurários são anuláveis à luz do art. 282.º do CC.

uma cláusula penal superior a um acréscimo de 7% ou 9% acima dos juros legais (conforme exista ou não garantia real) para indemnizar o mutuante pela falta de restituição do valor do empréstimo em mora. Quando as partes convencionarem valores acima dos máximos fixados por lei, manda o n.º 3 do mesmo artigo 1145.º do CC que se considerem estes reduzidos aos limites inscritos nos n.ᵒˢ 1 e 2. Assim, uma taxa de juros convencional superior a 3% ou 5% é *ope legis* reduzida a estes valores (respectivamente), consoante o mutuante tenha ou não uma garantia real constituída a seu favor. E uma cláusula penal acima de 10% ou 14% por indemnização do mutuante em caso de mora do mutuário reduzir-se-á a um ou outro valor, conforme o mutuante esteja ou não assegurado por uma garantia real[9].

Sic, a lei, em princípio, não fere de invalidade todo o contrato de mútuo[10]. Mais, à luz da parte final do n.º 3 do artigo 1146.º do CC, a descrita redução opera «ainda que seja outra a vontade dos contraentes».

Da descrição sumária do instituto do mútuo civil, ressalta a protecção do mutuário – que o legislador perspectiva como parte mais débil da relação negocial, atento o seu *estado de necessidade financeira* (de modo particular) quando solicita e negoceia com o credor[11]. Note-se, *verbi gratia*, que mesmo tendo sido respeitadas contratualmente as taxas de juro máximas permitidas[12], o n.º 4 do artigo 1146.º do CC faculta ao mutuário os mecanismos

---

[9] A norma do n.º 2 do art. 1146.º do CC proíbe cláusulas penais superiores a 7% ou 9% acima dos juros legais, o que significa que este limite permite somar 7% ou 9% aos máximos legais de 3% e 5% (inscritos no n.º 1) e, por isso, a cláusula penal pode ser de 10% ou 14% (3+7 ou 5+9). Tendo presente que a diferença dos dois pontos percentuais se aplica sempre em função da existência ou não de garantia real: credor garantido terá direito a menos juros e cláusula penal moratória menor.

[10] Segundo o princípio geral *favor negotii* inscrito no art. 292.º do CC, que fixa como regra a redução do negócio parcialmente ferido de invalidade, embora a redução do art. 1146.º do CC opere independentemente da vontade das partes, como veremos em texto.

[11] Esta visão é herança da tradição jurídica romanista de censura das práticas usurárias e do acolhimento do pensamento judaico-cristão de protecção da parte (negocial) mais frágil: o devedor. Esta visão é também a razão-âncora para que todas as codificações modernas do sistema continental proíbam figuras como o pacto comissório. *Vide* os artigos 2744 do Código Civil italiano, 1859.º do Código Civil espanhol e 1428 do Código Civil brasileiro. Sobre a tese do *devedor necessitado* – a mais popular entre os fundamentos da manutenção da proibição do pacto comissório – *vide*, entre nós, por todos, Serra, Vaz (1957). «Hipoteca». In *BMJ, n.º 62*, p. 74.

[12] Fixadas pelo n.º 1 do art. 1146.º do CC.

gerais da invalidade dos negócios usurários previstos nos grandes quadros dos artigos 282.º a 284.º do CC.

Consabidamente, a disciplina geral dos negócios usurários permite ao devedor requerer a anulação ou a modificação do negócio, nos termos do n.º 1 do artigo 282.º do CC. Mas o mesmo artigo 282.º do CC que prevê a anulabilidade de qualquer negócio celebrado sob a égide da usura exclui *expressis verbis* do seu âmbito de aplicação (no n.º 2) os mútuos firmados dentro dos limites do artigo 1146.º do CC[13].

Quid iuris, então? Pacificamente responde a doutrina que deve dar-se primazia ao n.º 1 do artigo 282.º do CC[14]. O mecanismo de anulabilidade desta norma pode ser invocado pelo devedor sempre que tenha assumido obrigações demasiadamente onerosas em resultado da posição de fragilidade negocial em que se encontrava, ainda que a sua posição negocial se situe dentro dos limites legais das taxas de juros e cláusulas penais.

3.2. O mútuo mercantil

Já no mútuo mercantil (e no mútuo bancário), a lei permite maior liberdade negocial e maior prevalência das regras de mercado, porque presume que os contraentes são menos incautos.

O empréstimo mercantil tem a sua disciplina vertida nos artigos 394.º a 396.º do CCom. E para um empréstimo revestir natureza mercantil basta apenas que o objecto do contrato se destine à prática de actos de comércio[15].

Uma das mais relevantes especificidades do empréstimo mercantil respeita às exigências de forma. Nos empréstimos deste jaez, desde que

---

[13] Diz-se no n.º 2 do citado art. 282.º do CC que «fica ressalvado o regime especial estabelecido nos artigos 559.º-A e 1146.º».

[14] Para uma leitura desenvolvida sobre a usura, cfr. por todos EIRÓ, Pedro (1990). *Do Negócio Usurário*. Coimbra: Almedina, *passim*.

[15] Como estabelece o art. 394.º do CCom. O que são actos de comércio diz-nos o art. 2.º do CCom: «serão considerados atos de comércio aqueles que se acharem especialmente regulados neste Código e, além deles, todos os contratos e obrigações dos comerciantes, que não forem de natureza exclusivamente civil, se o contrário do próprio ato não resultar». Sobre a sua classificação e conceptualização em actos subjectivamente e objectivamente comerciais, *vide*, por todos, ABREU, Jorge Manuel Coutinho de (1999). *Curso de Direito Comercial, vol. I* (reimpressão). Coimbra: Almedina, pp. 33 e ss.

celebrados entre comerciantes[16], vigora a liberdade de forma, independentemente do valor, como dispõe o artigo 396.º do CCom.

Quanto à natureza gratuita ou onerosa, proclama o artigo 395.º do CCom que «o empréstimo mercantil é sempre retribuído» e que, na ausência de fixação do *quantum* de remuneração do empréstimo, o critério é a taxa de juros legal. Na verdade, o princípio segundo o qual o empréstimo mercantil é sempre oneroso tem em vista empréstimos em que um ou ambos os contraentes são sociedades comerciais, pois o escopo das sociedades comerciais é o lucro[17]. A lei perspectiva o escopo lucrativo como elemento essencial da noção de sociedade[18] e, destacadamente, como limite da capacidade das sociedades comerciais[19].

O Código Comercial contém ainda uma norma privativa acerca dos juros comerciais: o artigo 102.º. Como vimos, o artigo 396.º do CCom permite a liberdade de forma para empréstimos mercantis qualquer que seja o valor mutuado, mas quanto aos juros, o § 1.º do apontado artigo 102.º impõe a obrigatoriedade de redução a escrito da taxa.

Relativamente ao *quantum* da taxa de juros propriamente dita, o § 2.º do mesmo artigo 102.º manda aplicar os máximos do mútuo civil[20]. Mas o § 3.º estabelece que, para os créditos de que sejam titulares empresas comerciais, singulares ou colectivas, é fixada por Portaria ministerial a taxa de juros moratórios legais e a taxa de juros remuneratórios convencional sem indicação de percentagem ou quantitativo. E o § 4.º impõe que esta taxa fixada por Portaria não pode ser inferior ao acréscimo de 7% sobre o valor da taxa de juro aplicada pelo BCE na sua última operação de refinanciamento de referência, anterior ao primeiro dia dos meses de Janeiro

---

[16] A noção de comerciante resulta directamente do art. 13.º do CCom, nos termos do qual são comerciantes as sociedades comerciais e as pessoas singulares que, tendo capacidade de exercício de actos de comércio, fazem do comércio a sua profissão.

[17] Como resulta da noção de sociedade dada pelo art. 980.º do CC: «contrato de sociedade é aquele em que duas ou mais pessoas se obrigam a contribuir com bens ou serviços para o exercício em comum de certa atividade económica, que não seja de mera fruição, a fim de repartirem os lucros resultantes dessa atividade».

[18] Cfr. nota anterior.

[19] Cfr. art. 6.º do CSC, especialmente o seu n.º 3, de onde emerge o critério da violação do fim lucrativo como critério de aferição da (in)capacidade das sociedades comerciais.

[20] Cfr. *supra* em texto a respeito do regime do mútuo civil e o art. 1146.º do CC.

ou Julho, conforme esteja em curso o primeiro ou o segundo semestres, respectivamente[21].

Em sequência, a Portaria n.º 1105/2004, de 31 de Agosto reproduziu o referido critério do § 4.º do artigo 102.º do CCom, indicando que o valor exacto da taxa de juros assim calculado passaria a ser semestralmente divulgado através de Despacho da Direcção-Geral do Tesouro e Finanças publicado em Diário da República até ao dia 15 dos meses de Janeiro e Julho de cada ano[22].

3.3. O mútuo bancário

Como tipologia especial de mútuo assinala-se ainda o mútuo bancário, a que se subsumem os empréstimos em que o contraente que empresta é uma entidade bancária[23], sendo que aqui o objecto é sempre dinheiro[24].

Na esfera dos empréstimos obtidos junto dos bancos, o Decreto-Lei n.º 32.765, de 29 de Abril de 1943 criou uma disciplina privativa, determinando, no seu artigo único, que os contratos de mútuo celebrados com instituições bancárias podem ser formalizados através de documento particular, independentemente do valor e ainda que o mutuário não seja comerciante. Vale isto por dizer que nos mútuos bancários vigora ainda mais ampla liberdade de forma do que no mútuo mercantil, bastando a redução da vontade das partes a escrito para a validade do contrato.

Do regime do mútuo bancário, destacam-se ainda normas privativas quanto à taxa de juros, constantes do Aviso do Banco de Portugal n.º 3/93, de 20 de Maio – que permitem a livre convenção da taxa de juros devida,

---

[21] Vide também o § 5.º do art. 102.º do CCom. relativo às transacções comerciais sujeitas ao Decreto-Lei n.º 62/2013, de 10 de Maio, em que o acréscimo é de 8%. Este diploma legal contém medidas contra os atrasos nos pagamentos de transacções comerciais.

[22] As taxas em vigor para o segundo semestre de 2016 (data da redação do presente texto) eram de 7% e 8%, respectivamente, nos termos do § 3.º e 5.º do art. 102.º do CCom, nos termos do Aviso n.º 8671/2016, de 12 de Julho.

[23] Por facilidade de linguagem dizemos banco ou entidade bancária, mas a designação correcta é instituição de crédito, ou seja, nos termos da al. w) do art. 2.º-A do Regime Geral das Instituições de Crédito e Sociedades Financeiras, «empresa cuja atividade consiste em receber do público depósitos ou outros fundos reembolsáveis e em conceder crédito por conta própria».

[24] Sobre a figura, vide, SILVA, João Calvão da (2001), ob. cit., pp. 361 e ss.; e CORDEIRO, António Menezes (2010), ob. cit., pp. 623 e ss.

ressalvando embora os casos em que exista um tecto máximo legalmente imposto[25].

Outro diploma legal que contém regras privativas do mútuo bancário é o Decreto-Lei n.º 58/2013, de 8 de Maio. Aqui encontramos disciplina específica quanto à classificação das operações de crédito segundo os prazos, mora e capitalização de juros. O artigo 4.º procede à ordenação dos mútuos bancários por ordem de prazo de vencimento em créditos de curto, médio e longo prazo. Segundo o n.º 2 da norma, são considerados *a curto prazo*, os de vencimento que não exceda um ano; *a médio prazo*, quando tenham prazo acima de um ano mas não superior a cinco anos e *a longo prazo*, os créditos que se vençam não antes de decorridos cinco anos[26].

Quanto ao cálculo e momento do pagamento dos juros remuneratórios, estabelece o n.º 1 do artigo 6.º que nas operações de desconto de letras e livranças ou outros títulos de crédito, os bancos podem cobrar os juros antecipadamente por dedução ao valor nominal do título. No n.º 2, consagra-se que nas operações de abertura de crédito, em empréstimos em conta-corrente ou outros empréstimos similares, os juros calculam-se em função dos montantes e períodos de utilização efectiva do dinheiro, e aplicando a taxa de juros convencionada entre as partes. Nos demais contratos de crédito bancário, diz o n.º 3 do mesmo artigo 6.º, que os juros remuneratórios são calculados sobre o valor do capital em dívida em cada momento e à taxa acordada pelas partes e que deverão ser pagos de acordo com o plano convencionado. Privativa do mútuo bancário é também a possibilidade de capitalização de juros vencidos correspondente a um período inferior a um ano.

O Código Civil estabelece apertadas regras para o anatocismo (artigo 560.º), entre as quais a capitalização de juros só para períodos não inferiores a um ano (n.º 2 do artigo). Neste quadro, o n.º 1 do artigo 560.º do CC permite a capitalização de juros vencidos por convenção ulterior ao vencimento ou por notificação judicial dirigida ao devedor para proceder ao pagamento, com a cominação que a falta de pagamento terá a consequência da capitalização dos juros. O n.º 3 da norma ressalva que os limites

---

[25] Diz o art. 2.º do Aviso: «são livremente estabelecidas pelas instituições de crédito e sociedades financeiras as taxas de juro nas suas operações, salvo nos casos em que sejam fixadas por diploma legal».

[26] Nos termos, respectivamente, das alíneas a) e c) do citado n.º 2, do art. 4.º, do Decreto-Lei n.º 58/2013, de 8 de Maio.

indicados não se aplicam *se outros forem os usos e práticas privativas do comércio*. Ora, nesta salvaguarda cabe o artigo 7.º do citado Decreto-Lei n.º 58/2013, que admite a capitalização de juros vencidos correspondentes a um período igual ou superior a um mês.

O anatocismo consubstancia um *uso e prática privativos* do comércio bancário, porque o (objecto mediato do) negócio dos bancos é precisamente o juro. Nestes termos, diz o n.º 1 do artigo 7.º que a capitalização de juros remuneratórios, vencidos e não pagos, depende de convenção escrita das partes, podendo a capitalização abarcar períodos mensais. A eficácia da capitalização, diz-nos o n.º 2, não depende da notificação do devedor. Já para efeitos de aplicação de juros moratórios, determina o n.º 3, os juros remuneratórios que integram cada prestação vencida e não paga só poderão ser capitalizados uma única vez.

Por outro lado, nos casos em que haja sido estipulada carência de pagamento de juros, a capitalização de juros remuneratórios só pode ser feita englobando períodos iguais ou superiores a três meses (artigo 7.º, n.º 4). A final, estabelece o n.º 5 do mesmo artigo 7.º que a capitalização de juros moratórios depende de acordo escrito das partes nesse sentido e somente no âmbito de reestruturação ou consolidação de créditos.

4. As *novas* fontes de financiamento

4.1. *A locação financeira*

A locação financeira é um contrato típico nominado regulado pelo Decreto-Lei n.º 149/95, de 24 de Junho, nos termos do qual é definido, no artigo 1.º, como «o contrato pelo qual uma das partes se obriga, mediante retribuição, a ceder à outra o gozo temporário de uma coisa, móvel ou imóvel, adquirida ou construída por indicação desta, e que o locatário poderá comprar, decorrido o período acordado, por um preço nele determinado ou determinável mediante simples aplicação dos critérios nele fixados»[27]-[28].

---

[27] O Decreto-Lei n.º 149/95, de 24 de Junho, sofreu as alterações introduzidas pelos Decretos--Leis n.ºs 265/97, de 2 de Outubro, 285/2001, de 3 de Novembro e 30/2008, de 25 de Fevereiro, correspondendo, no entanto, a redacção do art. 1.º transcrita em texto à sua formulação originária.
[28] Sobre a figura, cfr. SILVA, João Calvão da (2001), ob. cit., pp. 417 e ss.; e CORDEIRO, António Menezes (2010), ob. cit., pp. 671 e ss.

Perante esta definição, ressalta desde logo a natureza trilateral do negócio quanto aos sujeitos: locador, locatário e fornecedor do bem. Acresce a particularidade de ser o locador a adquirir o bem (ao fornecedor) para, em seguida, dá-lo em locação ao locatário. E ainda o facto de nascerem deste contrato vínculos futuros entre o locador e o locatário.

Porventura a nota mais relevante e inovadora da disciplina da locação financeira é configurar um contrato financeiro. Em traços gerais, esta é a visão que dele apresenta a melhor doutrina. CALVÃO DA SILVA apresenta o contrato de locação financeira como integrando o universo dos contratos de concessão de financiamento, com uma descrição impressiva do respectivo esquema negocial: «[t]écnica de financiamento que permite ao interessado obter e utilizar uma coisa sem ter de pagar imediatamente o preço, a locação financeira forma-se de modo sucessivo mediante processo em várias fases que interliga três pessoas: fornecedor da coisa, o utilizador da mesma e o financiador da operação. Em vez da técnica tradicional da venda directa da coisa pelo fornecedor ao utilizador, pagando este o preço com empréstimo obtido numa instituição de crédito, o interessado obtém o mesmo resultado ou resultado idêntico pelo recurso à locação financeira: o fornecedor vende a coisa à sociedade de «leasing» e esta paga o preço e dá-a imediatamente em locação ao utilizador (locatário) contra o pagamento de uma renda periódica. Temos assim coenvolvidas na operação três pessoas e dois contratos firmados: por um lado, o contrato de compra e venda entre o fornecedor e a sociedade de «leasing», e, por outro, o contrato de locação financeira propriamente dito entre a sociedade de «leasing» e o utilizador»[29]-[30]. Para MENEZES CORDEIRO, «[l]ocação financeira é o contrato pelo qual uma entidade – o locador financeiro – concede a outra – o locatário financeiro – o gozo temporário de uma coisa corpórea, adquirida, para o efeito, pelo

---

[29] Cfr. SILVA, João Calvão da (1999). «Locação financeira e garantia bancária». In IDEM. *Estudos de Direito Comercial (Pareceres)* (reimpressão). Coimbra: Almedina, pp. 14-15. Para uma outra leitura do A. sobre a locação financeira, cfr. SILVA, João Calvão da (2001), ob. cit., pp. 418 e ss.
[30] Em termos muito próximos, *vide* CAMPOS, Diogo Leite de (1994). *A Locação Financeira*. Lisboa: Lex, pp. 25-27 e 45 e ss.; DUARTE, Rui Pinto (2001). «A Locação Financeira (Estudo Jurídico do Leasing Financeiro)». In IDEM. *Escritos sobre* Leasing *e* Factoring. Cascais: Principia, pp. 14 e ss.; MARTINEZ, Pedro Romano (2001). *Contratos Comerciais*. Cascais: Principia, pp. 59 e ss.; e MARQUES, Remédio (2001). «Locação Financeira Restitutiva (*Sale and Lease-Back*) e a Proibição dos Pactos Comissórios – Negócio Fiduciário, Mútuo e Acção Executiva». In *Boletim da FDUC, vol. LXXVII (separata)*, pp. 581 e ss.

próprio locador, a um terceiro, por indicação do locatário»[31], referindo, quanto aos seus traços gerais, que "[t]omando-a, na sua globalidade, a locação financeira é um contrato oneroso, sinalagmático, bivinculante, temporário mas originando relações duradouras e de feição financeira»[32].

Quanto à forma, diz o artigo 3.º do citado Decreto-Lei que os contratos de locação financeira podem ser celebrados por documento particular. O que significa que pode dispensar-se formalidade mais exigente do que o documento particular, mas que se exige a celebração por documento escrito.

Ex vi do Decreto-Lei n.º 72/95, de 15 de Novembro[33], locador só pode ser uma instituição bancária, financeira ou uma sociedade de locação financeira. Já o locatário pode ser qual pessoa singular ou colectiva.

Apesar da ampla liberdade contratual concedida aos contraentes, a locação financeira caracteriza-se pela presença obrigatória dos seguintes elementos: i) a obrigação do locador adquirir por compra e venda o bem indicado pelo locatário e de conceder a este o gozo temporário do bem, ii) a obrigação do locatário pagar uma renda ao locador e iii) o direito do locatário comprar a coisa locada, a final, por um preço determinado (ou determinável) nos termos do contrato.

Aponta-se entre as características diferenciadoras relativamente à locação o significado da renda que na locação cumpre apenas a função de retribuição do gozo da coisa (locação retribuída) e que na locação financeira assume um duplo papel de retribuição do gozo da coisa e de remuneração do financiamento (locação financiada – amortizada). Na verdade, a locação financeira constitui uma modalidade de financiamento, em que a estipulação contratual de encargos, prazo e preço visa diluir no tempo a obrigação de restituição do investimento financeiro efectuado pelo locador com a compra do bem locado.

Nota indefectível do *leasing* é também a opção de compra de que dispõe o locatário no termo do contrato, como se estabelece na al. f), do n.º 2 do artigo 10.º do Decreto-Lei n.º 149/95 vindo de referir. A formulação legal enuncia a faculdade de adquirir como um dos direitos do locatário, o que evidencia não se tratar de uma opção verdadeira e própria, uma vez que a lei

---

[31] Cfr. CORDEIRO, António Menezes (2010), ob. cit., p. 671.
[32] Cfr. IBIDEM, p. 674.
[33] Relativo às sociedades de locação financeira.

não lho concede enquanto direito potestativo de compra, mas meramente como um direito de crédito à promessa unilateral de venda por parte do locador, nos termos conjugados da parte final do artigo 1.º com a al. c) do artigo 9.º e a al. f) do n.º 2 do artigo 10.º.

Do regime desenhado pelo apontado Decreto-Lei n.º 149/95, destaca-se ainda o artigo 15.º, por estipular o oposto do princípio *res perit domino* proclamado pelo artigo 796.º do CC. Com efeito, de acordo com a regra geral inscrita na nossa lei civil, o risco de perecimento ou deterioração da coisa corre por conta do proprietário. Diversamente, e salvo estipulação em contrário, o citado artigo 15.º do regime jurídico da locação financeira estatui que o risco corre por conta do locatário.

Desta determinação, ressalta que a lei encara o locatário como proprietário económico do bem locado, atribuindo, assim, o legislador prevalência à propriedade económica sobre a propriedade jurídica. Na verdade, a propriedade que o locador titula traduz-se numa propriedade financeira, propriedade que funciona essencialmente como garantia de cumprimento (pagamento do financiamento).

Quanto ao prazo de duração contratual, o n.º 1 do artigo 6.º fixa como máximo indicativo «o período presumível de utilização económica da coisa». Como máximo inultrapassável, o n.º 2 fixa o limite de trinta anos, determinando a redução a este extremo os contratos com duração superior. Na ausência de estipulação de prazo, o n.º 3 do mesmo artigo 6.º considera celebrados por um prazo de dezoito meses os contratos de locação financeira que tenham por objecto coisa móvel e por sete anos se o objecto for um imóvel.

No caso de o locatário deixar de pagar as rendas a que está obrigado [al. a) do n.º 1 do artigo 10.º], à luz dos grandes quadros do incumprimento, dir-se-ia segundo a cominação do artigo 781.º do CC que «a falta de realização de uma delas [prestações] importa o vencimento de todas». Em consequência, as rendas vincendas serão, em princípio, devidas e bem assim os respectivos juros calculados sobre as rendas que se vençam até integral pagamento.

Todavia, do inadimplemento do locatário não pode resultar para o locador valor superior ao que decorreria do cumprimento pontual, pela normal execução do contrato. Importa, neste cenário, convocar o instituto do *abuso do direito* (artigo 334.º do CC), reputando abusivo e injusto que o locador possa exigir as rendas e os juros relativos a todo o período em falta da duração do contrato, sobretudo se o incumprimento ocorreu numa fase inicial da execução do *leasing*.

A locação financeira constitui um contrato de execução continuada (do ponto de vista do locador) e periódica (do prisma do locatário), pelo que as rendas vencidas serão devidas nos termos da primeira parte do n.º 2 do artigo 434.º do CC. Contudo, na prática, esta determinação legal pode, como vimos, conduzir a um resultado injusto. Apesar de o artigo 781.º do CC estabelecer que as rendas vincendas são exigíveis, a ponderação do quadro do *abuso do direito* pode determinar a sua inexigibilidade se, por exemplo, o locador celebrar logo a seguir um novo contrato de *leasing* e passar a receber rendas de um novo locatário.

Por aplicação do n.º 2 do artigo 801.º do CC, o locador dispõe ainda do direito a resolver o contrato perante a falta de pagamento das rendas. O Decreto-Lei n.º 149/95, de 24 de Junho precisa os termos em que opera a resolução dos contratos de *leasing*, dispensando convenção nesse sentido, uma vez que se processa «nos termos gerais», como determina o artigo 17.º. Vale isto por dizer que opera por simples comunicação à outra parte (artigo 436.º, n.º 1 do CC).

Da disciplina do *leasing*, destaca-se ainda o artigo 19.º, com a sua consagração expressa da possibilidade de constituição de garantias especiais, pessoais ou reais, a favor do locador «relativas aos créditos de rendas e de outros encargos ou eventuais indemnizações devidas pelo locatário».

4.2. O lease-back

O *sale and lease-back* (comummente designado de forma abreviada como *lease-back*) corresponde a uma sub-modalidade da locação financeira que a prática negocial tem vindo a cimentar como esquema negocial de *funding*.

Apesar de desenhada dentro dos contornos da locação financeira, a grande diferença é que, no *lease-back*, inexiste a trilateralidade fornecedor / locador / locatário – uma das mais importantes características do contrato de locação financeira[34]. Esta trilateralidade de sujeitos contratuais inexiste

---

[34] Embora seja uma característica/elemento não essencial.

no *lease-back*, porque neste modelo as qualidades de fornecedor do bem e de locatário reúnem-se na figura deste[35].

O *lease-back* é uma modalidade de locação financeira também muito usada como tipo negocial de concessão de crédito e financiamento trazida pela riqueza e diversidade das situações práticas. É que na *praxis negocial*, sucede, de facto, com alguma frequência que o fornecedor do bem e o seu locatário financeiro sejam a mesma pessoa, caso em que o modelo de negócio será precisamente um *lease-back* (ou locação financeira restitutiva)[36].

Doutrina ANTUNES VARELA que estaremos diante de um «*lease-back*, quando uma empresa, proprietária de certos bens (imóveis ou móveis), os vende a uma instituição financiadora para dela os tomar imediatamente em locação (nos termos próprios do *leasing*), mediante o pagamento duma prestação periódica»[37]. Em resultado, o elemento caracterizador da locação financeira restitutiva (e que a distingue das demais modalidades de locação financeira) é a coincidência na identidade de dois dos sujeitos contratuais: o fornecedor do bem e o locatário financeiro, ou seja, a circunstância de, no contrato trilateral que é a locação financeira, o locador financeiro adquirir o bem a uma pessoa e dá-lo em locação financeira, imediatamente a seguir à compra e venda, à mesma pessoa a quem o comprou. A locação financeira corresponde a um esquema negocial de junção de dois contratos[38] *num*

---

[35] CAMPOS, Diogo Leite de (1982). «Nota sobre a admissibilidade da locação financeira restitutiva ("*lease-back*") no direito português». In *Separata da ROA, ano 42* (Setembro-Dezembro), pp. 792-793, afirma que esta diferença corresponde a uma simplificação do tipo legal da locação financeira.

[36] Quanto à figura do *sale and lease-back*, cfr. CAMPOS, Diogo Leite de (1982), ob. cit., pp. 775 e ss.; IDEM (1983). «A locação financeira na óptica do utente». In *ROA, ano 43, Tomo II* (Maio-Setembro), pp. 342-343; SILVA, João Calvão da (2001), ob. cit., pp. 420 e ss.; CORDEIRO, António Menezes (2010), ob. cit., pp. 671 e ss; MARQUES, Remédio (2001), ob. cit., pp. 589 e ss.; ALMEIDA, Moitinho de (1973). «A locação financeira (*leasing*)». In *BMJ, n.º 231*, p. 9. Na doutrina internacional, CARRASCO PERERA, Ángel / CORDERO LOBATO, Encarna / MARÍN LOPÉZ, Manuel Jesús (2015). *Tratado de los Derechos de garantia – Tomo 1* (3.ª ed.). Navarra: Thomson Reuters Aranzadi, pp. 1048 e ss.; e BUSSANI, Mauro (1986). «Il contrato di *lease back*». In *Contratto e Impresa, anno II, n.º 2*, pp. 558 e ss.

[37] *Vide* VARELA, Antunes (1977). «Contrato de leasing». In GOMES, Orlando / VARELA, Antunes. *Direito Econômico*. São Paulo: Edições Saraiva, p. 274.

[38] Neste sentido, *vide* CAMPOS, Diogo Leite de (1982), ob. cit., pp. 792-793. Na doutrina italiana, consultar NICTOLIS, Rosanna de (1998). *Nuove Garanzie Personali e Reali – Garantievertrag, Fideiussione Omnibus, Lettere di Patronage, Sale-lease-back*. Padova: Cedam, pp. 445 e ss.

só: compra e venda e locação financeira. Vejamos: dois contratos, porque estruturalmente são independentes. De facto, há dois contratos que são firmados válida e eficazmente *de per si*: uma compra e venda e uma locação. *Num só*, porque funcionalmente estão interligados entre si, pois são causa um do outro: a compra e venda só é celebrada porque os sujeitos têm em vista o *leasing* (a compra e venda só existe por causa da *futura* locação financeira) e as (mesmas) partes só celebram o *leasing* para darem e tomarem em locação financeira o bem que compraram e venderam respectivamente à outra (o *leasing* só existe por causa da compra e venda)[39].

O que esta junção tem, então, de privativo no *sale and lease-back* é a coincidência da pessoa jurídica dos contraentes: adquirente e alienante da compra e venda correspondem ao locador e ao locatário do *leasing* (respectivamente).

No *lease-back*, a vontade das partes integra os dois tipos contratuais num mesmo conjunto económico, de tal forma que cada um dos contratos é causa recíproca do outro.

O *lease-back* configura um tipo social implantado no universo dos negócios indirectos de concessão de crédito (sobretudo) a empresas e denota um ajuste perfeito à essência do regime do *leasing*.

Trata-se de uma figura atípica, mas que corresponde a um tipo negocial que sempre seria acolhido sob a égide da autonomia privada, observados os limites da conformidade à lei, como é o caso, e como determina o n.º 1 do artigo 405.º do CC.

O crivo da admissibilidade da locação financeira restitutiva é o equilíbrio das prestações das partes e a real vontade negocial que não deixará passar o recurso à figura com intuito usurário, comissório ou de *fraus legis*.

Por outro lado, importa sublinhar que o *lease-back* congrega e manobra por intermédio de modelos negociais perfeitamente tipificados. Num primeiro momento, com a celebração da compra e venda, opera a transferência imediata da propriedade para o adquirente (futuro locador), nos termos da al. a) do artigo 879.º do CC. Seguidamente, o comprador cede em locação financeira ao próprio alienante a utilização do bem que adquiriu ao (agora) locatário financeiro.

---

[39] Para uma leitura desenvolvida a respeito da junção, união ou coligação de contratos, cfr. COSTA, M. J. Almeida (2001). *Direito das Obrigações* (9.ª ed. revista e aumentada). Coimbra: Almedina, pp. 342-343.

No termo do contrato, o pagamento integral das rendas não corresponde a uma condição resolutiva da compra e venda – como na venda *a retro*, por exemplo[40] –, permanecendo a propriedade do bem na esfera jurídica do comprador-locador até que o locatário exerça a *faculdade de compra* a que se refere o artigo 7.º do Decreto-Lei n.º 149/95.

O certo é que o preço recebido *ab initio* com a celebração da compra e venda configura o montante do financiamento ou, sob outro prisma, liquidez imediata e com esse valor o vendedor-locatário pode suportar as rendas mensais (locação) e a amortização do preço de recompra (*lease-back*).

4.3. *O capital de risco* (business angels)

Entre as mais recentes formas de financiamento empresarial encontramos o capital de risco, outrossim designado por *business angels, venture capital* ou *private equity*.

O capital de risco consiste simplesmente em disponibilizar recursos financeiros imediatos às empresas (*rectior*, às pessoas colectivas) em contrapartida da participação temporária no capital social destas[41]. Este instrumento pode ser de iniciativa pública ou privada, registando-se, porém, uma clara prevalência de capital de risco de iniciativa privada.

Entre nós, o primeiro diploma a proceder ao enquadramento legal desta actividade foi o Decreto-Lei n.º 319/2002, de 28 de Dezembro e actualmente o capital de risco encontra-se regulado pela Lei n.º 18/2015, de 4 de Março.

À luz do n.º 1 do seu artigo 3.º, «considera-se investimento em capital de risco a aquisição, por período de tempo limitado, de instrumentos de capital próprio e de instrumentos de capital alheio em sociedades com elevado potencial de desenvolvimento, como forma de beneficiar da respetiva valorização».

No artigo 1.º, a Lei em análise começa por criar, regular e sujeitar à sua disciplina as três formas de investimento em regime de *private equity*: as sociedades de capital de risco (SCR), os fundos de capital de risco (FCR)

---

[40] Regulada nos arts. 927.º a 933.º do CC.
[41] Para uma leitura mais completa sobre a figura, cfr. MONTEIRO, Marisa (2010). *O Fundo Imobiliário Especial de Apoio às Empresas (FIEAE) como fonte alternativa (ir)real de financiamento: contributo para a reflexão à luz do sistema creditício tradicional e dos novos instrumentos de financiamento*. Manuscrito não publicado [Dissertação de Mestrado]: FDUC, pp. 132 e ss.

e os investidores em capital de risco (ICR). Estas três (únicas) formas jurídicas típicas que o capital de risco pode assumir ficam sob a supervisão da CMVM. Na verdade, a constituição de FCR bem como o início de actividade das SCR e dos ICR dependem de registo prévio na CMVM, nos termos do n.º 1 do artigo 7.º.

As SCR são sociedades comerciais obrigatoriamente constituídas i) segundo o tipo de sociedade anónima, ii) com um capital social mínimo de 125.000,00€ e iii) representado necessariamente por acções nominativas, nos termos dos n.ºs 1 e 3 do artigo 11.º. Por outro lado, exige ainda o n.º 2 que a firma inclua a expressão *sociedade de capital de risco* ou a abreviatura *SCR*.

Os ICR, manda o n.º 1 do artigo 14.º, são sociedades de capital de risco obrigatoriamente constituídas segundo o tipo de sociedade unipessoal por quotas. O n.º 2 determina que só as pessoas singulares podem ser sócio único de ICR. E o n.º 3 estabelece que a firma dos ICR deve incluir a expressão *investidores em capital de risco* ou a abreviatura *ICR*.

Por último, os FCR têm a natureza jurídica de patrimónios autónomos, sem personalidade jurídica, mas dotados de personalidade judiciária, como enuncia o n.º 1 do artigo 15.º da Lei n.º 18/2015. Com um capital dividido em unidades de participação, a denominação dos FCR contém obrigatoriamente a expressão *fundo de capital de risco*, a abreviatura *FCR* ou outra que a CMVM preveja em regulamento para esta modalidade de investimento em *private equity* (artigo 16.º).

Na terminologia corrente, a alusão aos *business angels* respeita a investidores (singulares) em capital de risco, usando-se *private equity* e *venture capital* para as SCR e os FCR[42].

Sob o prisma do *funding*, o capital de risco corresponde a uma modalidade de concessão de financiamento que proporciona liquidez às empresas que não disponham de capitais próprios e que também não consigam aceder ao crédito (bancário), dada a ausência de património activo líquido. No capital de risco, a injecção de liquidez acontece no âmbito da entrada no capital social da empresa financiada.

---

[42] Embora nos demarquemos da compartimentação, socorremo-nos da expressividade da locução *business angels* para transmitir a ideia subjacente à figura de capital de risco – de financiamento / investimento sem garantias para o credor / investidor –, alternando também com as outras duas nomenclaturas anglo-saxónicas pela sua fluida utilização na narrativa jurídica, comercial e até mediática.

Na perspectiva de investimento, o reembolso (e remuneração) do empréstimo acontece unicamente com a alienação das participações sociais. É este o mecanismo de satisfação do crédito no *venture capital*: investe-se através da aquisição de participações sociais de uma empresa e recupera-se o valor com que se financiou a sociedade com o preço de venda da participação social nesta. Ou seja, no capital de risco, investe-se e financia-se uma sociedade através da entrada no respectivo capital social (através da aquisição de participações sociais) e recupera-se o investimento, ou, se preferirmos, obtém-se a satisfação do crédito com a saída do capital social da sociedade participada / financiada pelos *business angels* (através da alienação das participações sociais adquiridas inicialmente).

O capital de risco consiste num puro financiamento por compra e venda de participações sociais. Sem garantias. Sem obrigações da sociedade financiada. Sem quaisquer ónus ou encargos para a empresa, terceiros e respectivos patrimónios. Basta vender acções / quotas.

A transmissão diferida da participação social realiza-se desejavelmente na curva de crescimento da sociedade participada / financiada, sendo que este crescimento pode não acontecer e o *business angel* não pode permanecer indefinidamente no capital social da empresa.

Na entrada de *private equity* numa estrutura empresarial societária não há estipulação de encargos para a sociedade participada / financiada. Em conformidade, o regime do capital de risco não prevê a constituição de garantias por parte da sociedade financiada. O investimento / empréstimo é retribuído exclusivamente com a alienação das participações sociais adquiridas. O que a Lei n.º 18/2015 permite é o inverso, isto é, que os ICR, as SCR e os FCR possam prestar garantias em benefício das sociedades por si participadas / financiadas, nos termos da al. d) do n.º 1 e do n.º 5 do artigo 9.º.

Como, por definição, o capital de risco é um investimento por tempo limitado[43], proíbe-se a sua manutenção por período, contínuo ou interpolado, superior a dez anos (artigo 10.º da Lei n.º 18/2015). Assim, independentemente da valorização da sociedade financiada, dentro deste prazo máximo,

---

[43] Como diz o art. 3.º da Lei n.º 18/2015, «considera-se investimento em capital de risco a aquisição, por período de tempo limitado, de instrumentos de capital próprio e de instrumentos de capital alheio em sociedades com elevado potencial de desenvolvimento, como forma de beneficiar da respetiva valorização».

os investidores em *venture capital* (ICR, SCR e /ou FCR) têm de transmitir as participações sociais das sociedades financiadas de que sejam titulares.

Na prática, se a transmissão ocorrer por venda a terceiro ou outra forma de alienação ou de extinção da obrigação, este terceiro poderá ser um outro ICR, SCR ou FCR, o que pode facilitar esta operação obrigatória, denominada de *desinvestimento*[44].

---

[44] A norma do art. 10.º da Lei n.º 18/2015 disciplina os completos e exactos termos das *operações proibidas*, das quais destacámos em texto o prazo máximo de dez anos para a manutenção do investimento em capital de risco. Chamamos ainda a atenção para a previsão para os casos de ultrapassagem dos limites temporais e outros inscritos nos n.ºs 1 a 3 que *resultem de cessão de bens, dação em cumprimento, venda judicial ou outro meio legal de cumprimento de obrigações ou destinado a assegurar esse cumprimento*, em que se concede um prazo adicional máximo de dois anos para proceder à transmissão das participações sociais (art. 10.º, n.º 4). Destacamos também a circunstância de a lei prever que a CMVM possa excepcionalmente prorrogar os prazos e demais limites previstos no art. 10.º, n.º 1, als. b) e c) e n.º 2, al. a), mediante requerimento fundamentado dos investidores em *private equity* (art. 10.º, n.º 5). Para uma leitura completa das especificidades das *operações proibidas*, aqui transcrevemos a norma na sua totalidade:

«Art. 10.º
Operações proibidas
1 – Às sociedades de capital de risco, aos investidores em capital de risco e aos fundos de capital de risco é vedado:
   a) A realização de operações não relacionadas com a prossecução do seu objeto social ou da respetiva política de investimentos;
   b) O investimento em valores mobiliários admitidos à negociação em mercado regulamentado que excedam 50%. do respetivo ativo;
   c) O investimento em capital de risco por período de tempo, seguido ou interpolado, superior a 10 anos;
   d) A aquisição de direitos sobre imóveis, salvo os necessários às suas instalações próprias no caso das sociedades de capital de risco e de investidores em capital de risco.
2 – Às sociedades de capital de risco e aos fundos de capital de risco é igualmente vedado:
   a) O investimento de mais de 33%. do valor disponível para investimento, aplicado ou não, numa sociedade ou grupo de sociedades, limite este aferido no final do período de dois anos sobre a data do primeiro investimento realizado para carteira, com base no valor de aquisição;
   b) O investimento, no caso dos fundos de capital de risco, de mais de 33%. do seu ativo noutro fundo do capital de risco ou, no caso das sociedades de capital de risco, de mais de 33% do seu ativo em fundos de capital de risco geridos por outras entidades;
   c) O investimento, sob qualquer outra forma, em sociedades que dominem a sociedade de capital de risco ou a entidade gestora do fundo de capital de risco ou que com estas mantenham uma relação de grupo prévia ao investimento em capital de risco;

d) A concessão de crédito ou a prestação de garantias, sob qualquer forma ou modalidade, com a finalidade de financiar a subscrição ou a aquisição de quaisquer valores mobiliários emitidos pela sociedade de capital de risco, pelo fundo de capital de risco, pelas respetivas entidades gestoras ou pelas sociedades referidas na alínea anterior.

3 – As operações correntes de tesouraria realizadas com sociedades que dominem a sociedade de capital de risco ou a entidade gestora do fundo de capital de risco ou que com estas mantenham uma relação de grupo prévia ao investimento em capital de risco não são consideradas como investimento.

4 – Caso a ultrapassagem dos limites previstos nos números anteriores resulte da cessão de bens, dação em cumprimento, venda judicial ou qualquer outro meio legal de cumprimento de obrigações ou destinado a assegurar esse cumprimento, deve proceder-se à respetiva alienação em prazo não superior a dois anos.

5 – Excecionalmente, a CMVM pode autorizar, mediante requerimento fundamentado, e desde que não resultem prejuízos para o mercado ou para os participantes:
    a) A ultrapassagem do limite referido na alínea b) do n.º 1,
    b) A prorrogação do tempo limite do investimento referido na alínea c) do n.º 1,
    c) A manutenção em carteira pela sociedade de capital de risco dos ativos relativamente aos quais se verifique o incumprimento do limite estabelecido na alínea a) do n.º 2, por um período adicional de um ano.

6 – Não se aplica o disposto na alínea c) do n.º 1 a participações em sociedades que tenham por objeto o desenvolvimento das atividades referidas no n.º 4 do artigo anterior, até ao limite de 10%. do ativo das sociedades de capital de risco e dos investidores em capital de risco.

7 – Os fundos de capital de risco que reúnam as características previstas no n.º 14 do art. 7.º estão dispensados da observância do disposto nas alíneas a) e b) do n.º 2.

8 – Quando não se encontrem expressamente previstos no regulamento de gestão do fundo de capital de risco, carecem de aprovação, através de deliberação tomada em assembleia de participantes por maioria de votos, os negócios entre o fundo de capital de risco e as seguintes entidades:
    a) A entidade gestora;
    b) Outros fundos geridos pela entidade gestora;
    c) As sociedades referidas na alínea c) do n.º 2;
    d) Os membros dos órgãos sociais da entidade gestora e das sociedades referidas na alínea c) do n.º 2;
    e) As que sejam integradas por membros dos órgãos sociais das entidades referidas nas alíneas a) e c), quando não constem da carteira do fundo de capital de risco.
    e) As que sejam integradas por membros dos órgãos sociais das entidades referidas nas alíneas a) e c), quando não constem da carteira do fundo de capital de risco.10 – Aplica-se, com as devidas adaptações, o disposto nos n.ºs 8 e 9 aos negócios efetuados pelas sociedades de capital de risco.11 – Compete à sociedade de capital de risco e à entidade gestora do fundo de capital de risco conhecer as circunstâncias e relações previstas nas alíneas a) e c) do n.º 2 e no n.º 8.

5. O papel das garantias

5.1. Breve enquadramento

A grande questão que se coloca em matéria de capitalização das empresas é saber quais as garantias de que o credor dispõe para a satisfação do seu crédito no caso de o devedor não cumprir. Por muito que os teóricos apregoem que o crédito é motor da economia e que sem crédito as empresas também não conseguirão desenvolver novos projectos e novos negócios, o certo é que os credores – mormente os bancos – não concederão crédito / financiamento como mero exercício de *risco pelo risco*. Sem garantias não há crédito. E sem crédito não haverá capitalização, porque a maior parte das empresas não dispõe de instrumentos de capital próprio para auto-financiamento.

Por esta razão, o tema das garantias das obrigações é sempre a *pedra de toque* em qualquer modelo de crédito. Na proposta das condições para a concessão do empréstimo, o que qualquer credor projecta é a sua posição jurídica no denominado *worst case scenario*. Em caso de incumprimento, como pode o credor (ainda) satisfazer o seu crédito: eis a questão! E esta é uma questão transversal a qualquer dos tipos negociais que analisámos bem como a qualquer outro modelo de disponibilização de recursos financeiros; excepto no modelo do capital de risco, em que a própria lei não permite a constituição de garantias a favor dos credores (investidores), como vimos.

Na capitalização, crédito, empréstimo, financiamento proliferam tipos sociais negociais novos (sobretudo bancários) e aumenta o recurso aos modelos que usam o direito de propriedade como garantia (de cumprimento)[45]-[46].

---

9 – Não têm direito de voto, nas assembleias de participantes referidas no número anterior, as entidades aí mencionadas, excepto quando sejam as únicas titulares de unidades de participação no fundo de capital de risco.

10 – Aplica-se, com as devidas adaptações, o disposto nos n.ºs 8 e 9 aos negócios efectuados pelas sociedades de capital de risco:

11 – Compete à sociedade de capital de risco e à entidade gestora do fundo de capital de risco conhecer as circunstâncias e relações previstas nas alíneas a) e c) do n.º 2 e no n.º 8».

[45] AA. como MARTINEZ, Pedro Romano / PONTE, Pedro Fuzeta da (2006). *Garantias de Cumprimento* (5.ª ed.). Coimbra: Almedina, pp. 235 e ss., rotulam de *garantias indirectas* os tipos negociais que usam a propriedade com fim de garantia.

[46] De que são exemplo paradigmático a venda *a retro* e a reserva de propriedade. A reserva de propriedade tem sido recentemente alvo de particular interesse e uso no financiamento bancário, através de uma prática (polémica) de estipulação do *pactum reservati dominii* a favor de terceiro

Esta prática acentua-se por duas grandes razões: por um lado, porque a nossa lei proíbe em absoluto o pacto comissório (artigo 694.º do CC), o que impede qualquer acordo no sentido de o credor poder fazer seu o bem dado em garantia em caso de incumprimento e, por outro, porque não há segurança maior para o credor do que ser *ab initio* proprietário de um bem e conservar a propriedade na sua esfera jurídica como segurança do crédito até efectivo e integral pagamento. Todavia, este aparente oásis só é lícito dentro de certos complexos económicos que a lei tem vindo a regular expressamente, como a venda *a retro*, a locação-venda e a locação financeira (*leasing*).

As duas primeiras figuras encontram-se perfeitamente reguladas no Código Civil[47], mas no crédito bancário entraram em desuso ante a elasticidade da locação financeira, típica dos modelos de inspiração anglo-saxónica. O que, mais uma vez, aponta para que a lei civil e os modelos desenhados em torno do mútuo ofereçam um equilíbrio prestacional muitas vezes malquisto pelos credores, até porque tendem a perspectivar o devedor como a parte mais frágil da relação creditícia e a protegê-lo, nessa medida.

A venda *a retro*, por exemplo, apesar de operar a utilização e conservação da propriedade como garantia do crédito, não permite que o vendedor-devedor pague preço superior ao que ele próprio recebeu pela alienação do bem (artigo 928.º do CC). Ou seja, num modelo que usa a transmissão da propriedade com função de garantia, não se permite que o devedor pague mais do que recebeu a título de capital mutuado (preço). É que, na verdade, a venda *a retro* pode perfeita e licitamente ser utilizada como forma de o comprador emprestar dinheiro ao vendedor. O preço é o capital mutuado e a *garantia do credor* é a propriedade que se transfere para a sua esfera jurídica como comprador [al. a) do artigo 879.º do CC]. Por banda do devedor que alienou um bem seu, a lei permite-lhe reaver a propriedade se restituir o preço ao comprador dentro do prazo convencional ou (máximo) legal (artigo 929.º do CC). A resolução opera imediata e automaticamente. E o credor-comprador não pode exigir qualquer valor

---

financiador. Cfr., sobre o tema, MONTEIRO, Marisa (2016). *O «funding» das empresas e o sempre criativo universo dos esquemas/modelos negociais de crédito e financiamento: a problemática do registo da reserva de propriedade a favor de um terceiro financiador*. Actas do VIII Congresso Internacional de Ciências Jurídico-Empresariais, IPL, Leiria.

[47] A venda *a retro* encontra-se regulada entre os arts. 927.º a 933.º do CC e a locação-venda no n.º 2 do art. 936.º do CC.

adicional ao preço que pagou inicialmente nem qualquer outra vantagem (artigo 928.º do CC).

Ora, sendo nula a cobrança de juros ou qualquer outra vantagem pelo preço pago a título de empréstimo, esta modalidade de compra e venda resolúvel é, desde logo, afastada pelos bancos, por manifesto *desinteresse*, porque o seu negócio é precisamente o juro.

Na venda *a retro*, a propriedade funciona como verdadeira garantia, mas o credor só pode licitamente reaver o capital mutuado em singelo. O único cenário interessante para um credor é o de o bem ser adquirido por um preço muito inferior ao seu valor (venal) real, pois, nesse caso, se o devedor-vendedor não resolver o contrato, não exercendo a opção de recompra dentro do prazo convencionado ou legal máximo[48], o credor tornar-se-á incondicional e definitivamente proprietário do bem e poderá, por exemplo, vendê-lo por preço superior ao que pagou e, desse modo, ver o seu crédito satisfeito e remunerado.

Conceptualmente, a locação-venda aproxima-se do *leasing* no princípio de o locador se manter proprietário do bem locado até integral pagamento das rendas convencionadas e no papel duplo que as rendas desempenham de retribuição do gozo do bem e amortização do preço. Mas o regime da locação-venda é claramente mais rígido. Desde logo, o carácter automático da transmissão da propriedade *depois de satisfeitas todas rendas e alugueres pactuados* (artigo 936.º, n.º 2, primeiro segmento) reduz enormemente a remuneração do financiamento do locador-vendedor, porque circunscreve ao valor das rendas a margem de retribuição do credor. O credor que deixa de ser proprietário *sic et simpliciter* uma vez pagas todas as rendas tem de estabelecer, então, um valor elevado para estas: um valor que retribua o gozo da coisa (locação), que amortize o preço (venda) e que remunere o financiamento (no caso de o credor-locador ter adquirido o bem para o devedor-locatário comprar no termo do contrato). Por outro lado, o credor terá ainda de ponderar no valor das rendas o risco de incumprimento por parte do devedor-locatário, dado que a resolução tem efeito retroactivo[49].

---

[48] Os prazos legais máximos para o vendedor resolver a venda *a retro* são de dois ou cinco anos, consoante esteja em causa um bem móvel ou imóvel, nos termos do art. 929.º do CC.

[49] É o que diz a lei no desenho da figura no n.º 2 do art. 936.º do CC: «Quando se locar uma coisa, com a cláusula de que ela se tornará propriedade do locatário depois de satisfeitas todas as rendas ou alugueres pactuados, <u>a resolução do contrato por o locatário o não cumprir tem efeito retroativo</u>» (sublinhámos).

Na verdade, o regime da locação-venda impõe ao locador a obrigação de restituir todas as rendas recebidas no caso de resolver o contrato por falta de cumprimento do locatário, sem possibilidade de convenção em contrário[50], embora com a salvaguarda do direito de indemnização nos termos gerais e do *quantum* indemnizatório que as partes tenham convencionado em cláusula penal, mas que a lei limita a metade do preço total do bem[51].

Como vimos, a locação financeira apresenta uma disciplina mais dúctil e *favor creditoris*: i) a transmissão da propriedade não opera automaticamente; ii) o exercício da faculade de compra do bem locado por parte do locatário só pode ocorrer no termo do contrato de *leasing*, após cumprimento integral e mediante o pagamento de determinado valor, fixado ou determinável por critério vertido pelas partes no contrato de locação financeira; iii) a resolução contratual por não cumprimento do locatário não obriga o locador à restituição das rendas percebidas, antes faz ingressar este último no direito a exigir rendas vencidas e (eventualmente) vincendas e iv) a prestação de garantias especiais a favor do locador está expressamente prevista como forma de segurança do crédito deste.

Aqui chegados, é altura para sublinhar de novo o que vimos dizendo: o mais importante para a concessão de crédito / financiamento, em geral, e para a capitalização das empresas, em particular, é a qualidade das garantias que se prestam. Razão por que na pergunta e exame das fontes de financiamento empresarial que possam representar verdadeiras alternativas ao clássico mútuo com garantia real, a resposta há-de situar-se não tanto nos *essentialia* dos novos modelos negociais que vão emergindo dos tipos sociais – sobretudo bancários –, mas sim das garantias (especiais) em que se ancorem.

5.2. A garantia geral das obrigações

Proclama o artigo 601.º CC que «[p]elo cumprimento da obrigação respondem todos os bens do devedor suscetíveis de penhora, sem prejuízo

---

[50] Diz o n.º 2 do art. 936.º do CC, no seu segundo segmento, que «a resolução do contrato por o locatário o não cumprir tem efeito retroativo, devendo o locador restituir as importâncias recebidas, sem possibilidade de convenção em contrário, mas também sem prejuízo do seu direito a indemnização nos termos gerais e nos do artigo anterior».

[51] Nos termos conjugados da segunda parte do n.º 2 do art. 936.º e do art. 935.º do CC. *Vide* também as duas notas anteriores.

dos regimes especialmente estabelecidos em consequência da separação de patrimónios». Vale isto por dizer que a garantia geral das obrigações é constituída pela universalidade do património do devedor. Assim, e salvaguardadas algumas limitações legais, assenta sobre este princípio geral de responsabilidade patrimonial do devedor a regra segundo a qual o património do devedor constitui a garantia geral das (suas) obrigações.

Mas a prática evidencia uma realidade bem diferente. Em especial no caso das empresas, para os seus credores, o significado prático da garantia geral das obrigações é diminuto, por três grandes razões. Em primeiro lugar, porque as empresas não têm por vocação acumular património como as pessoas singulares (por via hereditária ou outra). Por outro lado, muitas vezes a criação de uma empresa por via societária surge já como mecanismo para colocar o património pessoal dos sócios a salvo da responsabilidade por dívidas da sociedade. Por último, o património empresarial raramente se encontra livre de ónus ou encargos.

A segurança do crédito assente apenas na garantia geral seria *em larga medida puramente platónica*[52]. Razão por que – e apesar dos meios de conservação da garantia patrimonial[53] – a própria lei prevê a constituição de garantias especiais em benefício de um credor, isto é, meios destinados a reforçar a garantia geral – que é comum a todos os credores de um mesmo devedor.

5.3. *As garantias especiais*

Paralelamente à garantia geral – que apresenta um carácter genérico –, podem constituir-se garantias especiais como reforço qualitativo e quantitativo daquela. Beneficia apenas destas garantias especiais o credor a favor de quem são prestadas, colocando-o em posição de privilégio em relação aos demais credores[54].

Não se alienando dos seus direitos próprios de credor comum, um credor assegurado com uma garantia especial eleva-se, por esta via, a um patamar superior em relação aos outros credores do devedor em causa, porque

---

[52] Parafraseando a eloquência da expressão de VARELA, Antunes (1999). *Das Obrigações em Geral – vol. II* (7.ª ed.). Coimbra: Almedina, p. 471.

[53] São eles a declaração de nulidade (art. 605.º do CC), a sub-rogação do credor ao devedor (arts. 606.º a 609.º do CC), a impugnação pauliana (arts. 610.º a 618.º do CC) e o arresto (arts. 619.º a 622.º do CC).

[54] Neste sentido, MARTINEZ, Pedro Romano / PONTE, Pedro Fuzeta da (2006), ob. cit., p. 71.

pagar-se-á com preferência sobre eles, mas, se as garantias especiais forem insuficientes para satisfazer o crédito, o credor assim garantido retoma a sua condição de credor comum e ingressa no concurso de credores, sendo pago em pé de plena igualdade, à custa do património do devedor (garantia geral), nos termos do rateio a que o n.º 1 do artigo 604.º do CC alude[55].

As garantias especiais podem revestir natureza pessoal ou real. As garantias pessoais reforçam qualitativamente a posição do credor, permitindo-lhe obter a satisfação do seu crédito através do valor dos bens que integram o património de um terceiro que assegurou o cumprimento. O garante responsabiliza-se com todo o seu património, responsabiliza-se pessoalmente, portanto. As garantias pessoais típicas são a fiança e o aval. Já a garantia autónoma e as cartas de conforto representam garantias pessoais atípicas que encontram campo privilegiado de utilização na esfera dos negócios bancários[56].

As garantias reais correspondem às garantias que incidem sobre coisa certa e determinada do devedor ou de terceiro e permitem ao credor satisfazer o seu crédito pelo valor da coisa com preferência sobre os demais credores. E o seu elenco é constituído pela consignação de rendimentos, privilégios creditórios, hipoteca, penhor e direito de retenção[57].

5.3.1. As garantias pessoais: a fiança

Na prática, a fiança é a rainha das garantias pessoais exigidas às empresas que procuram crédito ou financiamento, porque representa a adjunção

---

[55] Para uma leitura completa sobre a temática, consultar COSTA, Salvador da (2005). *Concurso de Credores* (3.ª ed.). Coimbra: Almedina, pp. 7 e ss.

[56] Aliás, os doutrinadores que se debruçam sobre o Direito Bancário tratam sempre da matéria das garantias das obrigações sublinhando a riqueza do contributo dos bancos a este propósito, quer pelos novos modelos negociais que vão apresentando às aras do Direito quer pela massificação dos modelos existentes e também pelo recurso criativo que fazem às figuras tipificadas, interligando-as em complexos económicos unitários e funcionalizando-as no limiar da licitude e da admissibilidade legal. Cfr., por todos, SILVA, João Calvão da (2001), ob. cit., pp. 377 e ss.; e CORDEIRO, António Menezes (2010), ob. cit., pp. 715 e ss.

[57] Sobre os respectivos regimes, *vide* VARELA, Antunes (1999), ob. cit., pp. 471 e ss.; MARTINEZ, Pedro Romano / PONTE, Pedro Fuzeta da (2006), ob. cit., pp. 85 e ss.; LEITÃO, Luís Manuel Teles Menezes (2012). *Garantias das Obrigações* (4.ª ed.). Coimbra: Almedina, pp. 93 e ss.; e VASCONCELOS, Luís Miguel Pestana de (2016), *Direito das Garantias* (2.ª ed.). Coimbra: Almedina, pp. 83 e ss.

de todo o património do fiador à responsabilidade patrimonial pela dívida[58]. Regulada no Código Civil entre os artigos 627.º e 654.º, os bancos despem-na frequentemente de uma das suas principais características (a subsidiariedade) que, embora tratando-se de uma nota eventual da figura, contribui para a generalização da ideia segundo a qual o fiador só responde pela dívida do devedor se este incumprir (artigo 638.º do CC)[59]. Ora, os bancos, na qualidade de credores, solicitam amiúde ao fiador – e lamentavelmente sem a devida explicação do sentido e alcance das respectivas cláusulas contratuais – que este renuncie ao denominado *benefício da excussão prévia* (al. a) do artigo 640.º do CC), o que significa que em caso de inadimplemento do devedor, o credor pode exigir o pagamento directamente ao fiador, sem ter de primeiro esgotar (excutir) o património do devedor.

Por banda do credor, a fiança pode ser volátil, porque incide genericamente sobre todo o acervo patrimonial do garante e, portanto, a universalidade patrimonial pode sofrer sérias flutuações e diminuições, com prejuízo para a segurança do crédito do beneficiário da garantia, pese embora os meios de conservação patrimonial que a lei lhe disponibiliza[60].

Por banda do garante, ser fiador representa o enorme risco de poder vir a pagar uma dívida alheia, porque se responsabilizou pelo cumprimento das obrigações do devedor garantido, sem prejuízo de poder opor ao credor os meios de defesa próprios e os do próprio devedor e sem embargo de, depois de cumprir, poder subrogar-se nos direitos do credor contra o devedor por si garantido (artigo 644.º do CC) [61].

---

[58] A fiança é a mais emblemática das garantias pessoais. Sobre o seu regime, *vide* VARELA, Antunes (1999), ob. cit., pp. 477 e ss.; MARTINEZ, Pedro Romano / PONTE, Pedro Fuzeta da (2006), ob. cit., pp. 86 e ss., LEITÃO, Luís Manuel Teles Menezes (2012), ob. cit., pp. 93 e ss.; e VASCONCELOS, Luís Miguel Pestana de (2016), ob. cit., pp. 83 e ss.

[59] A este respeito, consultar a tese de GOMES, Manuel Januário da Costa (2000). *Assunção Fidejussória de Dívida – Sobre o Sentido e o Âmbito da Vinculação como Fiador*. Coimbra: Almedina, pp. 1112 e ss.

[60] Com destaque para a impugnação pauliana: cfr. MARTINEZ, Pedro Romano / PONTE, Pedro Fuzeta da (2006), ob. cit., pp. 13-45; COSTA, M. J. Almeida (2001), ob. cit., pp. 795-813; e também IDEM (1999). «Nótula a propósito da impugnação pauliana». In *RLJ*, ano 132.º, n.º 3903, pp. 165-167.

[61] *Vide* VARELA, Antunes (1999), ob. cit., pp. 497-500.

5.3.2. As garantias reais: a hipoteca

Do elenco das garantias reais, a hipoteca continua a ser a que oferece maior segurança ao credor, com larga e vincada tradição entre nós, apresentando-a já Vaz Serra como «o motor do progresso económico»[62]. E, na verdade, na prática, ainda é utilizada com elevada frequência, quer porque os bens imóveis (artigo 688.º do CC)[63] apresentam menores flutuações de valor, quer porque a ordem de registo confere prioridade[64], quer ainda porque a hipoteca acompanha o bem (artigo 695.º do CC), permanecendo inalterada[65], independentemente de alterações ocorridas na titularidade ou na conformação do direito real maior sobre o bem hipotecado (artigos 696.º e 699.º do CC).

O problema é que a maior parte das empresas a carecer de liquidez ou não tem património ou tem património já onerado até ao limite do seu valor.

Sob o prisma do credor, em caso de incumprimento, a limitação que a hipoteca representa é a sua execução exigir o recurso à via judicial[66], porque o mecanismo de satisfação do crédito garantido por hipoteca (crédito hipotecário) opera necessariamente por meio do valor obtido com a venda executiva do bem que garante o crédito (artigo 694.º do CC)[67]. A delonga

---

[62] Cfr. Serra, Vaz (1957), ob. cit., p. 6.

[63] Quanto ao objecto, a hipoteca incide sobre bens imóveis ou móveis equiparáveis, nos termos dos arts. 688.º a 691.º do CC.

[64] Segundo o velho brocardo romano *prior in tempore potior in iure*, plasmado na parte final do n.º 1 do art. 686.º do CC.

[65] É nula, aliás, qualquer cláusula que proíba a alienação de um bem hipotecado, *ex vi* do art. 695.º do CC, sem prejuízo, porém, da licitude da convenção de vencimento antecipado no caso de transmissão ou oneração do bem dado em garantia (segundo segmento do art. 695.º do CC).

[66] Neste sentido, Vasconcelos, Luís Miguel Pestana de (2016), ob. cit., pp. 68-69.

[67] O penhor civil admite convenção de venda extraprocessual, nos termos do art. 675.º, n.º 1 do CC. De modo ainda mais abrangente, no penhor mercantil, o art. 401.º do CCom prevê a execução extrajudicial por meio de corretor. E, no âmbito do penhor financeiro, é mesmo admitido o pacto comissório, de acordo com o fixado nos arts. 10.º e 11.º do Decreto-Lei n.º 105/2004, de 8 de Maio. Cfr. Fonseca, Tiago Soares da (2007). *O Penhor de Acções*. Coimbra: Almedina, p. 113; e Costa, Salvador da (2005), ob. cit., p. 82. Diversamente, na disciplina da hipoteca, a única forma de execução que a lei admite é a execução judicial, pelo que um credor hipotecário só poderá satisfazer o seu crédito pelo valor do bem hipotecado no âmbito de uma ação executiva. Embora o nosso Parlamento tenha aprovado em 2002 uma lei de autorização legislativa (Lei n.º 23/2002, de 21 de agosto), permitindo ao Governo legislar para «atribuir competência aos conservadores de registo predial para efectuar a venda de imóveis nas conservatórias, por

do processo judicial é, portanto, um aspecto a ponderar bem como a incerteza na própria satisfação do crédito com o produto da venda judicial, sendo que se não houver propostas de compra judicial do bem próximas do *quantum* em dívida, sempre o credor pode requerer judicialmente que lho seja adjudicado (artigo 799.º, n.º 3 do CPC)[68]-[69].

Atenta a proibição do pacto comissório, nada impede, por exemplo, que credor e devedor acordem em realizar uma *dação em cumprimento*, entregando este determinado bem por conta da dívida, sendo que o objecto do negócio pode ser, desde logo, a coisa hipotecada (artigo 837.º do CC). E nada impede também que a dação ocorra já na pendência da acção executiva.

Aliás, a exemplo da prestação de garantias e da realização da prestação devida, também a dação tanto pode ser realizada pelo devedor como por terceiro. O importante na realização de prestação diversa da devida é o acordo do credor. Isto é, a entrega de um bem por conta de uma dívida *só exonera o devedor se o credor der o seu assentimento*. E o importante é que a entrega de um bem por conta da dívida corresponda à vontade real do devedor e não perpetue o perigo de pressão por parte do credor cujo espectro justifica a

---

meio de propostas em carta fechada, bem como para deferir a consignação dos respectivos rendimentos», certo é que nunca se legislou neste sentido. Na verdade, a proibição do pacto comissório tem na hipoteca o último reduto de abrigo legal do devedor, em que não há lugar a qualquer situação de desvio ou excepção, sequer na modalidade de pacto marciano (art. 694.º do CC) – cfr., sobre a diferença entre pacto comissório e pacto marciano, por todos, GOMES, Júlio (2004). «Sobre o Âmbito da Proibição do Pacto Comissório, o Pacto Comissório Autónomo e o pacto Marciano». In *Cadernos de Direito Privado, n.º 8*, pp. 63 e ss.; FONSECA, Tiago Soares da (2007), ob. cit., p. 119; e MATOS, Isabel Andrade de (2000). *O Pacto Comissório – Contributo para o Estudo do Âmbito da sua Proibição*. Coimbra: Almedina, pp. 56 e ss.

[68] Neste sentido, já VAZ SERRA, nos trabalhos preparatórios do Código Civil de 1966, reconhecia à venda extrajudicial «a vantagem de evitar os incómodos, despesas e delongas da venda judicial». Cfr. do A. (1956). «Penhor – Penhor de Coisas». In *BMJ, n.º 58*, p. 241.

[69] A lei de processo configura a adjudicação como uma venda executiva: cfr., FREITAS, Lebre de (2009). *A Acção Executiva / Depois da reforma da reforma* (5.ª ed.). Coimbra: Coimbra Editora, p. 330. E a remissão legal que encontramos na adjudicação para as regras da venda por propostas em carta fechada tem, naturalmente, como fito proteger o devedor executado, o próprio credor exequente e os demais credores, garantindo-se que o bem não é adjudicado por um valor inferior ao que seria obtido com a sua venda judicial. *Vide*, neste sentido, ALBERTO DOS REIS, *apud* FERREIRA, F. Amâncio (2004). *Curso de Processo de Execução* (7.ª ed. revista e actualizada). Coimbra: Almedina, p. 314.

proibição absoluta dos acordos comissórios (artigo 694.º do CC)[70]. Cremos que é real o perigo de utilização da *datio pro soluto* como mecanismo alternativo ao pacto comissório, sendo certo que é exactamente neste plano que se joga o equilíbrio a que todo o sistema creditício se reconduz: direito de satisfação do crédito e princípio da liberdade contratual[71].

O legislador entende que o *estado de necessidade financeira* do devedor pode conduzi-lo a ceder à pressão de exigências ilegais do credor, razão

---

[70] Citando VARELA, Antunes (1999), ob. cit., p. 555, «só o espectro dessa suspeição repugna ao espírito da lei».

[71] A dação em cumprimento (art. 837.º do CC) permite ao devedor liberar-se da obrigação que sobre si impende, mediante a realização de prestação diversa da originariamente devida, «se o credor der o seu assentimento». Atendendo à proximidade da redacção da norma apontada relativamente à correspondente do Código Civil italiano (artigo 1197), têm perfeito cabimento as observações dos doutrinadores italianos, especialmente o pensamento de MASSIMO BIANCA que como principal diferença entre o pacto comissório e a dação em cumprimento, marginalizando a questão da estrutura real desta última, aponta o facto de aqui, ao contrário do que se verifica no pacto, a escolha de prestar coisa diversa competir ao devedor, funcionando o consentimento do credor apenas como condição de eficácia ao negócio. *Vide*, BIANCA, C. Massimo (2013). *Il divieto del patto commissorio*. Napoli: Edizioni Scientifiche Italiane (Collana Ristampe della Scuola di specializzazione in diritto civile dell'Università di Camerino), p. 107. Por outro lado, sublinham outros AA., na dação em cumprimento, inexistem sequer meios coercitivos ao dispor do credor. *Vide* ROPPO, Enzo (1981). «Note sopra il divieto di patto *commissorio*». In *Rivista del Notariato, I*, p. 403. Aliás, como sublinha CIPRIANI, Nicola (2000), em *Patto commissorio e patto marciano. Proporzionalità e legittimità*. Napoli: Edizioni Scientifiche Italiane, pp. 55 e ss., a dação em cumprimento *sobreviveu honrosamente*, mesmo ao crivo jurisprudencial, contando-se entre os pouquíssimos negócios admitidos por lei com efeito translativo e liberatório, exactamente porque a *datio in solutum* sempre se considerou estranha aos esquemas negociais do pacto comissório. Sem prejuízo, no plano funcional, não podem deixar de assinalar-se fortes semelhanças entre a *datio* e a *lex commissoria*. Na verdade, ambas as figuras, na sequência de uma situação de incumprimento (da prestação devida) pelo devedor, operam a transmissão de um bem para o credor e o ingresso deste bem na esfera do credor exonera o devedor da obrigação inicial. Contudo, AA. como LUMINOSO logo sublinham que na dação em cumprimento o devedor não é *conduzido a cair na tentação* de aceitar a transmissão do bem em condições mais onerosas do que as que correspondem ao cumprimento da obrigação que assume na relação creditícia, *na esperança* (e, muitas vezes na *ilusão*) de conseguir reverter a sua situação económica pessoal e, portanto, nunca chega a *perder* o bem: cfr., LUMINOSO, Angelo (1990). «Alla ricerca degli arcani confini del patto *commissorio*». In *Rivista di diritto civile, Anno 36, n. 2, Parte Prima*, pp. 219 e ss. Há ainda uma corrente doutrinária que qualifica o pacto comissório como *datio in solutum* condicionada, onde se inclui RAAPE, L. (1913). *Die Verfallklausel bei Pfand und Sicherungsübereignung*. Berlin: F. Vahlen, pp. 16 e ss.

por que a sua liberdade contratual é guarnecida pelas limitações aos modos de satisfação do crédito, traduzidas no princípio geral de proibição da apropriação automática da hipoteca em caso de incumprimento.

Formalmente, a dação em cumprimento representa um negócio jurídico autónomo do tipo em que operou a concessão do crédito, o que permitirá ao devedor reflectir melhor se pretende ou não realizá-lo, uma vez que não se encontra na fase de carência de crédito. Por outro lado, a circunstância de ocorrer depois de verificado já o inadimplemento, reduz o perigo de precipitação diante da esperança ou ilusão de conseguir cumprir e, portanto, de não vir a perder, de facto e definitivamente, o bem.

Estes são os precípuos argumentos para que o legislador admita a *datio in solutum*[72] e que impõem a clarificação de que a única via para a execução da hipoteca é a via judicial e que é nulo qualquer pacto comissório (artigo 694.º do CC) ou cláusula de inalienabilidade (artigo 695.º do CC).

6. Apreciação crítica

6.1. *Mútuo: o velho e bom sistema creditício tradicional protector do devedor e do equilíbrio prestacional*

O *funding* das empresas não é um tema de respostas simples e os modelos negociais que se perfilam no universo dos instrumentos de capitais alheios, por muito inventivos que sejam, assentarão sempre na qualidade das garantias.

O modelo clássico do mútuo com fiança, penhor ou hipoteca está longe de estar esgotado e o certo é que apresenta mecanismos de equilíbrio das posições contratuais que inexistem nos esquemas de propriedade-garantia como o *leasing*.

Com o grande princípio geral da proibição do pacto comissório (artigo 694.º do CC), o devedor fica a salvo das pressões do credor para com ele estipular a transmissão automática do objecto da garantia para a sua esfera jurídica em caso de incumprimento. Este é um dos grandes pilares do sistema creditício tradicional. E na hipoteca é incontornável.

---

[72] *Vide* nota anterior.

Note-se que nem no empréstimo mercantil nem no mútuo bancário é lícito o acordo entre credor e devedor que permita àquele apropriar-se do bem hipotecado se este não cumprir.

A excussão do património – e, portanto, a via judicial – é a única forma de realização do crédito, se o devedor incumprir. Este é, na verdade, o último bastião dos devedores, pelo que importa que as empresas não sucumbam, ante a necessidade de recursos financeiros, às pressões dos credores – mormente dos bancos –, aceitando prestar garantias pessoais que desvirtuem o *iter* de execução das garantias. Não raramente terceiros fiadores, desde logo os sócios das próprias empresas devedoras, garantem a realização do crédito como devedores principais, renunciando ao benefício da excussão prévia (al. a) do artigo 640.º do CC).

No confronto com o mútuo, os modelos negociais de utilização da propriedade com fim de garantia não prevêem condições menos onerosas para o devedor. Com efeito, sublinhamos a previsão legal expressa de constituição de garantias a favor do credor no âmbito do *leasing* (artigo 19.º do Decreto-Lei n.º 149/95, de 24 de Junho).

Assim sendo, inexiste vantagem clara para o devedor em financiar-se por via da locação financeira se o credor-locador exigir garantias pessoais ou reais para segurança do crédito.

6.2. Leasing: *a propriedade-garantia que é afinal um mútuo sobregarantido*

A figura da locação financeira para aquisição de bens e a modalidade *sale and lease-back* para obter liquidez imediata através de património já existente afiguram-se alternativas potencialmente mais vantajosas do que o mútuo bancário, mas apenas se o credor-locador não exigir a prestação de garantias.

O regime da locação financeira prevê *expressis verbis* a possibilidade de constituição de garantias a favor do locador (artigo 19.º do Decreto-Lei n.º 149/95, de 24 de Junho). Ora, se assim for, o locador financeiro é proprietário do bem cuja aquisição financiou até integral pagamento e tem ainda o seu crédito assegurado por garantias adicionais, para além da propriedade--garantia. Neste cenário, o devedor ficará numa posição tão ou mais onerosa do que num clássico mútuo com fiança, penhor ou hipoteca.

Acresce que a lei apenas permite o exercício da opção de (re)compra do bem locado no termo do contrato (artigo 10.º, n.º 2, al. f) do Decreto-Lei n.º 149/95), ao arrepio do regime do mútuo, que concede ampla liberdade contratual às partes para poderem convencionar o pagamento antecipado.

A locação financeira pode, assim, representar um mútuo *supergarantido*, porque o credor pode ver a sua posição reforçada por garantias especiais ademais da titularidade do direito real maior. Em caso de insolvência do devedor, este aspecto é particularmente decisivo, porque a extinção das garantias (artigo 97.º do CIRE) mantém intacto o direito de propriedade (garantia).

A modalidade *lease-back* pode, no entanto, representar uma alternativa importante ao mútuo, porque permite funcionalizar património num esquema de propriedade-garantia, vendendo o devedor determinado bem ao credor e tomando-o imediatamente em locação, pagando uma renda mensal correspondente ao uso do mesmo e à amortização do preço, com vista à recompra no termo do contrato. Na ausência de garantias especiais adicionais, a locação financeira restitutiva pode ser um complexo negocial vantajoso para o devedor, porque i) não tem de prestar garantias pessoais ou reais, ii) obtém liquidez imediata com o recebimento do preço da venda e iii) permanece no uso e fruição do bem.

Para as empresas, este modelo de união de compra e venda seguida de locação com opção de recompra a final pode representar uma alternativa não mais onerosa do que o mútuo: salvaguarda o património do sócios ou de outros terceiros que viessem a prestar fiança ou hipoteca, permite aceder a recursos financeiros imediatos e implica apenas a transmissão meramente formal do direito de propriedade, (e) que em nada contende com a posse e fruição do bem em causa, o que pode ser relevante no caso, *v. g.*, de instalações fabris ou de escritórios de empresas.

6.3. Business angels: *o verdadeiro financiamento de risco, mas só para empresas com elevado potencial de desenvolvimento*

O capital de risco, sim, afigura-se como uma fonte de financiamento alternativa ao mútuo, apesar de, por definição legal, constituir um tipo de investimento destinado a sociedades «com elevado potencial de desenvolvimento» (artigo 3.º, n.º 1 da Lei n.º 18/2015, de 4 de Março).

Os *business angels* proporcionam recursos financeiros imediatos às empresas adquirindo participações sociais destas, surgindo o apoio financeiro como investimento «como forma de beneficiar da respetiva valorização» das quotas ou acções.

Por banda das empresas assim financiadas, a vantagem é inequívoca, porque a entrada do capital de risco no capital social é minoritária, não bulindo, portanto, com a tomada de decisões na sociedade. E a circunstância de a lei permitir que apenas os *business angels* prestem garantias a favor das empresas financiadas, e não o inverso (artigo 9.º, n.º 1, al. d) da Lei n.º 18/2015), desonera a posição negocial do devedor a um nível difícil de encontrar, quer no mútuo quer nos modelos de utilização da propriedade com fim de garantia. Aqui, o único direito de propriedade que funciona como garantia é o da titularidade das participações sociais, inexistindo, no entanto, qualquer opção de venda ou qualquer outra (fonte de) obrigação de a empresa financiada readquirir as quotas / acções alienadas aos investidores de *venture capital*.

Sob o prisma dos investidores em capital de risco, pode considerar-se que há uma certa limitação da sua posição pelo âmbito subjectivo e objectivo deste instrumento. É que, tal como a lei desenha a figura, o *private equity* está circunscrito a sociedades comerciais e o único mecanismo possível para a concessão do financiamento é a aquisição de capital social. A delimitação deste âmbito operativo e o prazo legal máximo para o *desinvestimento* de dez anos (artigo 10.º, n.º 1, al. c) da Lei n.º 18/2015), aliado à ausência de garantias para o credor, configuram o capital de risco como financiamento não garantido, verdadeira alternativa ao *funding* empresarial – mormente ao crédito bancário. A restituição e a retribuição do investimento / financiamento dependem exclusivamente da valorização da sociedade participada.

Aqui, o sucesso do devedor é o sucesso do credor. Razão por que os investidores em capital de risco facultam às empresas por si participadas / financiadas serviços de apoio à gestão técnica, financeira, comercial e acompanham a vida da empresa em matérias como a política de dividendos, medidas de racionalização da actividade empresarial e promoção de mercados (artigo 9.º, n.º 4 da Lei n.º 18/2015). Ou seja, na medida em que o bom curso do investimento dos *business angels* depende do preço de alienação das participações sociais que adquiriam e sabendo que a lei fixa um prazo máximo para esse *desinvestimento*, os investidores em capital de risco são credores e, a um tempo, parceiros de negócios das empresas por si financiadas, porque precisam que elas se valorizem para que as respectivas quotas / acções possam ser vendidas a bom preço.

Naturalmente que o conceito de empresa *com elevado potencial de desenvolvimento* pode ser demasiado subjectivo para que qualquer empresa possa despertar interesse no âmbito do capital de risco.

Por outro lado, as estruturas de investimento/financiamento em capital de risco não são visíveis como uma instituição bancária nem se encontram disseminadas e suficientemente difundidas para pequenas e médias empresas de base não tecnológica poderem submeter aos ICR, SCR e FCR os seus pedidos de financiamento.

7. Posição adoptada

Pergunta: existem fontes de financiamento empresarial realmente alternativas ao mútuo?

Resposta do nosso estudo: sim, mas timidamente.

O Decreto-Lei n.º 149/95, de 24 de Junho que criou entre nós o regime jurídico da locação financeira apresenta a figura do *leasing* como alternativa ao mútuo, na medida em que se propõe assegurar a realização do crédito por meio da manutenção da propriedade jurídica do bem que o credor dá em locação ao devedor-locatário. O contributo do *leasing* para a facilitação no acesso ao crédito – em comparação com o tradicional mútuo – parece, assim, ser o recurso à propriedade com fim de garantia que aquele contrato de concessão de crédito não prevê nem permite (artigos 1142.º a 1151.º do CC).

A consolidação financeira por via do *leasing* far-se-á pelo desagravamento da posição do devedor que não carece necessariamente de prestar garantias especiais a favor do credor (como sucede, em princípio, no mútuo). O clássico mútuo com fiança, penhor ou hipoteca é, de facto, um modelo negocial que em abstracto representa um esforço patrimonial maior: ou porque exige dos sócios das empresas a prestação de fianças sabendo que a constituição de sociedades comerciais é uma decisão que surge muitas vezes já como mecanismo de protecção de patrimónios pessoais, ou porque se empenham jóias, acções, quotas ou outros bens móveis ou se hipotecam imóveis da empresa ou de terceiros, com o *risco* de ver a garantia executada e os bens excutidos.

Contudo, a lei permite e prevê expressamente que no âmbito do *leasing* o credor solicite garantias especiais a seu favor, pelo que o desagravamento da posição devedora em face do mútuo pode ser puramente ilusório.

A disciplina da locação financeira apresenta como *essentialia* a utilização da propriedade titulada pelo credor com fim de garantia que a afasta do regime legal do mútuo, mas por banda da posição jurídica-obrigacional do devedor essa nota não permite desagravá-la de modo claro, distintivo e privativo. A única vantagem poderá ser a modalidade *lease-back*, porque permite que as empresas vendam património que já titulam, conseguindo a liquidez imediata correspondente ao respectivo preço, tomando em seguida o mesmo património – habitualmente imóvel – em *leasing*, ficando a pagar uma renda mensal pelo gozo, com a opção de recompra no termo do contrato. A designação *sale and lease-back* é ilustrativa do mecanismo que encerra: um complexo negocial duplo e unitário de compra e venda seguido de locação financeira e opção de (re)compra a final.

Não muito distante desta figura, encontramos a venda *a retro* (artigos 927.º a 933.º do CC) que também permite que o preço funcione como capital mutuado e que a propriedade funcione como garantia do credor. Existe, de igual modo, um prazo legal máximo para o vendedor-devedor readquirir o bem: dois anos para os bens móveis e cinco para os imóveis (n.º 1 do artigo 929.º do CC). Só que aqui o direito de propriedade do credor-comprador é resolúvel automática e unilateralmente pelo devedor-vendedor, ao passo que no *leasing* (e no *lease-back*), a reaquisição é uma faculdade que assiste ao locatário, mas que depende de um novo negócio formalizado por nova compra e venda, agora em sentido contrário, em que o locatário (re)compra ao locador.

No modelo da venda *a retro*, inexiste a locação subsequente à compra e venda. Ou seja, o vendedor-devedor aliena ao credor-comprador e o *quantum* do financiamento é o preço. A propriedade é temporária e de garantia e o direito de recompra pode ser exercido a qualquer momento. Mas o preço tem de ser devolvido em singelo, sendo nula qualquer estipulação de pagamento de preço superior ou outra vantagem para o credor-comprador *a retro* (artigo 928.º do CC).

Na locação financeira, a renda desempenha a função de retribuição do gozo e amortização do preço, incluindo juros e demais encargos do credor-locador, aproximando-se, nesta medida, do mútuo oneroso – onerosidade que a figura da venda *a retro* veda em absoluto (artigo 928.º do CC).

Do que vimos dizendo, ressalta que a equação do crédito / financiamento é difícil. De um lado, os devedores falhos de liquidez. Do outro, os credores ávidos de assegurar a realização do crédito. O muro: a proibição do pacto comissório. A ponte: as garantias.

É no tabuleiro das garantias que o jogo da concessão de crédito / financiamento se joga. A grande tradição desde o Direito Romano é do mútuo com hipoteca; contudo, as empresas descapitalizadas estão muitas vezes também desprovidas de património para hipotecar. Como alternativa, surgem os modelos que usam a propriedade como garantia. Do Direito Romano, resiste a venda *a retro*. E em jeito de *pignus conventum* reinventado[73], a locação financeira surge como uma fruição onerosa de um bem que o locatário pode comprar no final do contrato. O *lease-back* constitui uma modalidade inventiva que permite *fazer dinheiro* à vista com o património que já se titula e é, na verdade, o segredo mais bem guardado de muitas operações de *funding* de empresas com dificuldades transitórias de tesouraria.

E o capital de risco? Representa um modelo com melhores condições de acesso ao crédito?

Em tese, sim, mas afigura-se como uma construção jurídica algo densa e distante da vida da maioria das empresas. Muito vocacionado para operações de engenharia financeira de compra e venda de acções e quotas em sociedades, esbarra no conceito legal de *empresas com elevado potencial de desenvolvimento*. Trata-se de um conceito demasiadamente indeterminado e subjectivo que dificulta às empresas aferir da sua viabilidade de candidatura

---

[73] Cronologicamente, a *hypotheca* foi a última das garantias reais do Direito Romano a ser criada. Outrossim chamada *pignus conventum*, por distinção do *pignus* propriamente dito, também denominado *pignus datum*, este tipo de garantia nasceu da atribuição da tutela do Pretor a um acordo que começou a difundir-se nos contratos de arrendamento de quintas (*fundos*) celebrados com agricultores, em cujos termos estes devedores davam em garantia do pagamento da renda os animais e alfaias agrícolas, mas para que pudessem continuar a usar estes instrumentos de trabalho – e assim conseguir rendimentos para pagar a renda –, convencionavam com os senhorios que perderiam a posse dos objectos da garantia que prestaram somente quando (e se) ocorresse a falta de pagamento. Neste contexto, sublinhamos dois aspectos importantíssimos: por um lado, este grupo de pessoas eram pobres ao ponto de frequentemente não disporem sequer do direito de propriedade ou posse sobre os animais ou as alfaias, para poderem oferecê-los em garantia real e, em segundo lugar, em termos sociais, eram cidadãos pouco influentes e sem conhecimentos junto de alguém com capacidade para prestar uma garantia pessoal. Cfr. CURA, Vieira (1991). *Fiducia Cum Creditore. Aspectos Gerais*. BFD, Suplemento 34. Coimbra: Universidade de Coimbra, pp. 165-166; e CRUZ, Sebastião (1984). *Direito Romano (Ius Romanum) – Vol I – Introdução, Fontes* (4.ª ed. revista e actualizada). Coimbra: [s.n.], p. 244.

a investimento por *business angels*. Ademais, ICR, SCR e FCR não são entidades conhecidas de empresários ou de acesso comum.

Assim, os novos tipos sociais-negociais que vão emergindo da realidade material-jurídica parecem desafiar permanentemente o edifício milenar do mútuo (romanista) com as suas três também velhinhas e também romanistas garantias: fiança, penhor e hipoteca. Só que os edifícios jurídicos do Direito Romano não sofrem abalos com as inovações anglo-saxónicas como o *leasing* ou os *business angels*. Pelo contrário, os mais modernos tipos que a *praxis* bancária tem produzido alicerçam-se nos *essentialia* do mútuo com garantias especiais ou inspiram-se em outras figuras romanistas como a venda *a retro*. Eis como a disciplina da locação financeira prevê que o locatário constitua garantias pessoais ou reais a favor do credor-locador. Eis como o *lease-back* mimetiza o efeito translativo temporário da venda *a retro*.

O capital de risco surge como uma construção jurídica assente na boa e velha compra e venda, liberta o devedor do espectro e do espartilho das garantias, colocando na posição jurídica do credor-adquirente das participações sociais a álea do investimento (o preço de revenda será a única medida de reembolso e retribuição) e o risco do financiamento (o ónus de acompanhar a vida da empresa financiada fornece ao credor os instrumentos bastantes para ajustar as decisões para posterior valorização do activo-garantia: o próprio devedor, ou seja, a porção de capital social da sociedade participada / financiada).

A final, diremos que o mútuo com garantias especiais permanece como grande contrato de concessão de crédito. A locação financeira, o *lease-back* e os grandes modelos de uso da propriedade com função de garantia vêm permitir a desoneração da posição devedora das garantias pessoais e reais, uma vez que fazem ingressar o credor como proprietário do bem que garante o seu crédito. O capital de risco, apesar de não se afigurar solução de crédito para todas as empresas, representa uma alternativa interessante, sobretudo para empresas *com elevado potencial de desenvolvimento*. Limitado embora a empresas que reúnam a condição inscrita neste conceito teórico e indeterminado, o financiamento via *business angels* apresenta a vantagem e a certeza de a lei só permitir a constituição de garantias dos credores a favor dos devedores e não o inverso.

O universo dos contratos de crédito/financiamento é rico, complexo e pleno de perigos e oportunidades. O equilíbrio prestacional é o que o legislador tem sempre em vista. Sem pretender substituir-se às partes e às suas declarações de vontade, não deixa de amparar a parte mais frágil: o devedor. Os velhos (e bons) princípios da tradição romanista ainda são o que eram.

As ações preferenciais sem direito de voto: Um meio de financiamento eficaz?

MARIA DE DEUS BOTELHO[*]

Sumário:
A alteração do regime das ações preferenciais sem direito de voto implementada em 2015 teve como objetivos a clarificação e a flexibilização deste instituto jurídico. O estudo pretende analisar a eficácia da reforma de 2015 quanto aos objetivos identificados pelo legislador, particularmente no que respeita à efetiva apetência das ações preferenciais sem direito de voto como meio de financiamento das sociedades.

Palavras-chave:
Ações preferenciais sem direito de voto; dividendo prioritário; ações preferenciais "específicas"; financiamento de sociedades.

---

[*] A A. segue as regras do Acordo Ortográfico da Língua Portuguesa de 1990.

O ambiente é a alma das coisas. Cada coisa tem uma expressão própria, e essa expressão vem-lhe de fora. Cada coisa é a intersecção de três linhas, e essas três linhas formam essa coisa: uma quantidade de matéria, o modo como interpretamos, e o ambiente em que está.

BERNARDO SOARES, Livro do Desassossego
(Assírio e Alvim, 1998, p. 91)

1. As ações preferenciais sem direito de voto – considerações gerais

As ações emitidas pelas sociedades anónimas são os mais relevantes *valores mobiliários* [artigo 1.º, n.º 1, alínea a) do CVM], pois integram «o conjunto unitário de direitos e obrigações atuais e potenciais do sócio (enquanto tal)»[1], decorrendo da própria definição de valor mobiliário que cada conjunto destes valores pode ser objeto de direitos ou posições jurídicas distintas

---

[1] ABREU, J. M. Coutinho de (2002). *Curso de Direito Comercial – Das Sociedades (Vol. II)*. Coimbra: Almedina, p. 205; o vocábulo *ação* é aqui utilizado com o significado de *participação social*, podendo ainda ter o significado de *fração do capital social* (art. 271.º do CSC) ou de *título de crédito* – *v.* MARTINS, Alexandre de Soveral (2003). *Valores Mobiliários [Acções]*. Coimbra: Almedina, pp. 21-22. A ação corresponde, deste modo, à «participação social, cujo valor nominal é fracção do capital social, e que normalmente será representada por título ou escrituralmente» – ABREU, J. M. Coutinho de (2002), ob. cit., p. 222. ANTUNES, José Engrácia (2009). *Os instrumentos financeiros*. Coimbra: Almedina, p. 76, identifica ainda um quarto significado para o conceito de ação: o de *produto financeiro* [art. 1.º, al. a) do CVM]. Sobre a polissemia do termo ação, *v.* por todos, LABAREDA, João (1988). *Das acções das Sociedades Anónimas*. Lisboa: AAFDL, pp. 5-10.

dos demais[2]. Para as ações, essa possibilidade está expressamente prevista no n.º 1 do artigo 302.º[3] (v. ainda o artigo 45.º do CVM), que permite a coexistência, na mesma sociedade, de diversas *categorias de ações*[4].

As ações das sociedades anónimas, em função dos direitos e obrigações que lhes correspondem, são tradicionalmente divididas em dois grupos: as ações *ordinárias* – que conferem ao seu titular os direitos e as obrigações estabelecidos na lei – e as ações *especiais* que, por sua vez, se subdividem ainda em ações *privilegiadas* (as que conferem ao seu titular mais direitos que os conferidos às ações ordinárias) e em ações *diminuídas* (as que atribuem ao seu titular menos direitos que os atribuídos aos titulares das ações ordinárias)[5]. Um dos tipos de ações privilegiadas é constituído pelas ações *preferenciais* que, perfunctoriamente, podem ser definidas como sendo as que atribuem ao seu titular direitos especiais de caráter patrimonial[6].

O presente estudo é dedicado à análise do atual regime jurídico das *ações preferenciais sem direito de voto*, resultante da alteração levada a cabo pelo DL n.º 26/2015, de 06 de fevereiro e previsto nos artigos 341.º a 344.º do

---

Sobre a convergência e complementaridade dos vários sentidos da palavra ação, v. CÂMARA, Paulo (2009). *Manual de Direito dos Valores Mobiliários.* Coimbra: Almedina, p. 133.

[2] Valores mobiliários são, assim, «[...] direitos ou posições jurídicas, representados por títulos de crédito em sentido estrito ou assumindo forma equivalente (slc. escritural), emitidos em conjuntos homogéneos pela entidade que é contraparte dos investidores nas correspondentes relações e cuja negociação num mercado organizado não seja interditada por lei» – CASTRO, Carlos Osório de (1998). *Valores Mobiliários: Conceito e Espécies* (2.ª ed.). Porto: UCP, p. 66.

[3] As disposições legais sem indicação da fonte correspondem a artigos do CSC, aprovado pelo DL n.º 262/86, de 02 de setembro. A simples referência ao Código remete igualmente para este diploma.

[4] Art. 302.º, n.º 2. Vigora, assim, nas palavras de ANTUNES, José Engrácia (2009), ob. cit., p. 79, n. 148, um «*numerus apertus* de ações especiais». Saliente-se, ainda, que o contrato de sociedade deve referir «as categorias de ações que porventura sejam criadas, com indicação expressa do número de ações e dos direitos atribuídos a cada categoria», nos termos do que dispõe o art. 272.º, al. c).

[5] V. CUNHA, Paulo Olavo (1993). *Os Direitos Especiais nas Sociedades Anónimas: as Acções Privilegiadas.* Coimbra: Almedina, pp. 143-146.

[6] V. CUNHA, Paulo Olavo (1993), ob. cit., pp. 156-157; ASCENSÃO, José de Oliveira (2000). «As Acções». In AA. VV. *Direito dos Valores Mobiliários* (Volume II). Coimbra: Coimbra Editora, p. 69. ABREU, J. M. Coutinho de (2002), ob. cit., p. 229, considera as ações preferenciais como um *tercium genus* de ações especiais, atendendo a que estas ações atribuem aos seus titulares, ao mesmo tempo, mais e menos direitos, por referência aos que decorrem da titularidade de ações ordinárias.

Código[7]. Em traços gerais, estas ações caracterizam-se por conferirem ao seu titular dois privilégios (sempre por referência aos direitos atribuídos às ações ordinárias) – os direitos ao dividendo prioritário e ao reembolso prioritário na liquidação da sociedade –, tendo como contrapartida a privação do direito de voto[8].

As ações preferenciais surgem, assim, como aptas a satisfazer dois interesses distintos – por um lado, o interesse dos acionistas maioritários, de manterem as suas posições de controlo e de comando da sociedade[9] e, por outro lado, o interesse dos acionistas investidores, de obterem um rendimento interessante das suas poupanças[10] – aos quais pode acrescentar-se ainda um conjunto de vantagens para a sociedade emitente[11]. Assumem-se, portanto, como um «instrumento talhado para a sociedade aumentar os capitais próprios, para alguns sócios (desinteressados ou impossibilitados de participar activamente na vida da sociedade) investirem poupanças, e para outros sócios (com direito de voto, nomeadamente os do grupo de controlo) manterem no essencial o poder societário»[12].

---

[7] Note-se que o artigo 344.º-A, aditado à Secção V pelo DL mencionado em texto, não se refere a estas ações, como veremos. Sobre as influências do regime nacional desta categoria de ações, *v.* MARQUES, Elda (2012). «Artigo 341.º». In ABREU, J. M. Coutinho de (Coord.). *Código das Sociedades Comerciais em Comentário* (Volume V). Coimbra: Almedina, p. 605, n. 4.

[8] «[...] as acções sem voto apresentam, por comparação com as ordinárias, um *deficit* de direitos não patrimoniais a que corresponde obrigatoriamente um *superavit* de direitos patrimoniais» – PERES, J. J. Vieira (1998). «Acções Preferenciais sem Voto». *RDES, Ano XXX, n.º 4*, p. 355. ASCENSÃO, José de Oliveira (2000), ob. cit., p. 71, considera as ações preferenciais sem direito de voto como «o máximo de dissociação entre a acção como participação social e como bem social».

[9] «Nesta perspectiva a acção preferencial permite realizar, por um meio inverso, uma finalidade equivalente à que era prosseguida pela concessão de privilégios de voto» – CUNHA, Paulo Olavo (1993), ob. cit., p. 161.

[10] *V.*, por todos, VENTURA, Raúl (1992). «Acções Preferenciais sem Voto; Acções Preferenciais Remíveis; Amortização de Acções (Acções de Fruição)». In IDEM. *Estudos Vários sobre Sociedades Anónimas* (reimpr. de 2003). Coimbra: Almedina, p. 421.

[11] Para um elenco das vantagens (e desvantagens) associadas às ações preferenciais sem voto para as sociedades emitentes, *v.* BAPTISTA, Daniela Farto (2016). «Ações preferenciais sem voto (em particular, as detidas por investidores qualificados)». In AA. VV. *IV Congresso Direito das Sociedades em Revista*. Coimbra: Almedina, pp. 414-416.

[12] ABREU, J. M. Coutinho de (2002), ob. cit. p. 229. Na feliz e popular expressão de PERES, J. J. Vieira (1988), ob. cit., p. 337, as ações preferenciais sem direito de voto «são um instrumento de aumento (e abertura) do capital com estabilidade do poder». CORDEIRO, António Menezes (2011). «Artigo 341.º». In CORDEIRO, António Menezes (Coord.). *Código das Sociedades Comerciais Anotado*

Apesar da idoneidade para a conjugação dos interesses referidos, as ações preferenciais sem direito de voto não tiveram, até ao presente, grande utilização pelas sociedades anónimas portuguesas. De facto, desde cedo resultou evidente a inconsistência do seu regime legal, com inúmeras lacunas e desarmonias geradoras de insegurança jurídica[13]. Para além disso, o dividendo prioritário atribuído a esta categoria de ações pode implicar a inexistência de lucros para distribuir aos restantes acionistas da sociedade. Por outro lado, a possibilidade de ser conferido o direito de voto a estas ações quando o dividendo prioritário não seja pago também se revela como uma desvantagem considerável, já que a aquisição do direito de voto implica, necessariamente, a alteração da posição de controlo dos restantes acionistas[14]. Por fim (e em nosso entender, a maior desvantagem desta categoria de ações), o tratamento fiscal dado ao pagamento do dividendo era fortemente desincentivador da utilização deste mecanismo de financiamento[15], tanto mais que o conjunto de instrumentos financeiros hoje ao alcance das sociedades garante um tratamento fiscal mais interessante e uma menor incerteza quanto ao seu regime jurídico[16].

Consciente dessa realidade, o legislador português alterou em 2015 o regime jurídico das ações preferenciais sem direito de voto[17], tendo deixado

---

(2.ª ed.). Coimbra: Almedina, p. 913, elenca as seguintes funções das ações preferenciais sem direito de voto: de capitalização, de preservação do poder ou de recuperação de investimentos.

[13] V. PERES, J. J. Vieira (1988), ob. cit., p. 398.

[14] Art. 342.º, n.º 3, adiante analisado.

[15] O dividendo pago aos acionistas preferenciais não era considerado como custo fiscalmente dedutível, para efeitos de determinação do lucro tributável – v. CASTRO, Carlos Osório de (1998), ob. cit., p. 285.

[16] Para uma análise do regime jurídico dos inúmeros instrumentos financeiros atualmente existentes, com uma importante «*função de financiamento empresarial* em sentido amplo», v. ANTUNES, José Engrácia (2009), ob. cit., *passim*. Com um elenco de razões para o insucesso das ações preferenciais sem direito de voto, v. CASTRO, Carlos Osório de (2002). «Acções Preferenciais sem Voto». In AA. VV. *Problemas do Direito das Sociedades*. Coimbra: Almedina, pp. 284-285, e REBELO, João Ferreira (2011). «As Acções Preferenciais sem Voto no Ordenamento Jurídico Português». *DSR, ano 3, vol. 6*, pp. 242-244.

[17] Pelo DL n.º 26/2015, já mencionado, que entrou em vigor a 02 de março de 2015. Adiante, referir-nos-emos abreviadamente a esta alteração legal como a *alteração de 2015*, cuja precisão, porventura mais marcante, incidiu sobre a denominação desta categoria de ações – preferenciais sem *direito de* voto –, dando acolhimento ao que vinha sendo defendido por CUNHA, Paulo Olavo (1993), ob. cit., p. 157.

expressa a sua intenção de «flexibilizar e clarificar» o regime, com o objetivo de permitir a «credibilização do instrumento e [a] proteção ao investidor»[18].

O objetivo deste estudo é, precisamente, verificar em que medida a alteração do regime jurídico das ações preferenciais sem direito de voto deve considerar-se eficaz quanto aos objetivos pretendidos, principalmente no que respeita à função de financiamento conferida a esta categoria de ações. Para tal, iremos analisar as possibilidades de criação de ações preferenciais e os direitos que lhes estão inerentes, fazendo, sempre que se justifique, a análise comparativa entre o anterior e o atual regime legal e concluindo pela avaliação da efetiva apetência das ações preferenciais sem direito de voto como meio de financiamento das sociedades.

2. A emissão das ações preferenciais sem direito de voto

2.1. *Limites quantitativos e qualitativos*

As ações preferenciais sem direito de voto constituem uma categoria especial de ações que tem o seu regime jurídico regulado nos artigos 341.º a 344.º do Código[19]. O n.º 1 do artigo 341.º exige a autorização do contrato de sociedade para a emissão destas ações[20], estabelecendo também um limite quantitativo à sua emissão, correspondente a metade do capital

---

[18] V. o Preâmbulo do DL n.º 26/2015, de 06 de fevereiro.

[19] Para uma análise do regime jurídico das ações preferenciais sem direito de voto no direito comparado (à data da implementação do regime em Portugal), *v.* COELHO, Eduardo de Melo Lucas (1987). *Direito de Voto dos Accionistas nas Assembleias Gerais das Sociedades Anónimas*. Lisboa: Rei dos Livros, pp. 158-167, e CORDEIRO, António Menezes (2000). «Acções Preferenciais sem Voto». *ROA, ano 60, III*, pp. 1028-1033.

[20] MARQUES, ELDA (2012), ob. cit., p. 620, critica a necessidade de autorização do contrato de sociedade como requisito prévio à emissão de ações preferenciais sem direito de voto, porquanto, se as ações são emitidas no momento da constituição da sociedade, a autorização é dispensada (basta que conste do contrato de sociedade a categoria, o número de ações e os direitos que lhe são conferidos); sendo emitidas em aumento de capital ou através do mecanismo da conversão, esta exigência apenas gera duplicações de atos deliberativos da assembleia geral. CUNHA, Paulo Olavo (2007). *Direito das Sociedades Comerciais* (3.ª ed). Coimbra: Almedina, p. 350, considera suficiente a maioria necessária à alteração do contrato para a criação de ações preferenciais sem direito de voto, na medida em que «não se trata aqui, obviamente, de aumentar as suas obrigações [dos acionistas] (cfr. art. 86.º, n.º 2)». REBELO, João Ferreira (2011), ob. cit., p. 246, salienta ainda a desnecessidade de consentimento individual dos acionistas para a criação destas ações.

social[21]. A sociedade está, ainda, impedida de emitir ações preferenciais quando tenha emitido previamente obrigações convertíveis em ações ou obrigações com *warrant*, pelo período em que qualquer acionista puder exercer o direito de conversão (*v.* artigos 368.º, n.º 1 e 372.º-B, n.º 5). Daqui decorre que, para a emissão de ações preferenciais sem direito de voto a lei não exige que a sociedade esteja constituída há certo tempo[22], que tenha de comprovar previamente a sua saúde financeira[23], que as ações estejam cotadas em bolsa, que a subscrição deste tipo de ações esteja vedada aos membros da administração ou da fiscalização da sociedade, nem sequer que a sociedade tenha tido lucros distribuíveis nos últimos exercícios[24].

A alteração de 2015 não esclareceu, contudo, por referência a qual capital social (o existente em momento anterior ao da emissão das ações ou o que resultar da própria emissão das ações) deve ser calculado o limite quantitativo à emissão das ações preferenciais sem direito de voto, ainda

---

[21] CASTRO, Carlos Osório de (2002), ob. cit., p. 290, admite a possibilidade de os estatutos fixarem limite quantitativo inferior a 50% do capital social.

[22] Note-se que, para a emissão de obrigações é necessário, em princípio, que a sociedade esteja constituída há mais de um ano – art. 348.º, n.º 2; a nova al. d), aditada pelo DL n.º 26/2015, veio, contudo, alargar o âmbito das exceções a esta regra – SANTOS, Hugo Moredo e GUINÉ, Orlando Vogler (2015). «Comentário preliminar às alterações introduzidas no regime jurídico das obrigações». *DSR, ano 7, vol. 13*, pp. 193-194.

[23] Ao contrário do que sucede, de novo, com a emissão de obrigações, que está «dependente de a sociedade emitente apresentar, após a emissão, um rácio de autonomia financeira igual ou superior a 35%, calculado a partir do balanço da sociedade» – art. 349.º, n.º 1.

[24] A alteração de 2015 acrescentou ao regime das ações preferenciais sem direito de voto o novo artigo 344.º-A, que determina que a sociedade pode «emitir ações que confiram ordinariamente direitos de voto e disponham de dividendo prioritário ou outros direitos especiais que estejam expressamente previstos no contrato de sociedade». Nada de novo se acrescenta: o art. 302.º, n.º 1 já permitia que fossem atribuídos direitos diversos às ações, nomeadamente quanto à atribuição de dividendos; também a doutrina admitia a possibilidade de ser modelado o conteúdo das ações preferenciais sem voto, respeitado que fosse o seu conteúdo imperativo mínimo – *v.*, por todos, OLAVO, Carlos (1995). «O Dividendo Prioritário nas Acções Preferenciais sem Voto». *O Direito, ano 127, III-IV*, p. 383. Como salienta MARQUES, Elda (2015) «As recentes alterações ao regime das ações preferenciais – o Decreto-Lei n.º 26/2015, de 6 de fevereiro». *DSR, ano 7, vol. 13*, p. 242, «o único caráter inovador que encontramos no novo art. 344.º-A respeita à classificação legal das ações que conferem o direito a um dividendo prioritário ou outros direitos especiais: são ações preferenciais».

que nos pareça que, atendendo à *ratio* da limitação[25], outro não pode ser que não o do valor final do capital social[26].

2.2. Momento da emissão

A sociedade pode emitir ações preferenciais sem direito de voto logo no momento da constituição da sociedade[27], ou através de aumento de capital ou por via de conversão de ações.

Tratando-se de emissão de ações preferenciais no momento da constituição, não existem grandes particularidades a assinalar: cumprindo-se a limitação quantitativa de metade do capital social e fazendo-se referência expressa no contrato de sociedade à existência desta categoria de ações, o remanescente decorrerá da vontade dos acionistas fundadores e do regime legalmente fixado[28].

Na emissão de ações preferenciais sem direito de voto na sequência de aumento de capital por novas entradas em dinheiro, deve ser conferido aos acionistas o direito legal de preferência previsto no n.º 1 do artigo 458.º. O regime legal da preferência visa «proteger o sócio contra uma potencial diminuição do valor da participação social por ele detida»[29], impedir a «perda da posição relativa dos antigos sócios no interior da sociedade *maxime* a perda da respectiva força de voto»[30] e obstar à «entrada de estranhos na sociedade, sem que, com isso, a sociedade deixe de receber os meios financeiros de que carece»[31].

---

[25] Que é, como bem explica VENTURA, RAÚL (1992), ob. cit., p. 428, a de «evitar que a diferenciação entre os investidores e os dominantes da sociedade atinja graus em que uma pequena fracção de accionistas com direito de voto, tendo efectuado pequeno investimento, disponha da sociedade, que financeiramente vive à custa dos accionistas sem direito de voto».

[26] Neste sentido, V. PERES, J. J. Vieira (1988), ob. cit., p. 345, e BAPTISTA, Daniela Farto (2016), ob. cit., pp. 426-427; para as ações sem valor nominal, *v.* CÂMARA, Paulo e ANTUNES, Ana Filipa Morais (2011). *Acções sem valor nominal.* Coimbra: Coimbra Editora, pp. 117-118.

[27] Analisando a questão no plano dos interesses, *v.* PERES, J. J. Vieira (1988), ob. cit., pp. 347-349.

[28] V. n. 20, *supra*.

[29] VASCONCELOS, Maria João S. Pestana de (2007). «Do Direito de Preferência dos Sócios em Aumentos de Capital nas Sociedades Anónimas e por Quotas». In AA. VV. *Nos 20 Anos do Código das Sociedades Comerciais – Homenagem aos Profs. Doutores A. Ferrer Correia, Orlando de Carvalho e Vasco Lobo Xavier – Vária* (Vol. III). Coimbra: Coimbra Editora, p. 505.

[30] *Ibidem*, p. 506.

[31] *Ibidem*, p. 507. PERES, J. J. Vieira (1988), ob. cit., pp. 350-351, admite a existência de prémio de emissão nas ações a emitir na sequência de aumento de capital.

A emissão de ações preferenciais sem direito de voto, na medida em que implica os direitos ao dividendo prioritário e ao reembolso prioritário, vai limitar ou coartar os direitos especiais que já existam relativamente a estes privilégios (incluindo os direitos inerentes a ações preferenciais sem voto já existentes na sociedade). Neste caso, é aplicável o disposto nos artigos 24.º e 389.º, sendo necessário o consentimento dos titulares desses direitos especiais, a conceder em assembleia especial, sob pena de ineficácia da deliberação, nos termos do que dispõe o artigo 55.º[32]. Quando a sociedade já detenha ações preferenciais e se pretenda uma nova emissão de ações desta categoria, parece ser ainda de admitir que a nova emissão possa ser concretizada através de aumento de capital por incorporação de reservas[33].

Tratando-se de conversão de ações, o artigo 344.º estabelece o procedimento a seguir: a conversão deve ser deliberada em assembleia geral, cumprindo-se o disposto no artigo 24.º (em particular, nos seus n.ºs 4 a 6), respeitando-se o limite quantitativo estabelecido no n.º 1 do artigo 341.º e havendo lugar às assembleias especiais de acionistas titulares de ações de diferentes categorias.

Apesar de a lei apenas permitir expressamente a conversão de ações ordinárias, a doutrina tem admitido a possibilidade de conversão de outras categorias de ações em ações preferenciais sem direito de voto[34].

---

[32] Dispensando o consentimento dos acionistas titulares de direitos especiais quando a deliberação de conversão lhes atribua um «direito de prioridade à conversão» ou quando, tratando-se de acionistas titulares de ações preferenciais sem direito de voto, fique garantida a prévia satisfação dos seus direitos especiais – neste sentido, v. REBELO, João Ferreira (2011), ob. cit., p. 248, e MARQUES, Elda (2012a). «Artigo 344.º». In ABREU, J. M. Coutinho de (Coord.). *Código das Sociedades Comerciais em Comentário* (Volume V). Coimbra: Almedina, p. 715. Distinguindo entre compressão direta e compressão indireta de direitos, considerando que apenas a primeira exige o consentimento dos sócios afetados, v. CORDEIRO, António Menezes (2000), ob. cit., pp. 1052-1053.

[33] V. PERES, J. J. Vieira (1988), ob. cit., p. 389. BAPTISTA, Daniela Farto (2016), ob. cit., pp. 429--430, chama a atenção para o facto de a alteração de 2015 não ter esclarecido qual o tipo de ações (preferenciais ou ordinárias) a atribuir aos acionistas na sequência de um aumento de capital por incorporação de reservas. Neste particular, alinhamos o nosso pensamento com que vinha sendo defendido por PERES, J. J. Vieira (1988), ob. cit., p. 389, no sentido de que as novas ações a atribuir deverão ser da mesma categoria das que o acionista já detiver ao tempo do aumento.

[34] V. PERES, J. J. Vieira (1988), ob. cit., p. 354, fala em interpretação extensiva; VENTURA, Raúl (1992), ob. cit., p. 448, defende que os arts. 24.º e 389.º (para os quais remete o art. 344.º, n.º 1) são «inaplicáveis a acções ordinárias»; MARQUES, Elda (2012a), ob. cit., pp. 707-708, refere também a interpretação extensiva e defende a aplicação analógica da norma. Sobre a

A deliberação da AG que aprove a conversão das ações deve ser registada e publicada[35] e cada acionista interessado deverá requerer a conversão das suas ações dentro do prazo, não inferior a 90 dias, fixado na deliberação[36]. Também aqui poderá haver necessidade de recolher o consentimento de acionistas detentores de ações com direitos especiais, nos termos do que dispõe o artigo 24.º do Código.

Impõe-se uma última nota, relativa ao quórum deliberativo para a emissão de ações preferenciais sem direito de voto: salvo nos casos de emissão destas ações no momento da constituição da sociedade, trata-se sempre de uma alteração ao contrato de sociedade [por força do estabelecido no artigo 272.º, al. c)], pelo que será necessária a aprovação por uma maioria correspondente a dois terços dos votos emitidos[37].

3. Os direitos inerentes às ações preferenciais sem direito de voto

A lei denomina estas ações de «preferenciais» porquanto os direitos especiais que conferem aos seus titulares são de natureza patrimonial[38] e assentam numa preferência relativamente aos direitos dos demais acionistas. A especificidade deste tipo de ações consiste, portanto, no facto de, «[...] com referência ao conteúdo essencial típico do direito social, ocorre[r]

---

possibilidade de conversão de ações preferenciais sem direito de voto em ações ordinárias, *v.* Coelho, Eduardo de Melo Lucas (1987), ob. cit., pp. 169-170; Castro, Carlos Osório de (1998), ob. cit., p. 110; esta possibilidade está hoje expressamente prevista, pelo menos, no caso das ações preferenciais "de nova geração", "qualificadas" ou, como preferimos, "específicas", que adiante abordaremos.

[35] Art. 344.º, n.º 1 do Código e arts. 3.º, n.º 1, al. j) e 70.º, n.º 1, al a) do CRCom.

[36] Trata-se, portanto, de uma conversão voluntária ou facultativa – *v.* Cunha, Paulo Olavo (1993), ob. cit., p. 165. Salientando a desnecessidade de deliberação social nos casos de «conversão automática», *v.* Ventura, Raúl (1992), ob. cit., p. 449.

[37] De acordo com o previsto no n.º 3 do art. 386.º; em segunda convocação, a deliberação pode ser tomada pela maioria dos votos emitidos, desde que esteja presente ou representada metade do capital social (art. 386.º, n.º 4); sobre os quóruns constitutivos de cada uma das assembleias (em primeira e em segunda convocação), *v.* o art. 383.º, n.ºs 2 e 3. Santos, Filipe Cassiano dos (2006). *Estrutura Associativa e Participação Societária Capitalística*. Coimbra: Coimbra Editora, p. 471, defende a necessidade de aprovação por uma maioria de ¾ dos votos reportados ao capital (aplicando o art. 294.º, n.º 1, por maioria de razão) para a adoção de deliberação de conversão de ações ordinárias em ações preferenciais sem direito de voto.

[38] *V.* Ascensão, José de Oliveira (2000), ob. cit., p. 70.

uma simbiose entre o acréscimo de direitos patrimoniais, *maxime* do direito ao lucro, e a diminuição de direitos não patrimoniais, designadamente (a falta) do direito de voto [...]»[39].

3.1. *Direito ao dividendo prioritário*

Um dos benefícios patrimoniais inerentes às ações preferenciais sem direito de voto consiste no facto de elas conferirem ao seu titular o direito a receber (da sociedade) um *dividendo prioritário*, previsto no n.º 2 do artigo 341.º[40]. Questão intensamente debatida doutrinalmente foi a de saber em que consistia este dividendo prioritário, uma vez que a lei não esclarecia o seu sentido; por isso, uma parte dos AA. considerava estarmos perante um verdadeiro *dividendo majorado*, suplementar, que acresceria ao restante dividendo a distribuir pelos acionistas[41], enquanto outros entendiam o dividendo prioritário como um mero *dividendo prévio*, pago com prioridade sobre os restantes dividendos a distribuir[42]. A alteração de 2015 veio terminar a discussão existente: a nova redação do n.º 3 do artigo 341.º, clarificando o regime supletivo aplicável, esclarece que as ações preferenciais sem direito de voto atribuem aos seus titulares um dividendo que deverá ser pago com prioridade relativamente aos demais acionistas da sociedade, o que, a final, significa que os acionistas preferenciais apenas recebem com

---

[39] CUNHA, Paulo Olavo (1993), ob. cit., p. 157. PERES, J. J. Vieira (1988), ob. cit., p. 361, nota que os direitos patrimoniais que adiante analisaremos são «privilégios mínimos, imperativos», o que não invalida «a concessão estatutária de outros ou que aqueles [privilégios] sejam quantitativamente aumentados».

[40] «Este dividendo prioritário tem duas vantagens: (a) afasta o risco de qualquer deliberação de não distribuição; (b) fixa, *a priori*, um montante [...] que, em tempos de estabilidade monetária, é comercialmente interessante» – CORDEIRO, António Menezes (2011), ob. cit., p. 913. Para uma noção técnico-jurídica de dividendo, *v.* GOMES, Fátima (2011). *O Direito aos Lucros e o Dever de Participar nas Perdas nas Sociedades Anónimas*. Coimbra: Almedina, p. 45.

[41] Neste sentido, *v.* LABAREDA, João (1988), ob. cit., p. 59; CUNHA, Paulo Olavo (1993), ob. cit., p. 159; OLAVO, Carlos (1995), ob. cit., pp. 375-376; MARCELO, Paulo Lopes (2002). *A Blindagem da Empresa Plurissocietária*. Coimbra: Almedina, p. 40; ALMEIDA, António Pereira de (2008). *Sociedades Comerciais e Valores Mobiliários* (5.ª ed.). Coimbra: Coimbra Editora, p. 632.

[42] Neste sentido, entre outros, *v.* PERES, J. J. Vieira (1988), ob. cit., pp. 370-372; VENTURA, Raúl (1992), ob. cit., p. 438; ASCENSÃO, José de Oliveira (2000), ob. cit., pp. 72-73; ABREU, J. M. Coutinho de (2002), ob. cit., p. 230, n. 46; CASTRO, Carlos Osório de, (2002), ob. cit., pp. 304-305; MARQUES, Elda (2012), ob. cit., pp. 658-661.

caráter de prioridade e não mais do que os restantes acionistas[43]; apenas quando o contrato de sociedade lhe atribua o sentido de dividendo adicional, majorado, ele acrescerá aos restantes dividendos a distribuir, caso em que os acionistas titulares de ações preferenciais receberão, efetivamente e mesmo no caso de abundância de lucros distribuíveis, mais dividendo que os demais acionistas da sociedade[44].

O dividendo prioritário conferido às ações preferenciais sem direito de voto *não deverá*, de acordo com o que prevê o n.º 2 do artigo 341.º, *ser inferior a 1%* do respetivo valor nominal ou, tratando-se de ações sem valor nominal, do valor de emissão, deduzido de eventual prémio de emissão. A diminuição da percentagem mínima do valor do dividendo prioritário – antes fixada em 5% do valor nominal destas ações preferenciais –, constitui uma das principais modificações introduzidas pela alteração de 2015, justificada pelo enorme desfasamento entre a percentagem estabelecida na lei para o dividendo prioritário e as taxas de juro praticadas pelo mercado[45]. O dividendo prioritário continua, de todo o modo, a ter como referência o

---

[43] Quanto a este aspeto do regime das ações preferenciais sem direito de voto, BAPTISTA, Daniela Farto (2016), ob. cit., p. 422, parece considerar que a alteração de 2015 não esclarece suficientemente com a nova redação do n.º 2 do art. 341.º qual o destino a dar ao lucro distribuível sobrante após o pagamento do dividendo prioritário, acabando por concluir no sentido plasmado no texto através de uma soma de pressuposições *a contrario* e *ad simili*. Ora, do nosso ponto de vista, resulta claro do novo n.º 3 do art. 341.º que o dividendo prioritário conferido a este tipo de ações atribui ao seu titular, apenas (e no que respeita ao regime supletivo), um direito de prioridade no recebimento, não podendo concluir-se noutro sentido que não seja o de que o lucro distribuível sobrante será, num primeiro momento, distribuído pelos restantes acionistas até ao montante pago prioritariamente e, havendo lucro remanescente após este pagamento, ele terá de ser distribuído por todos os acionistas da sociedade (preferenciais e restantes), na proporção das participações detidas por cada um (de acordo com o que estabelece o n.º 1 do art. 22.º).

[44] Sobre a alteração do n.º 3 do art. 341.º, *v.* BAPTISTA, Daniela Farto (2016), ob. cit., pp. 420-421, e MARQUES, Elda (2015), ob. cit., pp. 225-228; esta última A. entende, *ibidem*, a p. 227, serem de aplicar ao dividendo adicional todas as normas «que pressupõem a atribuição do direito ao dividendo prioritário», a saber: os arts. 341.º, n.º 2 e 342.º, n.ºs 1 a 3 e 5. GOMES, Fátima (2011), ob. cit., p. 374, já avançava em 2011 com a possibilidade de criação de ações que, correspondendo no essencial ao regime das ações preferenciais sem direito de voto, fossem «dotadas de privilégios patrimoniais como um dividendo majorado».

[45] Com a tendência decrescente do valor das taxas de juro, o dividendo prioritário mínimo de 5% revelava-se manifestamente excessivo, constituindo um dos fundamentos da fraca atração das sociedades por esta figura como forma de financiamento.

valor (nominal ou de emissão) das ações, não podendo ter qualquer outra base de cálculo, nomeadamente o montante dos lucros da sociedade, o que diminuiria, naturalmente, a garantia associada ao retorno do investimento do acionista[46].

Apesar de a vantagem patrimonial das ações preferenciais sem direito de voto consistir no direito ao dividendo prioritário, o acionista preferencial apenas tem direito ao seu recebimento se a sociedade tiver lucros distribuíveis[47]. De facto, sendo unanimemente aceite a qualidade de acionista do subscritor de ações preferenciais sem direito de voto[48], sobre ele impende também, desde logo, o risco associado ao exercício da atividade comercial pela sociedade, sendo-lhe aplicável, como a todos os outros acionistas, o disposto no n.º 2 do artigo 21.º, o que implica que não pode «receber juros ou outra importância certa em retribuição do seu capital ou indústria»[49].

---

[46] V. CUNHA, Paulo Olavo (1993), ob. cit., pp. 158-159. PERES, J. J. Vieira (1988), ob. cit., pp. 373-374, salienta que o cálculo do dividendo é realizado sempre sobre o valor nominal das ações, mesmo naquelas cuja realização foi diferida. Sobre o regime das ações sem valor nominal, introduzido em Portugal pelo DL n.º 49/2010, de 19 de maio, v. DOMINGUES, Paulo de Tarso (2011). «Traços essenciais do novo regime das acções sem valor nominal». In DOMINGUES, Paulo de Tarso e CARVALHO, Maria Miguel (Coord.). *Capital Social Livre e Acções sem Valor Nominal*. Coimbra: Almedina, pp. 107-130. Com crítica à opção do legislador pelo valor nominal como valor de referência do dividendo, v., CASTRO, Carlos Osório de (1998), ob. cit., pp. 116-117; também MARQUES, Elda (2012), ob. cit., pp. 652-653, critica a rigidez do modo de cálculo do dividendo prioritário (numa percentagem mínima sobre o valor da ação), entendendo ser preferível a possibilidade de as partes poderem fixar livremente o montante do dividendo prioritário, nomeadamente por referência a uma taxa de juro, desde que dependente da existência de lucros distribuíveis. A A. (2015), ob. cit., p. 225, mantém a crítica, preferindo aqui, contudo, o apuramento do dividendo prioritário com base no valor fracional (ou contabilístico).

[47] V. MARCELO, Paulo Lopes (2002), ob. cit., p. 41. Daqui decorre, portanto, que o acionista preferencial, enquanto verdadeiro acionista, partilha dos riscos inerentes ao exercício de uma atividade económica pela sociedade. Não obstante, se existirem lucros distribuíveis, o pagamento do dividendo é obrigatório – v. art. 342.º, n.º 5 –, defendendo CASTRO, Carlos Osório de (1998), ob. cit., p. 118, e ALMEIDA, António Pereira de (2008), ob. cit., p. 632, a anulabilidade de deliberação da AG que dê aos lucros de exercício aplicação diferente da do pagamento do dividendo prioritário.

[48] V. PERES, J. J. Vieira (1988), ob. cit., pp. 340-343 e VENTURA, Raúl (1992), ob. cit., pp. 450-451.

[49] Assim, e como bem conclui MARQUES, Elda (2012), ob. cit., pp. 615-616, «[...] o direito ao dividendo prioritário das ações preferenciais sem voto (assim como aquele que seja atribuído a quaisquer outras ações) não pode já corresponder a um montante fixo não dependente da condição de haver lucros distribuíveis [...]».

O dividendo prioritário é «retirado dos lucros que, nos termos dos artigos 32.º e 33.º, possam ser distribuídos aos acionistas», de acordo com a parte final do n.º 2 do artigo 341.º. Importa, assim, precisar que estes lucros não coincidem, necessariamente, com o lucro de exercício[50] (que poderá não existir em dado exercício, sem que isso afete o direito ao dividendo prioritário), mas correspondem antes ao *lucro distribuível* ou *lucro de balanço*, *i.e.*, ao lucro que integra «as realidades que podem ser consideradas como lucro, sejam as obtidas num dado exercício, sejam as já retidas na sociedade, e que a lei e os estatutos permitem poderem ser distribuídas aos sócios, ou até a favor de terceiros»[51]. Deste modo, o dividendo prioritário deverá ser pago sempre que do balanço da sociedade, elaborado no final de cada exercício, resulte a existência de «riqueza total que, em vida da sociedade, pode ser distribuída aos sócios»[52], estando a sociedade, em consequência, obrigada a proceder ao seu pagamento aos acionistas preferenciais, nos termos do que dispõe o n.º 5 do artigo 342.º.

Este novo n.º 5 do artigo 342.º determina agora, também, que o direito ao recebimento do dividendo prioritário é suscetível de *execução específica*[53]. Este aditamento da alteração de 2015 contribuiu, em nosso entender, para o esclarecimento de mais um dos aspetos até agora controversos no regime jurídico das ações preferenciais sem direito de voto, relacionado com o momento da efetivação do direito ao dividendo prioritário na esfera

---

[50] Ou seja, com «os incrementos do património, decorrentes do desenvolvimento do objecto social e obtidos na sequência de contratos onerosos celebrados com terceiros, as chamadas operações externas» – PITA, Manuel António (1989). *Direito aos Lucros*. Coimbra: Almedina, p. 43. Para uma distinção entre direito aos lucros, direito ao dividendo deliberado e direito ao dividendo, *v.* SANTOS, Filipe Cassiano dos (1996). *A Posição do Accionista face aos Lucros de Balanço – O Direito do Accionista ao Dividendo no Código das Sociedades Comerciais*. Coimbra: Almedina, pp. 19-27. Distinguindo, ainda, entre lucro objetivo e lucro objetivo, *v.* DOMINGUES, Paulo de Tarso (2010). «Artigo 22.º». In ABREU, J. M. Coutinho de (Coord.). *Código das Sociedades Comerciais em Comentário* (Volume I). Coimbra: Almedina, pp. 368-369.

[51] GOMES, Fátima (2011), ob. cit., p. 44.

[52] MARQUES, Elda (2012), ob. cit., p. 662. PERES, J. J. Vieira (1988), ob. cit., p. 376, fala, a este respeito, de uma «interpretação extensiva do conceito "lucro" que abranja para este efeito os lucros acumulados e não distribuídos».

[53] Nos termos do n.º 1 do art. 830.º do CC: «Se alguém se tiver obrigado a celebrar certo contrato e não cumprir a promessa, pode a outra parte, na falta de convenção em contrário, obter sentença que produza os efeitos da declaração negocial do faltoso, sempre que a isso não se oponha a natureza da obrigação assumida».

do acionista. Enquanto boa parte da doutrina considerava até agora que o direito ao dividendo surgia no momento da aprovação pela AG dos documentos das contas de exercício que demonstrasse a existência de lucros distribuíveis, sem necessidade de aprovação de deliberação de aplicação de resultados que consagrasse o pagamento do dividendo prioritário[54], alguns AA. consideravam necessária a aprovação da deliberação de distribuição de lucros para que nascesse na esfera jurídica do acionista preferencial o direito (de crédito) ao dividendo prioritário[55]. Do novo n.º 5 do artigo 342.º resulta agora claro que a obrigação de pagamento do dividendo prioritário surge no momento da aprovação do balanço (e das contas) de exercício que revele a existência de lucros distribuíveis – a letra da lei basta-se com a existência de lucros distribuíveis –, não sendo, portanto, necessário que o pagamento do dividendo prioritário conste da proposta de aplicação de resultados apresentada pela administração no relatório de gestão, nem que a aludida proposta seja aprovada pela AG[56].

Havendo lucros distribuíveis, a sociedade está obrigada a proceder ao pagamento do dividendo prioritário aos acionistas preferenciais. Pode, no entanto, suceder que os lucros sejam em montante insuficiente para a integral satisfação do dividendo prioritário. Neste caso, determina o n.º 1 do artigo 342.º que estes deverão ser repartidos proporcionalmente pelas ações preferenciais sem direito de voto, através do mecanismo de *rateio dos lucros*[57]. O remanescente em dívida deverá ser pago nos três exercícios sociais subsequentes (ou no número de exercícios superior que seja fixado pelo contrato de sociedade[58]) e antes do dividendo prioritário devido

---

[54] Neste sentido, CUNHA, Paulo Olavo (1993), ob. cit., pp. 159-160; SANTOS, Filipe Cassiano dos (1996), ob. cit., p. 102; ABREU, J. M. Coutinho de (2002), ob. cit., p. 230, n. 46; ASCENSÃO, José de Oliveira (2000), ob. cit., p. 73, n. 24.

[55] Assim, VENTURA, Raúl (1992), ob. cit., p. 432; CASTRO, Carlos Osório de (2002) ob. cit., p. 305, n. 64; REBELO, João Ferreira (2011), ob. cit., p. 255.

[56] Esta clarificação permite ainda, em nossa opinião, determinar qual o momento em que as ações preferenciais passam a conferir direito de voto na sequência do não pagamento do dividendo prioritário durante dois exercícios sociais, questão que abordaremos em texto mais adiante.

[57] Funciona, novamente, o mecanismo da prioridade – *v.* MARQUES, Elda (2012b). «Artigo 342.º». In ABREU, J. M. Coutinho de (Coord.). *Código das Sociedades Comerciais em Comentário* (Volume V). Coimbra: Almedina, p. 690.

[58] A estipulação contratual do número de exercícios em que é possível o pagamento do dividendo prioritário em atraso deve respeitar o limite mínimo legal de três exercícios – assim, CUNHA, Paulo Olavo (1993), ob. cit., p. 159; já o limite máximo de cinco exercícios, do n.º 4 do

relativamente a cada um dos exercícios seguintes – nisto consiste o *caráter cumulativo* do dividendo prioritário, previsto no n.º 2 do artigo 342.º[59]. Deste modo, na ausência de pagamento total ou parcial do dividendo prioritário devido em determinado exercício, por inexistência de lucros distribuíveis suficientes para o efeito, o acionista preferencial assegura que, no exercício seguinte (e dentro do limite temporal legal ou contratualmente fixado) o dividendo prioritário em atraso será pago, com dupla prioridade: sobre o dividendo a distribuir aos demais acionistas e também sobre o dividendo prioritário do próprio exercício[60].

Se o dividendo prioritário em atraso não for integralmente pago durante dois exercícios sociais, o n.º 3 do artigo 342.º determina que as ações preferenciais passam a conferir direito de voto, nos mesmos termos que as ações ordinárias[61]. Adiante analisaremos com mais detalhe os pressupostos da

---

art. 342.º, não será aplicável às ações preferenciais "clássicas". Estamos, como menciona MARQUES, Elda (2012b), ob. cit., p. 691, perante um «*dividendo cumulativo temporalmente limitado*». Decorrido o número de exercícios previstos na lei ou no contrato de sociedade para que o dividendo seja liquidado, o direito a esses dividendos prescreve – v. CUNHA, Paulo Olavo (1993), ob. cit., p. 159; GOMES, Fátima (2011), ob. cit., p. 374, n. 901. Defendendo a caducidade do direito ao dividendo, v. OLAVO, Carlos (1995), ob. cit., p. 382.

[59] Como explica ALMEIDA, António Pereira de (2008), ob. cit., p. 632, «mesmo que o resultado do exercício seja negativo, a importância a que estas acções teriam direito acresce à preferência sobre os lucros dos exercícios subsequentes até um máximo de três exercícios (art. 342.º, n.º 2)». PERES, J. J. Vieira (1988), ob. cit., p. 377, salienta que a consagração do carácter cumulativo do dividendo não implica «uma transfiguração da acção sem voto. Ela não confere direito a um "juro da acção", já que o dividendo prioritário e a sua cobertura ulterior só podem ser efectivamente pagos, na existência dos correspectivos lucros distribuíveis». Do que escrevemos em texto decorre que não acompanhamos a crítica de BAPTISTA, Daniela Farto (2016), ob. cit., p. 427, quanto à alegada falta de elucidação da alteração de 2015 sobre qual o dividendo a ser preterido (se o prioritário ou o não prioritário). De facto, em nosso entender, a norma em análise apenas se refere ao dividendo prioritário – já que este dividendo é o único que, a não ser pago, tem como consequência o surgimento do direito de voto na esfera do acionista preferencial –, pelo que a obrigação de pagamento ordenado dos dividendos em atraso prevista no n.º 2 do art. 342.º apenas pode respeitar este dividendo específico.

[60] Concordamos com os que defendem que o dividendo não pago apenas se cumula com o do exercício seguinte quando a ausência de pagamento decorra da inexistência ou insuficiência de lucros distribuíveis e já não quando decorra de um incumprimento do dever de pagamento – v. CASTRO, Carlos Osório de (1998), ob. cit., p. 119; MARQUES, Elda (2012b), ob. cit., p. 694.

[61] CASTRO, Carlos Osório de (1994). «Participação no Capital das Sociedades Anónimas e Poder de Influência: Breve relance». *RDES, ano XXXVI, n.º 4*, p. 346, n. 19, adianta ser de equacionar

aquisição do direito de voto; por agora, importa apenas referir que as ações preferenciais às quais seja atribuído o direito de voto não se convertem em ações ordinárias, mantendo as vantagens patrimoniais que lhes estão associadas[62]. Em consequência, se forem pagos os dividendos prioritários em atraso, as ações preferenciais perderão, no exercício seguinte, o direito de voto que lhes havia sido (temporariamente) conferido[63].

3.2. *Direito ao reembolso prioritário*

O segundo dos privilégios conferidos às ações preferenciais sem voto está igualmente plasmado no n.º 2 do artigo 341.º: o direito ao *«reembolso prioritário* do seu valor nominal ou do seu valor de emissão na liquidação da sociedade». Os titulares de ações preferenciais têm garantido que, no caso de liquidação da sociedade, recebem desta, com prioridade, o reembolso do valor nominal das suas ações, o que lhes permite recuperar o seu investimento antes dos restantes acionistas (com voto) [64]. Mais uma vez, estamos perante um reembolso antecipado, prévio[65]: a sociedade dissolvida e em processo de liquidação (artigo 146.º), depois de proceder ao pagamento de todas as dívidas (artigo 154.º), deverá iniciar a partilha do ativo restante – o ativo de liquidação –, nos termos previstos no n.º 2 do artigo 156.º, começando pelo reembolso aos acionistas preferenciais; apenas depois

---

a hipótese de serem estatutariamente previstas limitações de voto [nos termos permitidos pelo art. 386.º, n.º 2, al. b)].

[62] Assim, LABAREDA, João (1988), ob. cit., pp. 61-62; VENTURA, Raúl (1992), ob. cit., pp. 444-445; CASTRO, Carlos Osório de (2002), ob. cit., p. 308; MARQUES, Elda (2012b), ob. cit., pp. 698-699.

[63] PERES, J. J. Vieira (1988), ob. cit., p. 386, admite o recurso à figura dos adiantamentos sobre os lucros de exercício como forma de antecipar a «preclusão do direito de voto e a retoma das relações de maioria anteriormente existentes». Todavia, como bem assinala BAPTISTA, Daniela Farto (2016), ob. cit., pp. 428-429, essa foi (mais) uma questão que ficou por esclarecer com a alteração de 2015.

[64] Ou, tratando-se de ações sem valor nominal, o seu valor de emissão. Alertando para a necessidade de revisão do n.º 1 do art. 341.º (também não aproveitada pela alteração de 2015), atenta a sua discrepância com o art. 156.º relativamente ao critério a aplicar ao reembolso, v. CUNHA, Paulo Olavo (2011). «Aspectos Críticos da Aplicação Prática do Regime das Acções sem Valor Nominal». In DOMINGUES, Paulo de Tarso e CARVALHO, Maria Miguel (Coord.). *Capital Social Livre e Acções sem Valor Nominal.* Coimbra: Almedina, pp. 149-150.

[65] Neste sentido, v., por todos, PERES, J. J. Vieira (1988), ob. cit., pp. 362-363.

de satisfeito o direito ao reembolso prioritário se procederá ao reembolso do montante das entradas realizadas pelos demais acionistas, apurando-se então o lucro final ou de liquidação[66]. Se a sociedade não tiver, no momento da liquidação, ativo suficiente que permita o reembolso integral do valor nominal (ou de emissão) de todas as ações preferenciais sem direito de voto, o n.º 1 do artigo 342.º determina que deverá ser seguido o critério de rateio já mencionado a propósito da insuficiência de lucros para o pagamento integral do dividendo prioritário: o montante do ativo de liquidação será repartido proporcionalmente pelos acionistas preferenciais[67].

Existindo lucro final ou de liquidação, este seria, nos termos previstos na regra geral do n.º 4 do artigo 156.º, repartido por todos os acionistas (com e sem voto). Porém, a alteração de 2015 veio excluir do leque de direitos inerentes às ações preferenciais sem voto o direito a participar no lucro de liquidação (por força da alteração do n.º 5 do artigo 341.º). Deste modo, existindo lucro final de liquidação, este será distribuído apenas pelos acionistas titulares de outras ações da sociedade, nada recebendo, a este título, os acionistas preferenciais.

3.3. As ações preferenciais "específicas"

A alteração de 2015 introduziu duas referências normativas (o n.º 4 do artigo 341.º e o n.º 4 do artigo 342.º) especificamente dirigidas a um tipo particular de ações preferenciais sem direito de voto – as ações preferenciais sem direito de voto "de nova geração"[68], ou, como preferimos, "específicas".

Pretendendo o legislador «a credibilização do instrumento e [a] proteção do investidor»[69] a subscrição deste tipo de ações preferenciais está reservada aos *investidores qualificados*[70], não podendo ser admitidas à negociação em

---

[66] Entende-se por lucro final ou de liquidação «o lucro que se apura no termo da sociedade, quando esta se liquida, e que consiste no excedente do património social líquido sobre a cifra do capital social» – DOMINGUES, Paulo de Tarso (2009). *Variações sobre o Capital Social*. Coimbra: Almedina, p. 284, n. 1080.

[67] MARQUES, Elda (2012), ob. cit., p. 669, chama a atenção para a limitação da obrigação de quinhoar nas perdas que decorre do direito ao reembolso prioritário nos casos em que os restantes acionistas não consigam o reembolso das suas entradas (que a A. considera não violar o disposto no n.º 3 do art. 22.º).

[68] A expressão é de MARQUES, Elda (2015), ob. cit., *passim*.

[69] V. Preâmbulo do DL n.º 26/2015, de 06 de fevereiro.

[70] Pelo que a subscrição de ações preferenciais sem direito de voto "específicas" será forçosamente efetuada na sequência de uma oferta particular [al. a) do n.º 1 do art. 110.º do CVM].

mercado regulamentado[71]. Na definição de investidores qualificados, o CSC remete para o CVM, concretamente para o artigo 30.º que, no n.º 1, contém um elenco das entidades às quais se atribui esta qualificação[72]. Tendo em consideração a maleabilidade conferida às sociedades na conformação do regime jurídico das ações preferenciais sem direito de voto "específicas", que veremos de seguida, a sua subscrição por não profissionais pode, efetivamente, representar um risco acrescido para o acionista. Cremos que não é alheio a esta inusitada limitação legislativa o imbróglio, ainda pendente à data da redação deste estudo, sobre a subscrição de papel comercial do Grupo Espírito Santo[73] (o que, aliás, não se estranha, atendendo a que temos assistido, nos últimos anos, a uma miríade de diplomas legais cujas soluções decorrem de casos mediáticos ocorridos pouco tempo antes)[74].

---

[71] Esta restrição pode ser vista como um mecanismo tendente a evitar que as ações preferenciais sejam subscritas por investidores não qualificados – assim o entendem MARQUES, Elda (2015), ob. cit., p. 231 e BAPTISTA, Daniela Farto (2016), ob. cit., pp. 435-436.

[72] Consideram-se investidores qualificados, nos termos do elenco constante do n.º 1 do art. 30.º do CVM: as instituições de crédito, as empresas de investimento, as empresas de seguros, as instituições de investimento coletivo e respetivas sociedades gestoras, os fundos de pensões e respetivas sociedades gestoras, outras instituições financeiras, os governos nacionais e regionais, os bancos centrais e os organismos públicos que administram a dívida pública e ainda algumas instituições supranacionais ou internacionais, designadamente o BCE, o BEI, o FMI e o BM (v., ainda, os arts. 317.º-A a 317.º-C do CVM). Os investidores qualificados são, portanto, entidades profissionais do mercado financeiro, que estão [ou devem estar] mais informados relativamente aos riscos associados à subscrição de determinados instrumentos financeiros. Sobre a noção de investidor qualificado, v. RODRIGUES, Sofia Nascimento (2001). *A Protecção dos Investidores em Valores Mobiliários*. Coimbra: Almedina, p. 18.

[73] Sobre o assunto, v. nomeadamente, o Comunicado do Conselho de Administração da CMVM de 20 de fevereiro de 2015, disponível em *www.cmvm.pt/pt/Comunicados/Pages/20150420.aspx* [consultado em 05.01.2017] e o Comunicado do Banco de Portugal, de 13 de fevereiro de 2015, disponível em *www.bportugal.pt/pt-PT/OBancoeoEurosistema/ComunicadoseNotasdeInformacao/Paginas/combp20150213.aspx* [consultado em 05.01.2017].

[74] O regime jurídico das obrigações, igualmente alterado pelo DL n.º 26/2015, de 06 de fevereiro, passou a prescrever, na al. e) do n.º 4 do art. 349.º que, quando as obrigações sejam integralmente subscritas por investidores qualificados, a sua emissão não necessita cumprir os requisitos estabelecidos no n.º 1 do art. 349.º. Antes disso, apenas o regime jurídico do papel comercial, constante do DL n.º 69/2004, de 25 de março, estabelecia uma diferenciação de regime na emissão de papel comercial integralmente subscrito por investidores qualificados [art. 4, n.º 2, al. b)].

No que respeita à conformação do regime das ações preferenciais destinadas especificamente aos investidores qualificados, o n.º 4 do artigo 341.º confere à sociedade emitente uma enorme maleabilidade, permitindo que o contrato de sociedade possa prever que as mesmas contemplem apenas o direito ao dividendo prioritário, «não participando do remanescente dos dividendos a atribuir a todas as ações». Já vimos que as ações preferenciais sem direito de voto conferem o direito a um dividendo prioritário, ou seja, a «uma prioridade no seu recebimento face aos demais acionistas» (artigo 341.º, n.º 3, parte inicial). Vimos também que o contrato de sociedade pode estabelecer que este dividendo prioritário corresponda, também, a um dividendo adicional, que «deve acrescer aos dividendos a atribuir a cada acionista» (artigo 341.º, n.º 3, parte final). Do disposto no n.º 4 do artigo 341.º decorre que, no que respeita às ações preferenciais "específicas", o dividendo prioritário pode consistir num *dividendo único, máximo* e (quase) certo, porque sempre correspondente a uma percentagem do valor nominal das ações (ou, na sua falta, do respetivo valor de emissão) e apenas dependente da existência de lucros distribuíveis.

O n.º 4 do artigo 342.º estabelece igualmente a possibilidade de o contrato de sociedade definir alguns outros aspetos do regime jurídico das ações preferenciais "específicas", concretamente: *(a)* a alteração ou mesmo a eliminação do regime previsto no n.º 2 do artigo 342.º para o pagamento de dividendos de exercícios anteriores; *(b)* a previsão de perda do dividendo prioritário correspondente a exercícios em que a sociedade não tenha gerado lucros distribuíveis; *(c)* a possibilidade de as ações preferenciais serem convertidas em ações ordinárias quando se verifique a «deterioração da situação financeira da sociedade que ponha em causa o pagamento do dividendo prioritário»; e *(d)* a alteração do número de exercícios sociais estabelecido para o pagamento dos dividendos prioritários em atraso (até ao máximo de cinco exercícios[75]), sob pena de atribuição do direito de voto[76].

---

[75] Para estas ações, o número de exercícios contratualmente estabelecido para o pagamento do dividendo prioritário que se mostrar em atraso pode ser inferior a três (ao contrário do que se estabelece no n.º 2 do art. 342.º para as ações preferenciais ditas "clássicas"), havendo apenas o limite máximo legal de cinco exercícios.

[76] Por tudo isto, BAPTISTA, Daniela Farto (2016), ob. cit., p. 436, questiona-se sobre se estas ações não constituem, afinal, «ações não preferenciais ou diminuídas».

3.4. Os restantes direitos

O anterior n.º 3 do artigo 341.º referia, a propósito dos direitos inerentes às ações preferenciais sem direito de voto, que as mesmas gozavam «de todos os direitos inerentes às ações ordinárias». Com a alteração de 2015, este dispositivo, que constitui agora o n.º 5 do mesmo artigo 341.º, passou a referir o seguinte:

> «As ações preferenciais sem voto conferem, além dos direitos de natureza patrimonial previstos nos números anteriores, todos os direitos de natureza não patrimonial inerentes às ações ordinárias, com exceção do direito de voto» (sublinhado nosso).

Resulta agora claro, pelo menos no que decorre da análise do elemento literal da norma, que as ações preferenciais sem direito de voto não têm outros direitos de conteúdo patrimonial para além dos que resultam do seu regime específico, e que se resumem, afinal, ao direito a participar nos lucros remanescentes, depois de pago o dividendo prioritário (o *dividendo participante*)[77].

De facto, o direito ao reembolso prioritário do valor das ações, consistindo apenas no direito de recebimento "antecipado" do valor nominal (ou de emissão) das ações no momento da liquidação da sociedade, não comporta qualquer direito ao lucro de liquidação [*v.* artigos 21.º, n.º 1, al. a) e 156.º, n.º 4]; assim, este direito patrimonial deve considerar-se excluído do leque de direitos conferidos às ações preferenciais sem direito de voto, por força da nova redação do n.º 5 do artigo 341.º.

No que respeita ao direito de preferência na subscrição de novas ações em aumentos de capital previsto no artigo 458.º[78], era muito discutida, até

---

[77] *V.* art. 21.º, n.º 1, al. a) e art. 294.º. As ações preferenciais sem direito de voto "específicas" podem, como vimos, conferir apenas o direito ao dividendo prioritário, sem participarem no remanescente dos dividendos (art. 341.º, n.º 4); desta circunstância decorre, para o que agora nos interessa, não estarem conferidos a estas ações outros direitos de natureza patrimonial; neste sentido, *v.* MARQUES, Elda (2015), ob. cit., pp. 234-235.

[78] O raciocínio adiante desenvolvido em texto é válido apenas para os que, como nós, consideram o direito de preferência dos acionistas na subscrição de aumentos de capital como integrando o conjunto de direitos patrimoniais inerentes à participação social. Para os que, como VASCONCELOS, Pedro Pais de (2014). *A Participação Social nas Sociedades Comerciais* (2.ª ed.). Coimbra: Almedina, p. 70, integram este direito no conjunto de direitos administrativos

à alteração de 2015, a preferência dos acionistas preferenciais na subscrição de novas ações ordinárias da sociedade (por força do artigo 458.º, n.º 4) e a consequente diluição da posição relativa dos acionistas ordinários[79], tendo sido defendida uma interpretação restritiva desta norma como forma de obstar à diminuição do poder dos acionistas ordinários em consequência do direito de preferência dos acionistas preferenciais na subscrição de ações ordinárias, propugnando a sua aplicação apenas quando as ações a emitir na sequência do aumento fossem de uma única categoria[80].

Com a consagração legal de que os direitos patrimoniais conferidos às ações preferenciais sem direito de voto se resumem ao direito ao dividendo participante, efetuada pela alteração de 2015, declara-se, em nosso entender, a supressão total do direito de preferência dos acionistas preferenciais sem voto, qualquer que seja a categoria de ações a emitir na sequência do aumento. Sem prejuízo do que acabou de dizer-se, a verdade é que o direito de preferência apenas pode ser limitado ou suprimido quando diga respeito a um concreto aumento de capital (o denominado direito concreto ou atual de preferência)[81], sendo nula qualquer deliberação que suprima ou limite o direito abstrato de preferência[82].

(ou políticos), ou para os que, como BAPTISTA, Daniela Farto (2016), ob. cit., p. 423, reconhecem a este direito uma dupla vertente, patrimonial e administrativa, a problemática acima não foi solucionada pela alteração de 2015, já que os acionistas preferenciais não têm qualquer limitação quanto aos direitos organizativos.

[79] V., entre outros, VENTURA, Raúl (1992), ob. cit., pp. 439-440; ALBUQUERQUE, Pedro de (1993). *Direito de Preferência dos Sócios em Aumentos de Capital nas Sociedades Anónimas e por Quotas*. Coimbra: Almedina, p. 187, n. 178; VASCONCELOS, Maria João S. Pestana de (2007), ob. cit., pp. 520-522; DOMINGUES, Paulo de Tarso (2013). «Artigo 458.º». In ABREU, J. M. Coutinho de (Coord.). *Código das Sociedades Comerciais em Comentário* (Volume VI). Coimbra: Almedina, pp. 989-991.

[80] V. PERES, J. J. Vieira (1988), ob. cit., pp. 390-393; REBELO, João Ferreira (2011), ob. cit., pp. 248-
-249; MARQUES, Elda (2012), ob. cit., pp. 623-632. DOMINGUES, Paulo de Tarso (2009), ob. cit., p. 486, chama a atenção para o facto de o art. 458.º, n.º 4 não assegurar «a manutenção da "quota de participação" dos sócios na sociedade», sendo necessário o «recurso, a montante, de outras medidas, nomeadamente [a] aprovação de uma deliberação por parte dos sócios, que assegure um aumento proporcional das diferentes categorias de acções».

[81] Nos termos e condições previstos nos n.ºs 2 e ss. do art. 460.º.

[82] V. art. 56.º, n.º 1, al. d). Neste sentido, v. VASCONCELOS, Maria João S. Pestana de (2007), ob. cit., p. 514; DOMINGUES, Paulo de Tarso (2013a). «Artigo 460.º». In ABREU, J. M. Coutinho de (Coord.). *Código das Sociedades Comerciais em Comentário* (Volume VI). Coimbra: Almedina, p. 998 e referências bibliográficas da n. 5.

Concluindo o nosso raciocínio, entendemos que, sendo o direito de preferência na subscrição de novas ações em aumentos de capital por entradas em dinheiro um direito patrimonial, o novo n.º 5 do artigo 341.º exclui este direito do conjunto de direitos atribuídos aos titulares de ações preferenciais sem direito de voto. Temos, contudo, temos sérias reservas acerca da legalidade da supressão total deste direito de preferência dos acionistas preferenciais, atendendo à impossibilidade (prevista no n.º 1 do artigo 460.º) de supressão do direito abstrato de preferência[83].

a) O direito de voto

As ações preferenciais sem direito de voto, como o seu nome indica, não conferem ao seu titular o direito de voto; a privação deste direito constitui, assim, a contrapartida da atribuição dos direitos ao dividendo e ao reembolso prioritários, já analisados, e decorre claramente da parte final do n.º 5 do artigo 341.º[84]. Em consequência, estas ações são desconsideradas no que respeita ao cálculo da representação de capital exigida pela lei ou pelos estatutos para as deliberações dos acionistas (artigo 341.º, n.º 6), à semelhança do que acontece (ainda que com um regime de "suspensão de direitos" mais abrangente) com as ações próprias pertencentes à sociedade [*v.* artigo 324.º, n.º 1, al. a)][85].

---

[83] *V.* MARQUES, Elda (2015), ob. cit., p. 235. Refira-se, contudo que, admitindo-se a supressão do direito de preferência do leque de direitos das ações preferenciais sem voto, o consentimento exigido pelo art. 24.º, n.º 5, não deixa de ser exigível, sempre que as novas ações limitem ou coartem os direitos já existentes; sobre a articulação entre o direito de preferência e o consentimento, *v.* ALBUQUERQUE, Pedro de (1993), ob. cit., p. 291, n. 94.

[84] «O sócio restringe o seu poder de participação, pela ablação do elemento mais significativo, o voto; mas em compensação reforça o valor patrimonial por obtenção de posição privilegiada na repartição do lucro e no reembolso do valor nominal em caso de liquidação da sociedade» – ASCENSÃO, José de Oliveira (2000), ob. cit., p. 71.

[85] A propósito da nova redação do art. 341.º, n.º 6, BAPTISTA, Daniela Farto (2016), ob. cit., p. 429, lamenta que a alteração de 2015 não tenha esclarecido se existem outras circunstâncias em que as ações preferenciais não devam ser contabilizadas, dando como exemplo o que decorre do art. 448.º, n.º 1 relativamente à publicidade das participações. Do nosso ponto de vista, a "omissão" tem um efeito claro: atendendo a que a desconsideração de uma participação social só poderá acontecer nos casos expressamente previstos pela lei, ela circunscreve-se às situações contempladas no n.º 6 do art. 341.º.

É, contudo, possível que estas ações sejam dotadas de direito de voto, ainda que temporariamente[86]. Com efeito, o artigo 342.º, n.º 3 determina que, não sendo pago integralmente o dividendo prioritário durante dois exercícios, as ações preferenciais passam a conferir direito de voto, nos mesmos termos que as ações ordinárias, e só o perdem no exercício seguinte àquele em que os dividendos em atraso tiverem sido pagos[87].

J. J. Vieira Peres analisou detalhadamente, à luz do regime vigente em 1988, os pressupostos de que, em seu entender e atendendo à ausência de previsão legal expressa a este respeito, depende a recuperação do direito de voto pelos acionistas titulares de ações preferenciais sem voto, tendo elencado os seguintes: desde logo, é necessário que o não pagamento do dividendo prioritário não decorra de facto fortuito, mas seja revelador de «uma situação da sociedade financeiramente preocupante»[88]; para além disso, é preciso, ainda, que o dividendo de um determinado exercício não seja pago e que, no ano seguinte, o dividendo desse exercício também não tenha sido integralmente pago (ainda que o dividendo do exercício anterior possa ser totalmente liquidado)[89]; por fim, tem de constatar-se a inexistência de lucros suficientes para o pagamento do dividendo do exercício (ou para pagamento do dividendo em atraso), o que, no entender do ilustre A., só acontecerá com a deliberação de aprovação do relatório de gestão e das contas do exercício[90]. Preenchidos estes pressupostos, os acionistas preferenciais adquirirão o direito de voto e poderão exercê-lo na AG que se seguir à de aprovação de contas[91]. Enquanto for conferido

---

[86] Aquilo que Abreu, J. M. Coutinho de (2002), ob. cit., p. 230, n. 48, chama de direito de voto «condicionado» ou «latente». A possibilidade de o direito de voto ser recuperado (nas condições do art. 342.º, n.º 3) é qualificada por Castro, Carlos Osório de (1994), ob. cit., p. 345, como «elemento contingente».

[87] Marques, Elda (2012b), ob. cit., p. 694, defende a imperatividade do artigo; com a alteração de 2015, a imperatividade terá de circunscrever-se às ações preferenciais ditas "clássicas", porquanto o contrato de sociedade pode prever um número de exercícios sociais diverso [não superior a cinco – art. 342.º, n.º 4, al. d)] para que as ações preferenciais "específicas" confiram direito de voto em consequência da falta de pagamento do dividendo prioritário.

[88] Peres, J. J. Vieira (1988), ob. cit., p. 379.

[89] Idem, p. 383. Diferentemente, Castro, Carlos Osório de (2002), ob. cit., p. 307, exige o não pagamento do dividendo durante dois anos diferentes (e consecutivos).

[90] Peres, J. J. Vieira (1988), ob. cit., p. 384.

[91] Entendendo que a recuperação do direito de voto «não depende da causa ou razão para o não pagamento do dividendo prioritário», v., inter alia, Ventura, Raúl (1992), ob. cit.,

às ações preferenciais o direito de voto, nos termos acima mencionados, o n.º 6 do artigo 341.º não tem, naturalmente, aplicação, contando estas ações para a determinação dos quóruns constitutivo e deliberativo[92].

O que mudou com a alteração de 2015? Pouco, de facto.

Desde logo, continua por esclarecer se o não pagamento do dividendo prioritário confere em qualquer caso, o direito de voto, abstraindo-se das razões que o motivaram, nomeadamente quando estejam em causa atos fortuitos, atos de gestão danosa ou violações dos deveres legais que o artigo 64.º faz impender sobre os órgãos de administração da sociedade, embora nos pareça que apenas o primeiro caso (o de ato fortuito) pode justificar a não aplicação do n.º 3 do artigo 342.º. Com efeito, não podemos esquecer que, estando privados do direito de voto, os acionistas preferenciais não intervêm na eleição dos órgãos de administração, que são nomeados exclusivamente pelos acionistas votantes. Por outro lado, esses acionistas votantes poderão deter o controlo da sociedade (não só, mas eventualmente também) porque os acionistas preferenciais aceitaram ser privados do direito de voto ao subscreverem as ações, sabendo bem que a contrapartida dessa privação do direito de voto consiste no pagamento anual do dividendo prioritário. Por isso, no momento da eleição dos membros dos órgãos de administração, os acionistas votantes devem ser particularmente criteriosos na escolha dos administradores, garantindo (tanto quanto possível) que os mesmos apresentam disponibilidade, competência técnica e conhecimento da atividade e que exercerão o seu cargo com a diligência, cuidado e lealdade

---

pp. 441-442; em sentido contrário, defendendo que a consequência do art. 342, n.º 3 só é aplicável quando o não pagamento do dividendo prioritário fique a dever-se à ausência de lucros para o efeito, v. LABAREDA, João (1988), ob. cit., p. 61; CORDEIRO, António Menezes (2011a). «Artigo 342.º». In CORDEIRO, António Menezes (Coord.). *Código das Sociedades Comerciais Anotado* (2.ª ed.). Coimbra: Almedina, pp. 915-916.

[92] VENTURA, Raúl (1992), ob. cit., pp. 450-451 e PERES, J. J. Vieira (1988), ob. cit., pp. 340-343, analisam a natureza jurídica das ações preferenciais sem direito de voto como verdadeiras ações, atenta a privação do direito de voto, concluindo que a natureza jurídica destas ações decorre da sua qualificação legal, e que o direito de voto está suspenso como contrapartida de uma vantagem patrimonial que, não se concretizando, determina a atribuição do direito de voto àquelas ações. Também MARTINS, Alexandre de Soveral (2006). *Cláusulas do Contrato de Sociedade que limitam a Transmissibilidade das Acções – sobre os arts. 328.º e 329.º do CSC*. Coimbra: Almedina, pp. 106-107, considera que a qualidade de sócio do titular de ações preferenciais sem direito de voto não pode ser posta em causa atento o facto de estas ações conferirem um direito de voto suspenso.

que lhes são legalmente exigidas, sob pena de, não o fazendo, sofrerem as consequências do erro cometido aquando da eleição, ou seja, a alteração do poder societário e, eventualmente, a perda do controlo da sociedade decorrente da aquisição do direito de voto pelos acionistas preferenciais.

Também se mantém por clarificar se os exercícios sociais relevantes para efeitos de aquisição do direito de voto pelos acionistas preferenciais deverão ser consecutivos ou se podem ser interpolados. Neste particular, alinhamos com os AA. que defendem a consecutividade dos exercícios, por considerarmos ser «necessária uma certa continuidade»[93].

Em nossa opinião, a alteração de 2015 veio apenas, atento o teor do novo n.º 5 do artigo 342.º, esclarecer qual o momento em que as ações preferenciais passam a conferir direito de voto. De facto, este artigo determina que a existência de lucros distribuíveis implica o pagamento obrigatório do dividendo prioritário. Já vimos, também, que a constatação da existência de lucros distribuíveis acontece no momento da aprovação do balanço (e das contas) de exercício que a revele, que acontecerá na AG anual[94]. Ora, se antes da aprovação do relatório de gestão e das contas do exercício não é possível constatar a existência de lucros distribuíveis – nem o seu montante – e sem lucro distribuível não há direito a dividendo prioritário (*v.* n.º 2 do artigo 341.º), resulta claro que a impossibilidade de pagamento do dividendo só pode ser concluída depois de aprovadas, pela AG, as contas do exercício que, pelo segundo exercício (consecutivo, entendemos nós), revele tal impossibilidade, por inexistência de lucros em montante suficiente que permita o pagamento integral do dividendo prioritário. Sendo assim, apenas na AG que se seguir à que acabou de referir-se é que os acionistas preferenciais poderão exercer o direito de voto, conferido nos termos do n.º 3 do artigo 342.º[95].

---

[93] BAPTISTA, Daniela Farto (2016), ob. cit., p. 427.

[94] *Vide, supra,* ponto 3.1. Note-se que, como bem explica GOMES, Fátima (2011), ob. cit., p. 44, «[o] apuramento do lucro distribuível envolve operações contabilísticas, diversas, que tomam como ponto de partida o resultado positivo do exercício anual (lucro do exercício), ao qual são deduzidos certos montantes impostos pela lei, pelos estatutos e pela decisão dos sócios [...] [acrescidos d]as reservas acumuladas ou [d]os lucros dos anos anteriores, em relação aos quais não se estabeleceu um destino específico. O valor apurado no final desta complexa operação designa-se, então, lucro distribuível. É nessa acepção que se fala de lucro nos arts. 32.º e 33.º do nosso CSC».

[95] Entendendo diferentemente, no sentido de que a alteração de 2015 não foi esclarecedora no que respeita ao momento em que os acionistas adquirem o direito de voto, *v.* BAPTISTA, Daniela Farto (2016), ob. cit., p. 428.

A possibilidade de aquisição do direito de voto pelos titulares de ações preferenciais sem voto é, como acima referimos, uma das desvantagens apontadas a esta categoria de ações, na medida em que o voto em potência que lhes está conferido origina um risco de variação de poder – e até de controlo na sociedade (já que esta categoria de ações pode representar até 50% do capital social da sociedade) –, o que poderá ter implicações relevantes, nomeadamente ao nível da definição da estratégia de condução dos negócios da sociedade e mesmo da composição da administração. É certo que, como já notámos, os acionistas preferenciais são, por via de regra, investidores pouco interessados no comando da sociedade e mais empenhados na obtenção de rendimento do investimento realizado; contudo, vendo gorada a expectativa de rendimento (por ausência de pagamento do dividendo prioritário) e sendo-lhes atribuído o direito de voto, poderão estes acionistas ter interesse em interferir na condução dos negócios sociais com o objetivo de verem aumentados os seus lucros, alterando-se em consequência os equilíbrios sociais existentes até ao momento.

Consciente desta desvantagem, o legislador de 2015 procurou minorar os efeitos da falta de pagamento do dividendo prioritário no equilíbrio de poderes existente dentro da sociedade, estabelecendo, relativamente às ações preferenciais sem direito de voto "específicas", duas possibilidades de se obviar à aquisição do direito de voto: por um lado, passa a ser possível que o contrato de sociedade, relativamente a estas ações preferenciais, preveja um número de exercícios superior (até cinco exercícios) para que a falta de pagamento do dividendo prioritário confira a atribuição do direito de voto aos acionistas preferenciais; por outro lado, o contrato de sociedade pode determinar a conversão destas ações em ações ordinárias quando a situação financeira da sociedade se deteriore e nas circunstâncias especificadas nas condições da emissão [artigo 342.º, n.º 4, als. c) e d)][96].

b) O direito de participação na AG

Aos titulares de ações preferenciais sem direito de voto é ainda assegurado supletivamente o direito de participação na AG, incluindo o direito de

---

[96] BAPTISTA, Daniela Farto (2016), ob. cit., p. 429, entende que a alteração de 2015 deveria ter regulado, também e entre outras matérias, a possibilidade de conversão de ações preferenciais em ordinárias com o consentimento dos titulares.

intervenção na mesma (não lhes sendo permitido, contudo, como já vimos, o exercício do direito de voto). Quando o contrato de sociedade impeça estes acionistas de estarem presentes nas assembleias da sociedade[97], eles serão representados por um de entre eles – i. e., também um acionista preferencial, nos termos do que determina o n.º 1 do artigo 343.º[98]. O n.º 2 do artigo 343.º remete para o artigo 358.º, respeitante ao regime das obrigações, quanto à forma de designação e de destituição (por deliberação em assembleia especial ou pelo tribunal) do representante comum[99]. Se as ações preferenciais passarem a conferir direito de voto, os seus titulares passam, por inerência, a ter direito a estarem presentes na AG, ainda que o contrato de sociedade contenha norma elaborada ao abrigo da faculdade conferida pelo n.º 1 do artigo 343.º.

c) Os demais direitos organizativos

Os titulares das ações preferenciais sem direito de voto são ainda detentores dos direitos organizativos (ou políticos) – os direitos de natureza não patrimonial – inerentes às suas ações[100]. Os AA. não são, no entanto,

---

[97] V. n.º 2 do art. 379.º.

[98] Com aberta crítica à obrigação de existência de um representante por cada emissão de ações preferenciais sem direito de voto e propugnando uma interpretação atualista do preceito legal, que substitua a palavra *emissão* por *categoria*, v. MARQUES, Elda (2012c). «Artigo 343.º». In ABREU, J. M. Coutinho de (Coord.). *Código das Sociedades Comerciais em Comentário* (Volume V). Coimbra: Almedina, p. 704.

[99] Sobre as regras aplicáveis à designação e destituição do representante comum, v. CUNHA, Paulo Olavo (1993), ob. cit., p. 163. Defendendo a aplicação analógica do regime do art. 359.º ao representante comum dos acionistas preferenciais sem direito de voto, v. CORDEIRO, António Menezes (2011b). «Artigo 343.º». In CORDEIRO, António Menezes (Coord.). *Código das Sociedades Comerciais Anotado* (2.ª ed.). Coimbra: Almedina, p. 916.

[100] Direitos organizativos ou políticos são os direitos que «visam habilitar o sócio a participar na vida e no governo da sociedade» – ANTUNES, José Engrácia (2011). *Direito das Sociedades* (2.ª ed.). Porto: [s.n.], p. 383. VASCONCELOS, Pedro Pais de (2014), ob. cit., p. 69, prefere designar o conjunto de situações ativas que compõem a posição jurídica do sócio de «poderes», por considerar que «correspondem à disponibilidade de meios jurídicos para a prossecução do fim próprio do direito subjetivo global do sócio». ABREU, J. M. Coutinho de (2002), ob. cit., p. 206, divide os direitos inerentes à participação social, de acordo com a função a que se destinam, em «direitos de participação (nas deliberações sociais e em órgãos de administração e de fiscalização), direitos patrimoniais (direito a quinhoar nos lucros, direito de preferência, direito à quota de liquidação) e direitos de controlo (direito de informação, direitos de ação judicial)». CASTRO,

unânimes na determinação do âmbito dos direitos políticos conferidos a estas ações.

Em nossa opinião, as ações preferenciais sem direito de voto conferem aos seus titulares o direito a requerer a convocação de AG[101], o direito a requerer a inclusão de assuntos na ordem do dia[102], o direito a apresentar propostas em AG[103], o direito a participar na discussão[104], o direito a ser designado ou eleito para cargos sociais[105], o direito à informação (previsto no artigo 288.º)[106], o direito a obter informações na AG (nos termos do artigo 290.º)[107], o direito a impugnar deliberações sociais inválidas[108], o direito a propor ações de responsabilidade contra administradores e a requerer a destituição judicial[109], o direito a propor ação social de responsabilidade[110] e o direito a requerer judicialmente a nomeação de membro em falta do conselho fiscal[111].

Carlos Osório de (1998), ob. cit., pp. 88-93, identifica, para além dos direitos políticos ou de contrato e dos direitos patrimoniais, um terceiro feixe de direitos, que denomina de auxiliares, e nos quais insere o direito à livre transmissibilidade das ações e o direito à emissão dos títulos ou à abertura de contas representativas.

[101] V. ABREU, J. M. Coutinho de (2002), ob. cit., p. 230, n. 49; em sentido contrário, v. PERES, J. J. Vieira (1988), ob. cit., pp. 356-357.

[102] V. VENTURA, Raúl (1992), ob. cit., p. 436; ABREU, J. M. Coutinho de (2002), ob. cit., p. 230, n. 49; em sentido contrário, v. PERES, J. J. Vieira (1988), ob. cit., pp. 356-357.

[103] V., ABREU, J. M. Coutinho de (2002), ob. cit., p. 231, n. 49; em sentido contrário, v. VENTURA, Raúl (1992), ob. cit., p. 437.

[104] V. VENTURA, Raúl (1992), ob. cit., p. 436; MARTINS, Alexandre de Soveral (2012). «Artigo 290.º». In ABREU, J. M. Coutinho de (Coord.). *Código das Sociedades Comerciais em Comentário* (Volume V). Coimbra: Almedina, p. 207.

[105] V. VENTURA, Raúl (1992), ob. cit., p. 435; CASTRO, Carlos Osório de (2002), ob. cit., p. 309.

[106] V. PERES, J. J. Vieira (1988), ob. cit., p. 358, n. 95; CORDEIRO, Menezes (2011), ob. cit., p 914.

[107] Pelo menos quando for conferido aos acionistas preferenciais o direito de assistirem às AG e mesmo que os estatutos limitem o direito a participar na discussão dos assuntos da ordem do dia: nesse sentido, v. MARTINS, Alexandre de Soveral (2012), ob. cit, pp. 206-207; o A., *Ibidem*, a p. 208, declara que o direito de obter informações em AG deve ser, igualmente, conferido ao representante dos acionistas preferenciais, quando os estatutos da sociedade usem da faculdade permitida pelo n.º 1 do art. 343.º.

[108] V. PERES, J. J. Vieira (1988), ob. cit., p. 357; CASTRO, Carlos Osório de (2002), ob. cit., p. 309.

[109] V. PERES, J. J. Vieira (1988), ob. cit., p. 358; CUNHA, Paulo Olavo (1993), ob. cit., p. 165.

[110] V. PERES, J. J. Vieira (1988), ob. cit., p. 357.

[111] V. *Ibidem*, p. 358.

4. As ações preferenciais sem direito de voto como mecanismo de financiamento de sociedades

A emissão de ações preferenciais sem direito de voto assenta em dois pressupostos: por um lado, a existência de acionistas que procuram apenas obter o melhor retorno do seu investimento, sem qualquer interesse na participação ativa nos negócios da sociedade; por outro lado, a consideração destas ações como um produto financeiro, a ser utilizado pelas sociedades como fonte de financiamento[112]. Deste modo, subjacentes ao regime das ações preferenciais sem direito de voto estão as preocupações do investidor, que «tem maior apetência pela perspectiva de um dividendo mínimo garantido do que por uma intervenção na gestão da sociedade» e, a par destas, também as preocupações do empresário, que «pretende não abrir mão do controlo da actividade desenvolvida, para a qual no entanto precisa captar capitais»[113].

Para aferir da efetiva apetência desta categoria de ações para desempenhar uma função de financiamento, importa portanto analisar as principais caraterísticas da figura, por referência aos interesses de cada um dos sujeitos desta equação: os investidores, os acionistas controladores e a sociedade emitente.

Já vimos que a percentagem mínima do dividendo prioritário não deverá ser inferior a 1% do valor nominal ou de emissão das ações. Esta alteração, introduzida em 2015, confere às sociedades emitentes de ações preferenciais sem direito de voto uma maior maleabilidade na fixação do dividendo prioritário a atribuir; do mesmo modo, os acionistas controladores, com um dividendo prioritário mais baixo[114], ficam menos sujeitos ao risco de verem diminuído ou até excluído o seu direito aos dividendos, sobretudo nos exercícios em que os lucros da sociedade sejam exíguos, ao mesmo tempo que diminuem o risco de o dividendo prioritário ficar por pagar, com a consequente aquisição do direito de voto pelos acionistas preferenciais. Já do ponto de vista dos investidores, a fixação de um dividendo (sensivelmente) mais baixo, agora permitida pela lei, diminui a potencial

---

[112] V. Ibidem, p. 334.
[113] OLAVO, Carlos (1995), ob. cit., p. 371.
[114] Lembre-se que o montante mínimo do dividendo prioritário a atribuir às ações preferenciais sem direito de voto era, até à alteração de 2015, de 5% do valor nominal ou do valor de emissão das ações, consoante se tratasse de ações com ou sem valor nominal.

vantagem económica associada à subscrição desta categoria de ações, o que poderá ter como efeito a diminuição do interesse dos aforradores por estes valores mobiliários[115].

Quanto às ações preferenciais "específicas", a possibilidade de estipulação contratual de um dividendo único, agora permitida pelo artigo 342.º, n.º 4, para um grupo de destinatários determinado (os investidores qualificados), constitui a demonstração paradigmática da marca genética associada a estas ações: a «dissociação, há muito notada, entre a titularidade do capital e a titularidade da gestão e do controlo da sociedade»[116]. Para além disso, a existência de um dividendo único acentua ainda a vertente de investimento destes valores mobiliários, o que pode aumentar o interesse das sociedades na emissão de ações preferenciais sem direito de voto "específicas" como forma de financiamento. Do ponto de vista do investidor, este regime específico pode, à primeira vista, parecer menos interessante, já que a sua participação nos lucros (remanescentes) fica afastada. Se atentarmos, porém, nas entidades que compõem esta categoria de acionistas – os investidores qualificados –, concluímos rapidamente que o seu principal interesse é a obtenção de um rendimento considerado adequado aos investimentos realizados e que, preferencialmente, tenha associado um risco e um custo diminutos; assim, constituindo a remuneração do seu investimento no pagamento de um "juro" anual (quase) fixo, a circunstância de estas ações não participarem no remanescente dos dividendos pode não constituir entrave substancial à sua subscrição por estas entidades.

A possibilidade de aquisição do direito de voto comporta também, como já assinalámos, o risco de alteração dos equilíbrios de poder existentes na sociedade, não sendo, naturalmente, desejada pelos acionistas votantes, sobretudo os controladores; contudo, neste momento, por força da nova al. d) do n.º 4 do artigo 342.º, é possível retardar a aquisição do direito de voto nas ações preferenciais "específicas", diluindo assim o risco associado à aquisição do direito de voto pelos acionistas preferenciais. Seja como for, somos de opinião de que esta alteração pouca influência terá na decisão de

---

[115] Não obstante, e como bem nota OLAVO, Carlos (1995), ob. cit., p. 382, «[o] significado económico de um dividendo de 5% depende, não de estipulações legais, mas do funcionamento do mercado. Uma retribuição de 5% será significativa se os juros dos instrumentos financeiros forem de 3% e irrisória se forem de 30%».
[116] LABAREDA, João (1988), ob. cit., p. 57.

investimento dos aforradores, particularmente os investidores qualificados, porquanto a intenção destes investidores no momento da subscrição das ações preferenciais sem direito de voto não é, como já notámos, a de obter o controlo da sociedade.

Resta-nos abordar aquela que no início deste trabalho considerámos ser a principal desvantagem das ações preferenciais sem direito de voto – o seu regime fiscal que, até agora, não permitia a consideração dos custos relacionados com estas ações (nomeadamente o pagamento do dividendo prioritário) como custos fiscalmente dedutíveis. A este respeito, importa referir a alteração efetuada ao Código do IRC pela Lei n.º 82-C/2014, de 31 de dezembro, que veio aditar ao artigo 23.º, sob a epígrafe «Gastos e Perdas» uma disposição que permite a dedutibilidade fiscal dos gastos com ações preferenciais sem direito de voto (o novo n.º 7)[117]. Deste modo, os gastos referentes a ações preferenciais sem direito de voto que sejam classificadas como passivo financeiro passam a ser dedutíveis para efeitos do apuramento do resultado tributável de IRC da sociedade emitente.

5. Conclusão

As ações preferenciais sem direito de voto são uma figura com caraterísticas interessantes, destinada a atrair capitais próprios para as sociedades emitentes, protegendo ao mesmo tempo os acionistas de controlo.

A alteração de 2015 veio esclarecer algumas das inconsistências apontadas ao regime legal desta categoria de ações (v., nomeadamente, o n.º 5 do artigo 342.º, que esclarece que o direito ao recebimento do dividendo prioritário é suscetível de execução específica), assim como preencher algumas lacunas (v.g., o novo n.º 3 do artigo 341.º, que determina que o dividendo prioritário atribui uma prioridade no seu recebimento). Mantêm-se, todavia, algumas (muitas) incertezas relativamente a alguns aspetos de regime, tendo sido identificadas algumas ao longo do presente estudo.

O novo regime criado para as ações preferenciais "específicas", concedendo à sociedade uma grande maleabilidade na conformação do concreto

---

[117] É o seguinte o teor do atual n.º 7 do art. 23.º do Código do IRC: «7 – Os gastos respeitantes a ações preferenciais sem voto classificadas como passivo financeiro de acordo com a normalização contabilística em vigor, incluindo os gastos com a emissão destes títulos, são dedutíveis para efeitos da determinação do lucro tributável da entidade emitente».

conteúdo destas ações, permite ainda minorar os efeitos de algumas das desvantagens que vinham sendo apontadas às ações preferenciais sem direito de voto. Assim, é agora possível, para as ações preferenciais destinadas à subscrição por investidores qualificados, prever que o dividendo prioritário constitui dividendo único (não participando estes acionistas no remanescente dos dividendos a atribuir pela sociedade), o que, desde logo, diminui o risco de exiguidade ou inexistência de lucros a distribuir aos restantes acionistas após o pagamento do dividendo prioritário aos acionistas preferenciais. Para além disso, a lei permite também que o contrato de sociedade aumente, para estas ações preferenciais "específicas", o número de exercícios decorridos os quais elas passam a conferir direito de voto, por falta de pagamento do dividendo prioritário, assim como aceita que o contrato de sociedade estipule que seja considerado perdido o dividendo prioritário que não seja pago em determinado exercício por ausência de lucros. Em nossa opinião, todas estas possibilidades contribuem para reforçar a salvaguarda dos acionistas controladores relativamente a alterações da sua posição de controlo.

Finalmente, cremos que a alteração referente ao tratamento fiscal dos gastos referentes às ações preferenciais sem direito de voto eliminou ou, pelo menos, reduziu substancialmente aquele que identificámos como sendo um dos principais obstáculos à emissão desta categoria de ações: a dedutibilidade fiscal dos gastos referentes a ações preferenciais sem voto (incluindo os havidos com a sua emissão) permite que as sociedades emitentes olhem para a emissão desta categoria de ações como uma verdadeira alternativa de financiamento a ter em linha de conta.

Muito ficou por esclarecer com a alteração de 2015; ainda assim, somos de opinião que a omissão legal relativamente a determinados aspetos de regime pode ser colmatada pela existência de disposições contratuais e deliberativas que regulem e esclareçam o que o legislador não deixou (ou não quis deixar) esclarecido.

Pelo exposto e em conclusão, consideramos que a alteração de 2015 foi um bom contributo no sentido de permitir que as ações preferenciais sem direito de voto possam passar a ser utilizadas pelas sociedades como forma de financiamento através do recurso a capitais próprios, particularmente as através da emissão de ações preferenciais sem direito de voto "específicas".

As autorizações de residência para investimento: Uma oportunidade de ouro para as empresas

JOANA SILVA AROSO / OLINDA MAGALHÃES[*]

Sumário:
O presente estudo debruça-se sobre o regime atualmente em vigor das chamadas ARI – Autorizações de Residência para Investimento – em Portugal, analisando o seu enquadramento histórico e filosófico, sistematizando a respetiva moldura legal e procurando saber em que medida as mesmas podem ser encaradas como um instrumento de capitalização das empresas nacionais.

Palavras-chave:
Autorizações de residência; investimento; estrangeiros.

---

[*] As AA. seguem as regras do Acordo Ortográfico da Língua Portuguesa de 1990.

A nossa verdadeira nacionalidade é a humanidade.

H. G. WELLS. *The Outline of History* (1919-1920).

1. As autorizações de residência para investimento (ARI). Aproximação ao conceito. Enquadramento histórico e filosófico da figura

As autorizações de residência para atividade de investimento não deixam de ser, em primeira linha, autorizações de residência, ou seja, autorizações para que um cidadão estrangeiro resida legalmente num outro país, não implicando, por si só, a concessão de um direito à aquisição da cidadania/nacionalidade do Estado em causa[1].

É relevante esta distinção entre o direito à cidadania e a titularidade de alguns direitos de cidadania, inerentes à condição de residente (legal) em território nacional[2].

Tal decorre, desde logo, da nossa Constituição (CRP), nomeadamente do seu artigo de abertura, no qual pode ler-se que «Portugal é uma República soberana, baseada na dignidade da pessoa humana e na

---

[1] Embora, como veremos mais adiante, alguns países tenham consagrado a possibilidade de obtenção da respetiva cidadania por força da realização de um investimento mais ou menos avultado.

[2] Veja-se, a este respeito, o interessante estudo de SILVA, Jorge Pereira da (2004). *Direitos de Cidadania e Direitos à Cidadania*. ACIME, *passim*, disponível em *www.om.acm.gov.pt/documents/58428/177157/estudo+OI+Cidadania.pdf/2866b250-b174-4e7d-8d78-22049ef7f6c4* [consultado em 03.01.2017].

vontade popular e empenhada na construção de uma sociedade livre, justa e solidária»[3].

Esclarecendo o artigo 4.º da CRP que «são cidadãos portugueses todos aqueles que como tal sejam considerados pela lei ou por convenção internacional»[4], o reconhecimento da dignidade da pessoa humana implica, por si só, o reconhecimento de alguns direitos aos estrangeiros que residam em Portugal.

Tal reconhecimento encontra ainda assento constitucional no artigo 15.º, que consagra o chamado *princípio da equiparação*, postulando o seu n.º 1 que «[o]s estrangeiros e os apátridas que se encontrem ou residam em Portugal gozam dos direitos e estão sujeitos aos deveres do cidadão português»[5].

O n.º 2 deste normativo vem apenas excetuar desta equiparação «os direitos políticos, o exercício das funções públicas que não tenham carácter predominantemente técnico e os direitos e deveres reservados pela Constituição e pela lei exclusivamente aos cidadãos portugueses». Como bem salientam J.J. GOMES CANOTILHO e VITAL MOREIRA, «[a] lei não é livre no estabelecimento de outras exclusões de direitos aos estrangeiros. Sendo a equiparação a regra, todas as excepções têm de ser justificadas e limitadas, devendo observar os princípios da necessidade, adequação e proporcionalidade quanto à restrição de direitos constitucionais, positivados na Constituição, ou legais, consagrados em lei ordinária»[6].

Com relevo, o n.º 4 da norma em análise refere que «a lei pode atribuir a estrangeiros residentes no território nacional, em condições de reciprocidade, capacidade eleitoral ativa e passiva para a eleição dos titulares de

---

[3] Cf. art. 1.º da CRP.
[4] Atualmente, a atribuição da nacionalidade portuguesa a estrangeiros encontra-se regulada na chamada Lei da Nacionalidade (Lei n.º 37/81, de 3 de outubro, na sua atual redação).
[5] O mesmo princípio, a que se chama do *tratamento nacional* (tratamento pelo menos tão favorável como o concedido ao cidadão do país), decorre do art. 14.º do nosso CC, no qual, sob a epígrafe «Condição jurídica dos estrangeiros», pode ler-se: «1. Os estrangeiros são equiparados aos nacionais quanto ao gozo de direitos civis, salvo disposição legal em contrário. / 2. Não são, porém, reconhecidos aos estrangeiros os direitos que, sendo atribuídos pelo respetivo Estado aos seus nacionais, o não sejam aos portugueses em igualdade de circunstâncias».
[6] Cf. CANOTILHO, J. J. Gomes / MOREIRA, Vital (2007). *Constituição da República Portuguesa Anotada – Artigos 1.º a 107.º* (Vol. I) (4.ª ed.). Coimbra: Coimbra Editora, p. 358.

órgãos de autarquias locais»[7]. Trata-se, pois, da extensão, aos estrangeiros, de um direito político.

Ainda com interesse, atente-se no artigo 33.º da CRP, mormente no seu n.º 2, que salienta que «a expulsão de quem tenha entrado ou permaneça regularmente no território nacional, de quem tenha obtido autorização de residência, ou de quem tenha apresentado pedido de asilo não recusado só pode ser determinada por autoridade judicial, assegurando a lei formas expeditas de decisão».

Os direitos do estrangeiro titular de uma autorização de residência vêm, assim, previstos e elencados, em sede de lei ordinária, no artigo 83.º do Regime Jurídico de Entrada, Permanência, Saída e Afastamento de Estrangeiros do Território Nacional (REPSA)[8], numa enumeração meramente exemplificativa. Sem necessidade de autorização especial relativa à sua condição de estrangeiro, o titular de uma autorização de residência tem, pois, direito à educação e ensino, ao exercício de atividade profissional subordinada ou independente, à orientação, formação, aperfeiçoamento e reciclagem profissionais, ao acesso à saúde, ao direito e aos tribunais.

O n.º 2 desta norma garante ainda a aplicação das disposições que assegurem a igualdade de tratamento dos cidadãos estrangeiros, nomeadamente em matéria de segurança social, de benefícios fiscais, de filiação sindical, de reconhecimento de diplomas, certificados e outros títulos profissionais, ou de acesso a bens e serviços à disposição do público, bem como a aplicação de disposições que lhes concedam direitos especiais.

A concessão de direitos de residência em razão da realização de investimento, num dado país, não foi uma originalidade portuguesa.

Se é verdade que Portugal foi um dos pioneiros, de entre os países membros da UE, na definição de um quadro legal específico regulador da figura[9], comummente designada por *golden visa*, também o é que, em

---

[7] Os n.ºs 3 e 5 preveem expressamente direitos concedidos a cidadãos dos Estados de língua portuguesa e dos Estados-Membros da UE residentes em Portugal.

[8] O REPSA foi aprovado pela Lei n.º 23/2007, de 4 de julho, e sofreu alterações introduzidas pelas Leis n.º 29/2012, de 9 de agosto, n.º 56/2015, de 23 de junho e n.º 63/2015, de 30 de junho.

[9] O Reino Unido e a Letónia, por exemplo, já tinham figuras semelhantes desde 2008 e 2010, respetivamente. Chipre, Espanha e Grécia consagraram este tipo de autorizações de residência, nos seus ordenamentos jurídicos, em 2012 e 2013. Os montantes e tipos de investimento em causa, assim como a duração das autorizações de residência concedidas, são variáveis. No caso de Malta, embora desde 2013 já existisse o *Global Residency Programme*, destinado a autorizar

países como o Canadá, a Austrália ou os Estados Unidos, era já conhecida a atribuição de um direito de residência em função da realização de um determinado volume de investimento.

Porém, a concessão de autorizações de residência baseada exclusivamente no investimento realizado nunca foi isenta de polémica. Autores como MICHAEL J. SANDEL dão precisamente o exemplo das autorizações de residência para investimento (ou, se quisermos, "por" ou "em razão" de investimento), como o de um "bem" que, não sendo venal, teria rapidamente entrado na lógica de mercado[10].

Segundo este Autor, a ideia de colocar "à venda" o direito a imigrar para um dado país terá sido aventada na década de 80, por alguns economistas[11], tendo sido considerada, então, por muitos, rebuscada e até ofensiva, premiando apenas os mais abastados.

A verdade é que, na década de 90, o Congresso norte-americano legislou no sentido de que os estrangeiros que invistam, pelo menos, 500.000,00 *U.S dollars* nos Estados Unidos da América possam para aí imigrar, juntamente com as suas famílias, pelo período de dois anos. Este período seria o de concessão de uma autorização de residência temporária, findo o qual, caso o investimento se tivesse traduzido na criação de 10 postos de

---

a residência a quem adquirisse ou arrendasse imóveis no país, foi em 2015 criado aquele que é considerado um dos mais atrativos sistemas de atribuição de *golden visa* da Europa, atento o valor mais reduzido do investimento exigido (€ 250.000,00). Além disso, Malta dispõe ainda do *Malta Citizenship by Investment Programme*, o primeiro do género no seio da UE, oferecendo a cidadania Maltesa a alguns investidores. No caso cipriota, o legislador consagrou, também, o chamado *Fast Track Citizenship Program*, também conhecido por «cidadania económica», permitindo que, alcançados determinados volumes de investimento, seja adquirida efetivamente a nacionalidade cipriota, e já não, apenas, o direito a residir no país. Estas diferenças são bem demonstrativas da inexistência de regras comunitárias nesta matéria, o que redunda numa profunda desarmonização. Para um estudo comparativo bastante detalhado sobre as autorizações de residência e direito à cidadania concedidos pelos Estados-Membros, veja-se DŽANKIĆ, Jelena (2015). *Investment-based citizenship and residence programmes in the EU*. EUI Working Paper RSCAS, disponível em *cadmus.eui.eu/bitstream/handle/1814/34484/RSCAS_2015_08.pdf* [consultado em 03.01.2017].

[10] SANDEL, Michael J. (2012). *What Money can't buy – the moral limits of markets*. UK: Penguin, p. 10.

[11] Tais como BECKER, Gary e SIMON, Julian L., *apud* SANDEL, Michael (2012), ob. cit., p. 55, segundo os quais a alienação do direito a imigrar era perfeitamente justa, dado que «it discriminates according to the standard of a market oriented society: ability and willingness to pay».

trabalho, seria concedida uma autorização de residência permanente – o chamado *green card*[12].

No caso Europeu, as críticas surgem sobretudo por parte de alguns analistas, que consideram que os países sul-europeus flexibilizaram e facilitaram em demasia os mecanismos e requisitos de atribuição das autorizações de residência, como forma de fazerem face à crise económico-financeira, atraindo capital e investidores[13].

A questão tem vindo a ser debatida também ao nível das instituições europeias, sendo colocada em torno da atribuição da cidadania europeia, uma vez que esta é decorrência da atribuição das cidadanias nacionais de cada Estado-Membro e acresce às mesmas[14]. Porém, mesmo quando falamos

---

[12] Em 2011, foi também equacionada a hipótese de atribuição de autorizações de residência em razão da compra de um imóvel de valor não inferior a 500.000,00 *U.S dollars*. Esta última não chegou a ser contemplada, por se ter entendido que configurava um "investimento passivo" e que não preenchia os requisitos de investimentos que se entendiam por relevantes. Já as autorizações de residência em função da realização de investimento e subsequente criação de postos de trabalho foram uma verdadeira "alavanca" da economia americana, mesmo com o risco, para os investidores, de terem de abandonar o país caso os 10 postos de trabalho não fossem criados. Para um conhecimento mais detalhado do tipo de "vistos de investidor" que os EUA atualmente disponibilizam, veja-se a informação disponível no *site* oficial do Bureau of Consular Affairs do U.S Department of State, em *travel.state.gov/content/visas/en/i1mmigrate/Immigrant-Investor-Visas.html* [consultado em 03.01.2017].

[13] Portugal é apontado como exemplo disto mesmo, quando, logo em 2013, reduziu o número necessário de postos de trabalho a criar de 30 para 10, e os períodos mínimos de permanência em Portugal para efeitos de renovação das ARI de 30 para sete dias, no primeiro ano, e de 60 para 15 dias, nos anos subsequentes (veja-se os Despachos n.º 11820-A/2012, de 4 de setembro, e n.º 1661-A/2013, de 28 de janeiro, ambos revogados pelo Decreto-Regulamentar n.º 15-A/2015, de 2 de setembro).

[14] No contexto Europeu, recorde-se que, em janeiro de 2014, o PE promoveu um debate acerca da *"cidadania europeia à venda"*, motivado pela decisão do Governo de Malta de atribuir a cidadania maltesa (e, decorrentemente, a cidadania da União) a quem investisse € 650.000,00 no país. Na sequência deste debate, veio a ser publicada a Resolução n.º 2013/2995 do PE, na qual, pese embora se reconheça que as questões de residência e cidadania são da competência exclusiva dos Estados-Membros, se defende também que a cidadania europeia é uma das maiores conquistas da União, e se apela aos Estados-Membros para que harmonizem os seus sistemas nacionais com os valores da União e para que se previnam contra a utilização abusiva dos instrumentos criados (cf. art. 9.º do TUE e arts. 20.º a 24.º do TFUE). Para um interessantíssimo estudo acerca do tema, cf. SHACHAR, Ayelet / BAUBÖCK, Rainer (2014). *Should Citizenship be for sale?* EUI Working Paper RSCAS, disponível em *cadmus.eui.eu/bitstream/handle/1814/29318/RSCAS_2014_01.pdf?sequence=1* [consultado em 03.01.2017].

da mera atribuição de um direito de residência, as questões levantadas são da mesma índole das que acima focámos, no sentido da consideração deste direito – e dos direitos associados ao mesmo – como bens transacionáveis, sujeitos a uma lógica de mercado.

Permitimo-nos concluir esta reflexão inicial citando JELENA DŽANKIĆ: «the golden residence and entrepreneurial programmes still distort the values underpinning democratic citizenship [...] In terms of investment, these programmes already follow a market logic, whereby the price of acess is determined through supply and demand [...] Thus it is not surprising that the wealthier EU Member States require a higher investment than the poorer Member States [...] despite the fact that citizenship is a national domain, the schemes described in this paper raise further normative questions, such as whether it is proportionate and just that access to the array of rights of EU citizenship is exchanged for money. Hence it is expected that further research on this topic will examine whether the effects of investor citizenship decrease the value of citizenship to a tradable commodity, voiding it of the sense of rights and duties and undermining citizens' solidarity, or if the economic benefits to states override these normative concerns»[15].

Veremos, mais adiante, e porque esse é o objeto do presente estudo, em que termos se preveem e regulam, na legislação nacional aplicável, as autorizações de residência para atividade de investimento, e em que medida podem as mesmas ser encaradas como instrumento de capitalização das empresas nacionais.

Em Portugal, como se referiu, é o REPSA (na redação resultante da Lei n.º 63/2015, de 30 de junho) que regula a entrada, permanência, saída e afastamento de estrangeiros do território nacional[16], complementado pelo

---

[15] DŽANKIĆ, Jelena (2015), ob. cit., pp. 20-21.

[16] O diploma em apreço é aplicável a cidadãos estrangeiros e apátridas, mas, salvo indicação expressa em contrário e sem prejuízo da sua aplicação subsidiária, não se aplica aos nacionais de Estados-Membros da UE, de Estados parte no Espaço Económico Europeu ou de Estados com o qual a UE tenha concluído um acordo de livre circulação de pessoas; também não se aplica aos nacionais de Estados terceiros que residam em território nacional na qualidade de refugiados, beneficiários de proteção subsidiária ao abrigo das disposições reguladoras do asilo, ou beneficiários de proteção temporária; finalmente, também não será de aplicar a nacionais de Estados terceiros membros da família de cidadão português ou de cidadão estrangeiro abrangido pelas als. anteriores (cf. art. 4.º). Com relevo, refira-se ainda que o art. 3.º do diploma em análise define, na al. k) do seu n.º 1, Estado terceiro como qualquer Estado que não seja

Decreto-Regulamentar n.º 84/2007, de 05 de novembro, na redação que lhe foi dada pelo Decreto-Regulamentar n.º 15-A/2015, de 02 de setembro[17].

Para o que aqui nos importa, a alínea d) do n.º 1 do artigo 3.º do REPSA esclarece que se considera *atividade de investimento* qualquer atividade exercida pessoalmente ou através de uma sociedade, que conduza, em regra, à concretização de, pelo menos, uma das seguintes situações, *e* pelo período mínimo de cinco anos: *(a) transferência de capitais no montante igual ou superior a 1 milhão de euros; (b)* criação de, pelo menos, 10 postos de trabalho; *(c)* aquisição de bens imóveis de valor igual ou superior a 500 mil euros; *(d)* aquisição de bens imóveis, cuja construção tenha sido concluída há, pelo menos, 30 anos ou localizados em área de reabilitação urbana e realização de obras de reabilitação dos bens imóveis adquiridos, no montante global igual ou superior a 350 mil euros; *(e)* transferência de capitais no montante igual ou superior a 350 mil euros, que seja aplicado em atividades de investigação desenvolvidas por instituições públicas ou privadas de investigação científica, integradas no sistema científico e tecnológico nacional; *(f)* transferência de capitais no montante igual ou superior a 250 mil euros, que seja aplicado em investimento ou apoio à produção artística, recuperação ou manutenção do património cultural nacional, através de serviços da administração direta central e periférica, institutos públicos, entidades que integram o setor público empresarial, fundações públicas, fundações privadas com estatuto de utilidade pública, entidades intermunicipais, entidades que integram o setor empresarial local, entidades associativas municipais e associações públicas culturais, que prossigam atribuições na área da produção artística, recuperação ou manutenção do património cultural nacional; e *(g) transferência de capitais no montante igual ou superior a 500 mil euros, destinados à aquisição de unidades de participação em fundos de investimento ou de capital de risco vocacionados para a capitalização de pequenas e médias empresas que, para esse efeito, apresentem o respetivo plano de capitalização e o mesmo se demonstre viável.*

---

membro da UE nem seja parte na Convenção de Aplicação, ou onde esta não se encontre em aplicação. Por seu turno, na al. h), esclarece-se que, por Convenção de Aplicação, se deve entender a Convenção de Aplicação do Acordo de Schengen, de 14 de junho de 1985, assinada em Schengen em 19 de junho de 1990.

[17] Doravante abreviadamente designado por Decreto-Regulamentar. De notar que todo o regime das Autorizações de Residência para Investimento (ARI) foi introduzido em 2012, por via da Lei n.º 29/2012, de 09 de agosto, tendo sido depois revisto em 2015.

Do elenco acima mencionado, destacámos as atividades de investimento que analisaremos especificamente ao longo do presente trabalho como sendo as que, a nosso ver, podem desempenhar um importante papel na capitalização das empresas.

2. O regime jurídico das autorizações de residência para investimento em Portugal

2.1. Enquadramento legislativo

Como referimos na primeira parte deste estudo, a entrada, permanência, saída e o afastamento de estrangeiros do território nacional encontram-se, atualmente, regulados por dois diplomas estruturantes: o REPSA[18] e o Decreto-Regulamentar[19]. É, pois, também, destes dois diplomas que decorrem as condições de atribuição de todos os tipos e finalidades de autorizações de residência bem como as normas conformadoras dos respetivos procedimentos de concessão e renovação.

As autorizações de residência podem, segundo o disposto no artigo 74.º do REPSA, assumir natureza temporária ou permanente. Serão temporárias todas aquelas cujo período de validade se estenda por um ano, renovável por períodos sucessivos de dois anos[20]. Por seu turno, revestirão natureza permanente as autorizações de residência sem limite de validade[21].

---

[18] A Lei n.º 23/2007, de 04 de julho.
[19] O Decreto-Regulamentar n.º 84/2007, de 05 de novembro.
[20] Cf. art. 75.º, n.º 1 do REPSA. Este período de validade das autorizações de residência temporárias não invalida que o título de residência – documento que, de acordo com a al. x) do n.º 1 do art. 3.º do REPSA, titula a autorização de residência –, deva ser renovado sempre que ocorra uma alteração dos elementos de identificação registados no mesmo.
[21] Cf. art. 75.º, n.º 1 do REPSA. Não obstante esta ausência de validade das autorizações de residência permanentes, o respetivo título deve ser renovado de cinco em cinco anos ou, tal como previsto para as autorizações de residência temporárias, sempre que se verifique uma alteração dos elementos de identificação nele registados (neste sentido, v. o art. 75.º, n.º 2 do REPSA e o art. 64.º, n.º 5 do Decreto-Regulamentar). Este pedido de renovação deve obedecer ao imposto pelo art. 65.º do Decreto-Regulamentar, tendo o requerente de instruir o mesmo com um requerimento para consulta do registo criminal português pelo SEF (ver n. 55), o qual se destina a permitir a este organismo verificar da ausência, nos últimos cinco anos de residência em território português, de condenação do requerente em pena ou penas que, isolada ou cumulativamente, ultrapassem um ano de prisão, mesmo que suspensas, conforme condição para a renovação imposta pela al. b) do n.º 1 do art. 80.º do REPSA. Nas circunstâncias excecionais

Em qualquer um dos casos, logo que habilitado com uma autorização de residência, mesmo que por um período limitado de um ano, o cidadão estrangeiro passa a residir legalmente em Portugal[22] e pode entrar no território nacional sem necessidade de qualquer visto[23].

Todavia, para que assim o seja, o requerente de uma autorização de residência deve satisfazer um conjunto de requisitos cumulativos. Tais requisitos serão, em parte, de natureza geral[24], mas também de cariz específico, em face da finalidade da autorização requerida e a conceder. A concessão de ARIs depende, nos termos do disposto no artigo 90.º-A do REPSA, do preenchimento dos requisitos gerais enunciados no artigo 77.º desse mesmo regime jurídico, com exeção do previsto na alínea a) do n.º 1, bem como dos requisitos especiais estabelecidos nas alíneas b) a d) do n.º 1 desse normativo. Concretamente, são os seguintes os requisitos de que depende a concessão de ARI: *(a)* a inexistência de qualquer facto que, se fosse conhecido pelas autoridades competentes, devesse obstar à concessão do visto[25]; *(b)* a presença em território português[26]; *(c)* a posse de meios

---

devidamente identificadas nos n.ºs 2 e 3 do referido art. 65.º do Decreto-Regulamentar, pode ainda ser exigida ao requerente a junção de elementos adicionais. Distintamente, em caso de renovação do título motivada por alteração dos elementos constantes do mesmo, deve o requerente juntar prova da causa dessa alteração. Cremos, deste modo, que o n.º 4 do normativo em apreço padecerá de um lapso na remissão operada para os n.ºs 10 e 11 do art. 63.º, querendo, na verdade, julgamos, remeter para os n.ºs 11 e 12 desse mesmo dispositivo. Apenas podem requerer autorização de residência permanente, os cidadãos estrangeiros que preencham, cumulativamente, as condições elencadas no art. 80.º do REPSA. Sem prejuízo dos restantes requisitos aí previstos, é pois necessário que o requerente seja titular de uma autorização de residência de natureza temporária há, pelo menos, cinco anos, disponha de meios de subsistência e de alojamento, bem como comprove ter conhecimento do português básico. Para esse efeito, o requerente deverá instruir o seu pedido de concessão de autorização de residência permanente com os documentos melhor discriminados nas várias als. do n.º 1 e, ainda, no n.º 4 do art. 64.º do Decreto-Regulamentar.

[22] Cf. art. 3.º, n.º 1, al. v) do REPSA.

[23] Cf. art. 10.º do REPSA. Diga-se, aliás, que, na realidade, a concessão de uma ARI permite ao respetivo titular circular por todo o espaço Schengen, sem necessidade de qualquer visto.

[24] Estes requisitos encontram-se estabelecidos no art. 77.º do REPSA e aplicam-se a todos os tipos e finalidades de autorizações de residência.

[25] Cf. art. 77.º, n.º 1, al. b) do REPSA.

[26] Cf. art. 77.º, n.º 1, al. c) do REPSA.

de subsistência[27]; *(d)* o requerente dispor de alojamento[28]; *(e)* a inscrição na segurança social, quando aplicável[29]; *(f)* a ausência de condenação por crime que em Portugal seja punível com pena privativa de liberdade de duração superior a um ano[30]; *(g)* o requerente não se encontrar no período de interdição de entrada em território nacional, subsequente a uma medida de afastamento do País [31]; *(h)* a ausência de indicação no Sistema de Informação Schengen[32]; *(i)* a ausência de indicação no Sistema Integrado de Informações do SEF para efeitos de não admissão[33]; *(j)* o requerente ser portador de visto Schengen válido[34]; *(k)* o requerente regularizar a estada em Portugal dentro do prazo de 90 dias a contar da data da primeira entrada em território nacional[35]; *(l)* o requerente preencher os requisitos estabelecidos na alínea d) do artigo 3.º[36].

A entrada em território nacional implica, normalmente, a titularidade de um visto válido e adequado à finalidade da deslocação, como imposto pelo artigo 10.º do REPSA, o que significa que, neste caso, seria, à partida, de exigir aos cidadãos estrangeiros interessados na obtenção de uma ARI,

---

[27] Cf. art. 77.º, n.º 1, al. d) do REPSA. Tal como resulta da al. d) do n.º 1 do art. 77.º, conjugada com a al. d) do n.º 1 do art. 52.º, ambos do REPSA, a definição destes meios de subsistência obedece ao previsto na Portaria n.º 1563/2007, de 11 de dezembro, com as ressalvas introduzidas pela Portaria n.º 760/2009, de 16 de julho.

[28] Cf. art. 77.º, n.º 1, al. e) do REPSA.

[29] Cf. art. 77.º, n.º 1, al. f) do REPSA.

[30] Cf. art. 77.º, n.º 1, al. g) do REPSA.

[31] Cf. art. 77.º, n.º 1, al. h) do REPSA.

[32] Cf. art. 77.º, n.º 1, al. i) do REPSA.

[33] Cf. art. 77.º, n.º 1, al. j) do REPSA. Este requisito deve ser interpretado em consonância com o previsto no art. 33.º do REPSA, normativo que, nos seus n.ºs 1 e 2, possui um elenco das situações que motivam a indicação de um cidadão estrangeiro no Sistema Integrado de Informações do SEF bem como, no n.º 3, das que podem motivar.

[34] Cf. art. 90.º-A, n.º 1, al. b) do REPSA.

[35] Cf. art. 90.º-A, n.º 1, al. c) do REPSA.

[36] Cf. art. 90.º-A, n.º 1, al. d) do REPSA, ou seja, e naquilo que ao presente estudo releva como referido na primeira parte, ter procedido à «[t]ransferência de capitais no montante igual ou superior a 1 milhão de euros» ou à «[t]ransferência de capitais no montante igual ou superior a 500 mil euros, destinados à aquisição de unidades de participação em fundos de investimento ou de capital de risco vocacionados para a capitalização de pequenas e médias empresas que, para esse efeito, apresentem o respetivo plano de capitalização e o mesmo se demonstre viável» (subalíneas i) e vii) da al. d) do n.º 1 do art. 3.º do REPSA).

um visto para obtenção de autorização de residência[37]. No entanto, contrariamente ao que sucede para a maioria das situações, o artigo 90.º-A do REPSA, ao excluir, na alínea a) do seu n.º 1, a aplicação do disposto na alínea a) do n.º 1 do artigo 77.º está, na verdade, a prescindir, para o efeito da concessão de uma ARI, da posse, pelo cidadão estrangeiro requerente, de um visto de residência válido, motivo pelo qual tal não poderá ser exigido. No mesmo sentido, veja-se que a alínea r) do n.º 1 do artigo 122.º do REPSA alude expressamente ao facto de não carecerem de visto para obtenção de autorização de residência temporária os nacionais de Estados terceiros «que façam prova da atividade de investimento, nos termos a que se refere a alínea d) do artigo 3.º».

Adicionalmente, para além dos requisitos relativos à situação pessoal do próprio requerente, é ainda exigido o preenchimento de um conjunto de r*equisitos quantitativos mínimos relativos à atividade de investimento,* os quais variam consoante a natureza e o tipo do investimento que o cidadão estrangeiro se propõe realizar no território nacional. Nos casos em que a atividade de investimento de suporte ao pedido de autorização de residência seja uma das elencadas nas subalíneas i) e vii) da alínea d) do artigo 3.º do REPSA[38], para a concessão da ARI requerida é necessário que o requente demonstre ter efetuado o investimento no valor mínimo exigido[39], individualmente «ou através de uma sociedade unipessoal por quotas com sede em Portugal ou num Estado da UE, e com estabelecimento estável em Portugal»[40]. Estes requisitos quantitativos mínimos devem estar preenchidos no momento da apresentação do pedido de autorização de residência[41] e manter-se durante um lapso temporal mínimo de cinco anos, contado a partir da data da concessão da autorização de residência[42].

---

[37] Cf. al. e) do art. 45.º do REPSA.
[38] Também elencadas nas als. a) e g) do n.º 1 do art. 65.º-A do Decreto-Regulamentar, as quais, na nossa ótica, são as que mais se adequam à capitalização de empresas.
[39] Cf. art. 65.º-A, n.ºs 2 e 8 do Decreto-Regulamentar.
[40] Cf. art. 65.º-A, n.º 11 do Decreto-Regulamentar. No mesmo sentido, mas sem exigência relativamente à localização da sede ou à existência de estabelecimento estável em Portugal, atente-se no disposto no n.º 8 do mesmo normativo quanto à atividade de investimento prevista na al. g) do n.º 1 e na subalínea vii) da al. d) do n.º 1 do art. 3.º do REPSA.
[41] Cf. art. 65.º-A, n.º 12 do Decreto-Regulamentar.
[42] Cf. art. 65.º-B do Decreto-Regulamentar.

Por seu turno, a renovação de uma autorização de residência temporária, *in casu* de uma ARI, depende sempre de nova verificação, por parte do serviço competente, da manutenção do preenchimento de alguns dos requisitos ou condições exigidos *ab initio* para a sua concessão. Especificamente, é exigido ao cidadão estrangeiro requerente que se mantenha na posse de meios de subsistência e de alojamento, que tenha cumprido todas as obrigações fiscais e contributivas, e que não haja sido condenado em qualquer pena ou penas que, isolada ou cumulativamente, ultrapassem um ano de prisão (mesmo que suspensa)[43]. Adicionalmente, e naquilo que ao presente estudo interessa, continua a ser-lhe exigido que tenha efetuado uma transferência de capitais «no montante igual ou superior a 1 milhão de euros» ou «montante igual ou superior a 500 mil euros, destinados à aquisição de unidades de participação em fundos de investimento ou de capital de risco vocacionados para a capitalização de pequenas e médias empresas que, para esse efeito, apresentem o respetivo plano de capitalização e o mesmo se demonstre viável», conforme previsto pelas subalíneas i) e vii) da alínea d) do n.º 1 do artigo 3.º do REPSA[44] e pelas alíneas a) e g) do n.º 1 do artigo 65.º-A do Decreto-Regulamentar, e que esse investimento se mantenha desde a data de concessão da autorização. É, ainda, exigido, ao cidadão estrangeiro requerente que prove que, durante um determinado período mínimo de tempo, contado em dias seguidos ou interpolados, permaneceu no território nacional. Tal período será de sete dias no primeiro ano e de catorze nos subsequentes períodos de dois anos[45].

O pedido de autorização de residência deve ser formulado, no impresso próprio, *online* através do sitio eletrónico do SEF[46] bem como, de seguida, diretamente pelo cidadão estrangeiro interessado ou pelo seu representante legal, presencialmente junto da direção ou delegação regional do SEF da

---

[43] Requisitos impostos pelas als. a) a d) do n.º 2 do art. 78.º do REPSA.
[44] Cf. art. 90.º-A, n.º 2 do REPSA.
[45] Cf. art. 65.º-C do Decreto-Regulamentar, que constitui uma exceção ao exigido pela al. a) do n.º 2 do art. 85.º do REPSA.
[46] Disponibilizado no endereço eletrónico *ari.sef.pt*. Esta apresentação *online* depende de pré--registo obrigatório. O pré-registo *online* pode ser efetuado nos endereços *ari.sef.pt* ou em *ari.sef.pt/Account/RegistoRepresentanteLegal.asp*, designadamente por representante legal devidamente mandatado para o efeito.

área de residência do interessado[47]. Alternativamente, e como previsto pelo n.º 2 do artigo 51.º do Decreto-Regulamentar, pode ser apresentado nos Centros Nacionais de Apoio ao Imigrante (CNAI) onde esteja assegurada a presença de funcionários do SEF.

Tendo em vista a verificação do preenchimento dos requisitos e condições legalmente exigidos para a concessão ou renovação de uma autorização de residência temporária e, naquilo que ao presente estudo interessa, de uma ARI, recai sobre o cidadão estrangeiro requerente a obrigação de instruir o seu pedido com os documentos expressamente discriminados no n.º 1 do artigo 51.º e nos n.ºs 1, 2 e 4 do artigo 53.º do Decreto-Regulamentar, quando o mesmo vise a concessão de uma autorização de residência, ou no n.º 1 do artigo 51.º e nos n.ºs 1, 3, 11 e 12 do artigo 63.º do Decreto-Regulamentar, quando se pretenda a renovação de uma autorização já concedida. Adicionalmente, tratando-se de um pedido de concessão ou renovação de uma ARI fundamentada em transferência de capitais, o requerente deve ainda instruir o seu pedido com os documentos elencados nos n.ºs 1 (nos casos de pedido de concessão fundamentado na «transferência de capitais no montante igual ou superior a 1 milhão de euros»), 9 (nos casos de pedido de concessão fundamentado na «transferência de capitais no montante igual ou superior a 500 mil euros, destinados à aquisição de unidades de participação em fundos de investimento ou de capital de risco vocacionados para a capitalização de pequenas e médias empresas que, para esse efeito, apresentem o respetivo plano de capitalização e o mesmo se demonstre viável»), 10 a 12 do artigo 65.º-D e, ainda, nos n.ºs 1 (nos casos de pedido de renovação de autorização de residência concedida com fundamento na «transferência de capitais no montante igual ou superior a 1 milhão de euros») e 10 (nos casos de pedido de renovação de autorização de residência concedida com fundamento na «transferência de capitais no montante igual ou superior a 500 mil euros, destinados à aquisição de unidades de participação em fundos de investimento ou de capital de risco vocacionados para a capitalização de pequenas e médias empresas que, para esse efeito, apresentem o respetivo plano de capitalização e o mesmo se demonstre viável») do artigo 65.º-E, todos do Decreto-Regulamentar.

---

[47] Cf. art. 81.º, n.º 1 do REPSA e art. 51.º, n.º 1 do Decreto-Regulamentar. Este pedido presencial na Direção ou na Delegação Regional do SEF depende de agendamento prévio de hora, telefonicamente, através da Linha ARI.

Esses documentos são os seguintes:

a) Duas fotografias do requerente iguais, tipo passe, a cores e de fundo liso, atualizadas e com boas condições de identificação, em todos os pedidos independentemente do respetivo tipo ou da sua finalidade[48];
b) Passaporte ou outro documento de viagem válido[49];
c) Comprovativo dos meios de subsistência[50];
d) Comprovativo de que dispõe de alojamento[51];

---

[48] Cfr. n. 74.
[49] Documento exigido pela al. a) do n.º 1 do art. 53.º do Decreto-Regulamentar para todos os pedidos de concessão de autorização de residência, independentemente do respetivo tipo ou finalidade. Este documento é também exigido para a instrução de pedidos de renovação de autorização de residência temporária [al. a) do n.º 1 do art. 63.º do Decreto-Regulamentar].
[50] Documento exigido pela al. d) do n.º 1 do art. 77.º do REPSA, bem como pela al. b) do n.º 1 do art. 53.º do Decreto-Regulamentar para todos os pedidos de concessão de autorização de residência, independentemente do respetivo tipo ou finalidade. Este documento é também exigido para a instrução de pedidos de renovação de autorização de residência temporária [al. a) do n.º 2 do art. 78.º do REPSA e al. b) do n.º 1 do art. 63.º do Decreto-Regulamentar]. Esta exigência decorre da *ratio* constante do art. 11.º do REPSA, na parte em que dispõe, no seu n.º 1, que, «[n]ão é permitida a entrada no País de cidadãos estrangeiros que não disponham de meios de subsistência suficientes, quer para o período da estada quer para a viagem para o país no qual a sua admissão esteja garantida, ou que não estejam em condições de adquirir legalmente esses meios». Todavia, acrescenta o art. 12.º do REPSA (completado pelo art. 5.º do Decreto-Regulamentar) que o requerente pode, em alternativa, apresentar «termo de responsabilidade subscrito por cidadão nacional ou estrangeiro habilitado a permanecer regularmente em território português», do qual conste o compromisso de assegurar as condições de estada do requerente em território nacional e a reposição dos custos de afastamento em caso de permanência ilegal. Este termo constitui meio de prova da posse de meios de subsistência suficientes (n.º 2 do art. 5.º do Decreto-Regulamentar); no entanto, o SEF pode fazer depender a sua aceitação da prova da capacidade financeira do seu subscritor, a qual pode ser atestada através da junção de um dos documentos referidos nas várias als. do n.º 3 do art. 5.º do Decreto-Regulamentar. Este termo de responsabilidade constitui, nos termos do disposto no n.º 4 do art. 12.º do REPSA, título executivo da obrigação de reposição dos custos de afastamento em caso de permanência ilegal.
[51] Documento exigido pela al. c) do n.º 1 do art. 53.º do Decreto-Regulamentar para todos os pedidos de concessão de autorização de residência temporária, independentemente da sua finalidade. Este documento é também exigido para a instrução de pedidos de renovação de autorização de residência temporária [al. c) do n.º 1 do art. 63.º do Decreto-Regulamentar].

e) Documento comprovativo dos vínculos de parentesco, quando se justifique[52];
f) Comprovativo de certificação profissional, nos casos de profissões regulamentadas[53], quando aplicável[54];
g) Requerimento para consulta do registo criminal português pelo SEF[55];
h) Informação necessária para verificação da inscrição do requerente na administração fiscal e na segurança social, quando aplicável[56];
i) Nos casos em que o tipo de pedido de autorização de residência permita a concessão com dispensa do visto – situação a que aludimos *supra* –, o pedido deve ser acompanhado por certificado do registo criminal emitido pela autoridade competente do país de nacionalidade do requerente ou do país em que resida há mais de um ano[57];
j) Documentos comprovativos da realização da transferência de capitais no montante igual ou superior a 1 milhão de euros (atividade de investimento identificada na na alínea a) do n.º 1 do artigo 65.º-A

---

[52] Documento exigido pela al. d) do n.º 1 do art. 53.º do Decreto-Regulamentar para todos os pedidos de concessão de autorização de residência, independentemente do respetivo tipo ou finalidade.

[53] Elenco não exaustivo de quais as «profissões regulamentadas».

[54] Documento exigido pela al. e) do n.º 1 do art. 53.º do Decreto-Regulamentar para todos os pedidos de concessão de autorização de residência, independentemente do respetivo tipo ou finalidade.

[55] Documento exigido pela al. f) do n.º 1 do art. 53.º do Decreto-Regulamentar para todos os pedidos de concessão de autorização de residência, independentemente do respetivo tipo ou finalidade. Este documento é também exigido para a instrução de pedidos de renovação de autorização de residência temporária [al. d) do n.º 1 do art. 63.º do Decreto-Regulamentar]. Atualmente, o impresso próprio constante do modelo oficial aprovado e disponibilizado possui, incluso, campo a conceder a autorização em apreço ao SEF.

[56] Documento exigido pelo n.º 2 do art. 53.º do Decreto-Regulamentar para todos os pedidos de concessão de autorização de residência, independentemente do respetivo tipo ou finalidade. Este documento é também exigido para a instrução de pedidos de renovação de autorização de residência temporária (n.º 3 do art. 63.º do Decreto-Regulamentar).

[57] Documento exigido pelo n.º 4 do art. 53.º do Decreto-Regulamentar, salvo na situação elencada pelo n.º 5 do mesmo normativo, isto é, quando o requerente seja um cidadão menor de dezasseis anos.

do Decreto-Regulamentar e na subalínea i) da alínea d) do n.º 1 do artigo 3.º do REPSA), concretizados nos seguintes[58]:

(i) Declaração de instituição de crédito autorizada ou registada em território nacional junto do Banco de Portugal, atestando a titularidade, livre de ónus e encargos, de contas de depósitos com saldo igual ou superior a 1 milhão de euros, resultante de uma transferência internacional, ou de quota-parte no mesmo montante quando estejam em causa contas coletivas; *ou*

(ii) Certificado comprovativo atestando a titularidade de instrumentos de valor igual ou superior a 1 milhão de euros, livre de ónus e encargos, emitida pelo IGCP (no caso de aquisição de instrumentos de dívida pública do Estado Português, nomeadamente obrigações do tesouro, certificados de aforro ou certificados do tesouro); *ou*

(iii) Certificado comprovativo da titularidade de valores mobiliários escriturais, livre de ónus e encargos, emitido pela respetiva entidade registadora nos termos e para os efeitos dos n.ºs 1 e 2 do artigo 78.º do CVM; *ou*

(iv) Certificado comprovativo da titularidade de valores mobiliários titulados ao portador depositados junto de depositário (nos termos do artigo 99.º do CVM), livre de ónus e encargos, emitido pelo depositário; *ou*

(v) Certificado comprovativo da titularidade de valores mobiliários titulados nominativos não integrados em sistema centralizado, livre de ónus e encargos, emitido pelo respetivo emitente; *ou*

(vi) Certificado comprovativo da titularidade de valores mobiliários titulados integrados em sistema centralizado, livre de ónus e encargos, emitido pelo intermediário financeiro junto do qual se encontra aberta a respetiva conta integrada em sistema centralizado; *ou*

(vii) Certidão do registo comercial atualizada que ateste a detenção da participação e contrato por meio do qual se realizou a respetiva

---

[58] Documentos exigidos e elencados nas als. a) a g) do n.º 1 do art. 65.º-D do Decreto-Regulamentar. Estes documentos são também exigidos para a instrução de pedidos de renovação de autorização de residência temporária [als. a) a g) do n.º 1 do art. 65.º-E do Decreto-Regulamentar].

aquisição, com indicação do valor de aquisição (no caso de aquisição de participação social não abrangida nas alíneas anteriores)[59];

k) Documentos comprovativos da transferência de capitais no montante igual ou superior a 500 mil euros destinada à aquisição de unidades de participação em fundos de investimento ou de capital vocacionado para a capitalização de PME [atividade de investimento identificada na na alínea g) do n.º 1 do artigo 65.º-A do Decreto-Regulamentar e na subalínea vii) da alínea d) do n.º 1 do artigo 3.º do REPSA], concretizados nos seguintes[60]:

   (i) Certificado comprovativo da titularidade das unidades de participação, livre de ónus e encargos, emitido pela entidade à qual caiba a responsabilidade de manter um registo atualizado dos titulares de unidades de participação, nos termos da lei, do respetivo regulamento de gestão ou de instrumento contratual[61];
   (ii) Declaração emitida pela sociedade gestora do respetivo fundo de investimento, atestando a viabilidade do plano de capitalização;
   (iii) Declaração de instituição de crédito autorizada ou registada em território nacional junto do Banco de Portugal, atestando a transferência efetiva de capitais, no montante igual ou superior a 500 mil euros, para conta bancária de que seja titular, para a realização do investimento;

---

[59] Resulta do vertido na al. i) do n.º 1 do art. 65.º-D do Decreto-Regulamentar que, nos casos previstos nas als. b) a g) desse número, é ainda necessário instruir o pedido de concessão com «declaração de instituição de crédito autorizada ou registada em território nacional junto do Banco de Portugal, atestando a transferência internacional de capitais para a realização do investimento». Esta junção é também necessária no âmbito dos pedidos de renovação [al. i) do n.º 1 do art. 65.º-D do Decreto-Regulamentar].

[60] Documentos exigidos e elencados nas als. a), b) e d) do n.º 9 do art. 65.º-D do Decreto-Regulamentar.

[61] Este documento é também exigido para a instrução de pedidos de renovação de autorização de residência temporária, atribuída com fundamento na atividade de investimento enunciada na al. g) do n.º 1 do art. 65.º-A do Decreto-Regulamentar e na subalínea vii) da al. d) do n.º 1 do art. 3.º do REPSA [v. al. a) do n.º 10 do art. 65.º-E do Decreto-Regulamentar].

l) Certidão do registo comercial atualizada, que demonstre ser o requerente sócio da sociedade unipessoal por quotas, no caso de o investimento ser realizado através de sociedade unipessoal por quotas[62];

m) Declaração negativa de dívida atualizada emitida pela AT e pela Seg. Social ou, na sua impossibilidade, declaração de não existência de registo junto destas entidades[63];

n) Declaração, sob compromisso de honra do requerente, atestando o cumprimento do requisito quantitativo e temporal mínimos da atividade de investimento em território nacional[64]-[65].

A decisão de concessão de autorização de residência para atividade de investimento é da competência do Diretor Nacional do SEF, mediante proposta do diretor regional competente e deve ser proferida no prazo de 90 dias[66], implicando o pagamento das taxas discriminadas na tabela anexa à Portaria n.º 1334-E/2010, de 31 de dezembro[67].

---

[62] Cf. art. 61.º-D, n.º 1, al. h), e n.º 9, al. c) do Decreto-Regulamentar. Documento exigido nos casos em que a atividade de investimento fundamento do pedido de ARI seja quer a referida na al. a) como na al. g) do n.º 1 do art. 61.º-A do Decreto-Regulamentar. Este documento é também exigido para a instrução de pedidos de renovação de autorização de residência temporária [art. 65.º-E, n.º 1, al. h), e n.º 10, al. b) do Decreto-Regulamentar].

[63] Documento exigido pelo n.º 10 do art. 65.º-D do Decreto-Regulamentar.

[64] Documento exigido pelo n.º 10 do art. 65.º-D do Decreto-Regulamentar.

[65] De salientar que, nos termos do Despacho n.º 103/DN/2015, do Diretor Nacional do SEF, que entrou em vigor no dia 01 de janeiro de 2016, caso se constate que o requerente – em violação da obrigação que sobre o mesmo recai de, com o seu pedido de concessão de ARI, juntar todos os documentos comprovativos do investimento realizado –, não juntou esses meios de prova após o pagamento da taxa devida pela análise (e só nos casos em que essa taxa – prevista na Portaria n.º 1334-E/2010, de 31 de dezembro, com a redação da Portaria n.º 305-A/2012, de 04 de outubro, a que aludiremos de seguida – estiver paga), o SEF notificará o cidadão estrangeiro para juntar os mesmos no prazo de 20 dias, sob pena de indeferimento do seu pedido.

[66] Cf. art. 65.º-D, n.º 13 do Decreto-Regulamentar, e art. 82.º, n.º 1 do REPSA. O pedido de renovação, por seu turno, deve ser decidido no prazo de 60 dias (n.º 2 do art. 82.º do REPSA vindo de mencionar).

[67] Cf. art. 90.º do Decreto-Regulamentar. Esta Portaria sofreu já alterações introduzidas pela Portaria n.º 305-A/2012, de 04 de outubro.

2.2. O procedimento para a concessão e renovação das ARI – alguns aspetos práticos

Além das disposições legais e regulamentares aplicáveis, há que ter em consideração, aquando da apresentação de um pedido de concessão ou de renovação de uma ARI, alguns aspetos práticos, mais relacionados com procedimentos adotados pelo SEF, com interpretações ou com exigências do concreto serviço de atendimento.

Assim, recomenda-se, previamente à apresentação de qualquer pedido, a leitura do Manual de Procedimentos relativo à Autorização de Residência para Investimento[68], da autoria do SEF e aprovado pela tutela[69].

Como acima se disse, o pedido de entrega de ARI, seja para efeitos de concessão ou de renovação[70], implica o agendamento no local de atendimento competente. Este agendamento é feito exclusivamente por via telefónica, através da chamada «Linha ARI»[71]. No entanto, esta linha de atendimento é exclusivamente destinada à marcação do atendimento presencial, e não ao esclarecimento de quaisquer dúvidas relativas ao procedimento de concessão ou de renovação das ARI[72]. Por esta razão, sugere-se que, logo após a efetivação do agendamento, o requerente, diretamente ou através do seu representante[73], coloque todas as dúvidas através de e-*mail* dirigido ao serviço do SEF responsável pelo atendimento[74].

---

[68] O qual pode ser encontrado em *www.sef.pt/documentos/56/Manual%20de%20Procedimentos%20ARI.pdf*.
[69] Em cumprimento da obrigação plasmada no artigo 65.º-J do Decreto-Regulamentar.
[70] Neste último caso, inexiste qualquer necessidade de pré-registo *online* ou possibilidade de formulação do pedido *online*.
[71] Todos os dias úteis, das 09:00h às 17:30h, através do telefone +351 214 236 625;
[72] O que se traduz, salvo melhor opinião, numa grave falha do sistema, dado que, naquela que é a linha de esclarecimentos geral do SEF – Centro de Contacto do SEF – 808 202 653 (rede fixa) / 808 962 690 (rede móvel) – não são prestados quaisquer esclarecimentos relativamente a ARI.
[73] Tratando-se de advogado, o Manual de Procedimentos do SEF aponta para a necessidade de a procuração forense conter poderes especiais – diríamos antes específicos – para a apresentação do pedido de concessão ou renovação de ARI.
[74] Nomeadamente, solicitando a verificação antecipada de todos os documentos, enviando os mesmos digitalizados, assim como confirmando o valor das taxas de análise a pagamento e o modo de pagamento. Note-se que, atualmente, a maioria dos locais de atendimento já dispõe dos equipamentos necessários ao registo fotográfico imediato, dispensando-se a junção das fotografias a que alude a lei. No entanto, também este aspeto deverá ser previamente confirmado, nomeadamente através da consulta da lista dos locais de atendimento do SEF com Sistema

Na data agendada para a entrega do pedido, o requerente deverá apresentar os originais de toda a documentação exigida e proceder ao pagamento da taxa de análise, caso ainda não o tenha feito[75].

Saliente-se, ainda, que haverá sempre lugar, seja no processo de concessão, seja no de renovação, à recolha dos dados biométricos do requerente da ARI. No entanto, esta recolha só será feita na data agendada para entrega do pedido mediante requerimento prévio devidamente fundamentado, apresentado pelo interessado[76].

Um outro aspeto relevante tem que ver com a prova, pelo requerente de renovação de ARI, dos períodos mínimos de permanência em território nacional (a que alude o artigo 65.º-C do Decreto-Regulamentar): a este respeito, o SEF exige, normalmente, cópia das reservas dos voos para Portugal e de regresso (caso existam), comprovativo da reserva de hotel (quando exista), despesas de restauração, supermercado ou outras, durante a estadia em território nacional[77].

No que se refere aos meios de subsistência, parece existir algum desconhecimento, por parte do SEF, acerca de quais os comprovativos efetivamente exigíveis ao requerente de concessão ou renovação de ARI.

Integrado de Gestão de Atendimento ao Público, nos quais não é, efetivamente, necessário apresentar impressos e fotografias em papel (cf. o seguinte link: *imigrante.pt/BancoInformacao/Docs/LocaisAtendimentoSIGAP.pdf*).
O serviço do SEF territorialmente competente para o agendamento será o correspondente ao local onde foi exercida a atividade de investimento, sendo que compete à Direção Regional competente fazer a análise e instrução dos pedidos.

[75] À data da redação deste texto, a taxa devida pela receção e análise do pedido de concessão ou renovação de ARI é de € 517,40, nos termos da alínea a) do ponto 3 do Quadro Títulos Residência da Portaria n.º 1334-E/2010, de 31.12, alterada pela Portaria n.º 305-A/2012, com os valores aplicados a partir de 01 de Março de 2016. Pela receção e análise do pedido de concessão ou renovação de autorização de residência por cada familiar cujo reagrupamento se pretenda, o valor devido será de € 80,60, nos termos na alínea a) do ponto 1 do Quadro Títulos de Residência da referida Portaria.

[76] Que terá, justificadamente, de invocar o reduzido tempo de permanência em território nacional e/ou as dificuldades de deslocação a Portugal. Caso contrário, a regra é a de que o requerente só será notificado para a recolha de dados biométricos depois de ter sido deferido o seu pedido de concessão ou de renovação de ARI.

[77] A este respeito, note-se que o SEF deveria, nos termos do disposto do art. 16.º do REPSA, dispor de informação relativa ao alojamento do cidadão estrangeiro, comunicada pelas próprias unidades de alojamento.

Estando esta matéria tratada nos artigos 11.º, 12.º, 52.º n.º 1, al. d), 77.º, n.º 1, al. d) e 78.º, n.º 2, al. a), todos do REPSA, importa ter em atenção que, nos termos da Portaria a que aludem estes normativos[78], consideram-se *meios de subsistência* os recursos estáveis e regulares que sejam suficientes para as necessidades essenciais do cidadão estrangeiro e, quando seja o caso, da sua família, designadamente para alimentação, alojamento e cuidados de saúde e higiene. Este pressuposto é, pois, totalmente independente do valor do investimento que o requerente de ARI realize em Portugal.

Para efeitos de concessão ou renovação de autorização de residência temporária, rege o artigo 7.º da Portaria, que impõe que o requerente comprove que mantém a disponibilidade ou a possibilidade de adquirir legalmente os meios de subsistência a que alude o artigo 5.º da Portaria, atendendo à finalidade da autorização de residência. Acontece que, no elenco deste artigo 5.º não se encontra expressamente a autorização de residência para investimento, o que torna legítima a existência de algumas dúvidas.

Assim sendo, sugere-se que o requerente apresente, sempre (a não ser que expressamente dispensado, por escrito, pelo SEF), extrato bancário atualizado, à data mais próxima possível da data do agendamento, de contas bancárias, estrangeiras ou nacionais, que, tendo presentes os valores mínimos *per capita* a que alude a Portaria[79], demonstrem a disponibilidade de recursos para o período correspondente ao da validade da autorização de residência pretendida ou da renovação da mesma.

Em alternativa, e como referimos anteriormente, a lei[80] prevê a possibilidade de ser apresentado um termo de responsabilidade, subscrito por um cidadão português ou estrangeiro habilitado a permanecer regularmente em território português, que assegure as condições de estadia do requerente de autorização de residência e a reposição dos custos de afastamento, em

---

[78] A já referida Portaria n.º 1563/2007, de 11 de dezembro (cf. art. 2.º), adiante identificada apenas por Portaria.

[79] O critério de determinação dos meios de subsistência é efetuado por referência à RMMG (nos termos do n.º 1 do art. 266.º do CT) atenta a respetiva natureza e regularidade, líquida de quotizações para a Seg. Social, com a seguinte valoração *per capita* em cada agregado familiar: *(a)* primeiro adulto: 100%; / *(b)* Segundo ou mais adultos: 50%; / *(c)* Crianças e jovens com idade inferior a 18 anos e filhos maiores a cargo: 30%.

[80] Cfr. art. 12.º do REPSA e art. 5.º do Decreto-Regulamentar.

caso de permanência ilegal. Note-se que, tal como referido, o SEF pode fazer depender a aceitação dos termos de responsabilidade de prova da capacidade financeira do seu subscritor[81].

Finalmente, referir apenas que pode ser formulado um pedido de autorização de residência para reagrupamento familiar quanto aos que são considerados membros da família do requerente de uma ARI (em sede de concessão ou de renovação), ficando o seu deferimento condicionado ao da própria ARI.

Na verdade, para além de o pedido de autorização de residência poder ser extensivo aos menores que se encontrem a cargo do cidadão estrangeiro requerente de uma autorização de residência, em conformidade com o n.º 2 do artigo 81.º do REPSA, acrescenta o n.º 4 do mesmo normativo que «[o] requerente de uma autorização de residência pode solicitar simultaneamente o reagrupamento familiar».

Nos termos do disposto no artigo 98.º do REPSA, o cidadão estrangeiro com autorização de residência válida (bem como, por via deste n.º 4 do artigo 81.º, o ainda requerente dessa autorização) tem direito ao reagrupamento familiar com os membros da família que se encontrem fora do território nacional, que com ele tenham vivido noutro país, que dele dependam ou que com ele coabitem, independentemente de os laços familiares serem anteriores ou posteriores à sua entrada no território nacional, bem como com aqueles que, encontrando-se nessa mesma situação de dependência ou coabitação com o cidadão estrangeiro requerente, tenham entrado legalmente em território nacional. São considerados membros da família do cidadão estrangeiro, para este efeito, o cônjuge, os filhos menores ou incapazes a cargo, pelo menos, de um dos membros do casal, os menores adotados pelo requerente ou pelo seu cônjuge, os filhos solteiros maiores a cargo do casal, os pais do requerente ou do cônjuge, quando a seu cargo, ou os irmãos menores do requerente sob sua tutela[82]. O pedido de reagrupamento familiar será apreciado e tramitado em conformidade com o estabelecido nos artigos 98.º a 108.º do REPSA[83].

---

[81] E daí a importância de confirmação prévia, escrita, por parte do serviço de atendimento, do tipo de documento pretendido.
[82] Cfr. art. 99.º do REPSA.
[83] Há que ter especial atenção aos documentos exigidos pelo art. 103.º do REPSA, nomeadamente quanto à prova dos laços familiares e, bem assim, à necessidade de demonstrar que os familiares cujo reagrupamento se pretende dispõem de alojamento e de meios de subsistência

Em suma, apesar do esforço de sistematização e simplificação constante do Manual de Procedimentos relativo às ARIs, parece-nos que há ainda caminho a percorrer no estabelecimento do modelo *uniforme, transparente e orientador* que se pretende alcançar com aludido Manual, e que dependerá de maior formação nesse sentido e de informação mais ampla e coerente aos interessados.

2.3. Em especial, os direitos de acesso à informação procedimental e à fundamentação da decisão de indeferimento do pedido de concessão ou renovação de uma autorização de residência (correlativo do dever de fundamentação da Administração) por oposição ao segredo de Estado

Um dos aspetos que maior relevância vem assumindo na prática da tramitação do procedimento administrativo de concessão ou renovação de uma autorização de residência é o acesso, pelo requerente, a toda a informação que será atendida, pelo SEF, na decisão final a proferir.

Com efeito, como melhor decorre do disposto no n.º 1 do artigo 1.º e nos n.ºs 1, 2, e 4, al. a), do artigo 2.º do CPA, os procedimentos de concessão e renovação de autorização de residência, mormente os de ARI, revestem a natureza de procedimento administrativo, enquanto «sucessão ordenada de atos e formalidades relativos à formação, manifestação e execução da vontade»[84] de um órgão do Estado, *in casu*, o SEF. Sendo o SEF um «serviço de segurança, organizado hierarquicamente na dependência do Ministro da Administração Interna»[85], subsume-se à categoria de órgão do Estado, integrando, desse modo, a Administração Pública a quem são, naturalmente, aplicáveis as normas conformadoras da atividade e do procedimento administrativos. Isso mesmo é, aliás, reconhecido pelo próprio SEF no Manual

---

(art. 101.º do REPSA). Note-se que o SEF já tem admitido, quando se trata da renovação de autorização de residência dos familiares de um titular de ARI, que sejam subscritos por este último os termos de responsabilidade a que *supra* aludimos, acompanhados da prova de alojamento e de meios de subsistência para toda a família.

[84] Cf. art. 1.º, n.º 1 do CPA.

[85] N.º 1 do art. 1.º da Lei Orgânica do SEF, aprovada pelo DL n.º 252/2000, de 16 de outubro e entretanto alterada pelos DL n.º 290-A/2001, de 17 de novembro, n.º 121/2008, de 11 de julho e n.º 240/2012, de 06 de novembro.

de Procedimentos relativo à Autorização de Residência para Investimento, a que fizemos já referência[86].

Com este enquadramento, ao cidadão estrangeiro requerente de uma autorização de residência, mormente de uma ARI, devem ser reconhecidos, por via do princípio da equiparação a que se fez referência na primeira parte deste estudo, todos os direitos e garantias procedimentais e processuais administrativas atribuídos aos cidadãos portugueses, das quais se destacam as relativas à informação e à participação procedimental.

Ora, resulta do vertido nos artigos 267.º e 268.º da CRP que, no seio de um procedimento administrativo, a Administração deve garantir, aos interessados, o direito de participarem efetivamente no processo de formação da decisão, pronunciando-se e influindo nos vários aspetos em que a mesma irá alicerçar-se, bem como de conhecerem todos esses aspetos, sendo informados dos mesmos, sempre que o requeiram, acedendo aos documentos nos quais eles se sustentem[87] e, ainda, conhecendo as resoluções

---

[86] A este respeito, atente-se no referido na p. 23 do Manual em apreço.

[87] Não obstante estarmos a reportar-nos, em primeira linha, dado o objeto deste estudo, aos direitos de participação e de acesso à informação procedimental, aos administrados é, ainda, garantido o direito de acederem a toda a informação de cariz não procedimental concretizada nos documentos, arquivos e registos administrativos. Tal direito, plasmado, hoje, no n.º 2 do art. 268.º da CRP, encontra desenvolvimento no art. 5.º do Regime de Acesso à Informação Administrativa e Ambiental e de Reutilização dos Documentos Administrativos (RAIAA), aprovado pela Lei n.º 26/2016, de 22 de Agosto, normativo segundo o qual «[t]odos, sem necessidade de enunciar qualquer interesse, têm direito de acesso aos documentos administrativos, o qual compreende os direitos de consulta, de reprodução e de informação sobre a sua existência e conteúdo». Este regime sucede assim, em exata medida, ao anteriormente consagrado na Lei de Acesso aos Documentos Administrativos (LADA), aprovada pela Lei n.º 46/2007, de 24 de agosto, cujo art. 5.º possuía redação idêntica à do n.º 1 do art. 5.º acima transcrito. De salientar, apenas, a chamada de atenção agora estabelecida no n.º 2, de acordo com a qual este direito de acesso «realiza-se independentemente da integração dos documentos administrativos em arquivo corrente, intermédio ou definitivo». Alerta-se, também, que apesar de se reportarem a uma só realidade – acesso a informação de natureza administrativa –, os dois normativos possuem um âmbito subjetivo de aplicação distinto: enquanto o n.º 1 do art. 5.º do RAIAA se dirige a «todos, sem necessidade de enunciar qualquer interesse», o n.º 1 do art. 82.º do CPA deixa claro que a norma se dirige aos «interessados», podendo, nos termos do art. 85.º do mesmo Código, ser extensiva «a quaisquer pessoas» desde que «provem ter interesse legítimo no conhecimento dos elementos que pretendam». Para densificação do conceito de interessado empregue pelos normativos do CPA vindos de citar, veja-se CANOTILHO, J. J. Gomes / MOREIRA, Vital (2010). *Constituição da República Portuguesa Anotada – Artigos 108.º a 296.º* (Vol. II). (4.ª ed.). Coimbra:

definitivas que vierem a ser tomadas. Estes direitos procedimentais e processuais administrativos, que assumem natureza análoga a direitos, liberdades e garantias[88], derivam daquilo que DAVID DUARTE nomeia como «publicização da vida administrativa»[89] que, para além dos aludidos postulados constitucionais acima identificados, surge refletida no princípio da administração aberta ou da transparência administrativa, mediante o qual, de forma abrangente, «todas as pessoas têm o direito de acesso aos

---

Coimbra Editora, p. 822. Ainda a este respeito, os AA., *Ibidem*, p. 824, entendem que, «a garantia de um tal direito, independentemente de estar em curso qualquer procedimento administrativo, é um elemento dinamizador da "democracia administrativa" e um instrumento fundamental contra o "segredo administrativo"».

[88] Neste sentido, *vide* CANOTILHO, J. J. Gomes, MOREIRA, Vital (2010), ob. cit., pp. 820 e 823, que caracterizam estes direitos, não apenas como «direitos, liberdades e garantias de cariz defensivo, mas também como direitos a prestações funcionalmente referenciadas a outros "direitos democráticos": direito de acesso aos documentos e arquivos, direito de petição, direito de acção procedimental».

[89] DUARTE, David (1996). *Procedimentalização, Participação e Fundamentação – Para uma concretização do princípio da imparcialidade administrativa como parâmetro decisório*. Coimbra: Almedina, pp. 154-155. Para o A., esta publicização ou abertura da atividade administrativa encontra respaldo nas «ideias e valores de aportação democrática», concretizados numa modificação na própria organização administrativa, à qual cabe «regular a colisão de valores antgónicos, a confidencialidade de determinados dados e a publicidade da acção administrativa, de forma a garantir o acesso aos registos, fora do procedimento, e o pluralismo procedimental no acesso às condições legítimas de influência no processo de formação da decisão». Perfilhando de idêntico entendimento, sustentando que a transparência administrativa é um reflexo do «ideário da democracia administrativa», *v.* CHEVALIER, Jacques (1988). *Le Mythe de la Transparence Administrative, in Information et Transparence Administratives, apud* DUARTE, David (1996), ob. cit., p. 154, n. 158. Ainda a este respeito, CANOTILHO, J. J. Gomes e MOREIRA, Vital (2010), ob. cit., p. 820, falam-nos de uma «reconstrução do estatuto de cidadania administrativa dos particulares», pela qual o particular passa a ser «perante a administração, um sujeito num processo comunicativo e não objecto de decisões anulatórias unilaterais dos poderes públicos». Os AA. julgam, assim, ultrapassada a era em que, «[a] administração arrogava-se de uma "distância burocrática" perante os direitos e interesses juridicamente protegidos dos particulares e esta forma de relacionamento justificava a ideia de que a máscara afivelada pelo "administrado" era a de simples "indivíduo" ou "particular" perante as autoridades públicas (e não a de um cidadão com direitos fundamentais)».

Defendendo, ainda, que os direitos à informação e participação procedimental são reclamados pelo próprio princípio da dignidade da pessoa humana, veja-se MIRANDA, Jorge (1988). «O Direito de Informação dos Administrados». In *O Direito*, ano 120, II/IV, p. 459.

arquivos e registos administrativos, mesmo quando nenhum procedimento que lhes diga diretamente respeito esteja em curso»[90].

O direito de acesso à informação procedimental assume, assim, fazendo uso das palavras de GEORGE MORANGE, «quatro vectores: a) o acesso dos particulares à informação administrativa, b) o carácter contraditório do processo de elaboração das decisões, c) a identificabilidade do autor da decisão e d) a fundamentação dos actos administrativos»[91]. Não bastará, portanto, como vimos, que ao interessado seja reconhecido o direito de aceder aos documentos e informações do procedimento em que é requerente, mas é também imperativo que a Administração lhe dê a possibilidade efetiva de se pronunciar sobre todas as premissas nas quais se poderá fundar a decisão final a proferir, influenciando as mesmas, bem como que, *a posteriori*, o esclareça, transmitindo-lhe as razões que estiveram na base do sentido decisório escolhido. Estarão em causa, em suma, os direitos dos interessados à informação, à audiência prévia e à fundamentação dos atos administrativos, este último correlativo do dever da Administração de fundamentar as suas decisões[92].

O artigo 83.º do CPA, concretizando o âmbito do direito de acesso à informação administrativa inclusa num procedimento administrativo[93], enquanto vetor do direito de acesso à informação procedimental entendido de forma ampla, estabelece, todavia, no seu n.º 1, que, tal direito existirá quando e na medida em que o processo «não contenha documentos classificados»[94]. Ora, como nos diz ALEXANDRE BRANDÃO DA

---

[90] Cfr. art. 17.º, n.º 1, 1.ª parte do CPA.
[91] MORANGE, George (1978). «Le secret en Droit Public Français», *apud* DUARTE, David (1996), ob. cit., p. 155, n. 160. CANOTILHO, J. J. Gomes, MOREIRA, Vital (2010), ob. cit., p. 823, apelidam estes vetores de *esquemas de informação*.
[92] Previstos, respetivamente, nos arts. 82.º a 85.º, 121.º a 125.º e 152.º a 154.º, todos do CPA.
[93] Plasmado, por sua banda, constitucionalmente, como vimos, no n.º 1 do art. 268.º da CRP e, ordinariamente, no n.º 1 do art. 82.º do CPA.
[94] Esta norma encontra correspondência no atual n.º 1 do art. 6.º do RAIAA, aplicável ao acesso à informação administrativa não procedimental, segundo o qual «[o]s documentos que contenham informações cujo conhecimento seja avaliado como podendo pôr em risco interesses fundamentais do Estado ficam sujeitos a interdição de acesso ou a acesso sob autorização, durante o tempo estritamente necessário, através de classificação operada através do regime do segredo de Estado ou por outros regimes legais relativos à informação classificada». Este normativo parece ter vindo alargar a determinação anteriormente plasmada no n.º 1 do art. 6.º da LADA, na medida em que o mesmo limitava esta restrição de acesso aos documentos classificados

VEIGA[95], a «classificação, no sentido da lei administrativa, define o mecanismo jurídico de reconhecimento» da existência nos documentos classificados de uma matéria sujeita a segredo de Estado. Temos, assim, como nos diz DAVID DUARTE, o reconhecimento, pelo legislador, de que a transparência e abertura da atividade administrativa «não supera, contudo, as preocupações justificadas de reserva de intimidade administrativa» a qual, por seu turno, compreende «a protecção de dados que, caso divulgados, possam pôr em causa a segurança interna e externa do Estado»[96].

Esta restrição de acesso, fundada na existência no caso concreto de factos sujeitos a segredo de Estado, para além de motivar a recusa, pelo SEF, do pedido do requerente de aceder à informação constante do procedimento administrativo de concessão ou renovação de uma autorização de residência, tem vindo, em não raros casos – porque associada, por aquele serviço, à natureza aberta da cláusula plasmada pelo legislador na alínea b) do n.º 1 do artigo 77.º do REPSA –[97], a ser utilizada pelo SEF como fundamento para o não fornecimento, em sede de notificação ao requerente para audiência prévia, de todos os elementos cuja atendibilidade conduziu ao projeto de decisão de indeferimento[98], bem como para, *a final*, não fundamentar deta-

---

que contivessem «informações cujo conhecimento seja avaliado como podendo pôr em risco ou causar dano à segurança interna e externa do Estado». Parece decorrer, portanto, da atual redação a aplicação desta restrição a outras matérias que não apenas a segurança interna e externa do Estado. Em qualquer caso, e sem prejuízo do presumível alargamento do âmbito de aplicação da restrição em apreço, julgamos que a mesma continua a enquadrar-se na restrição constitucionalmente autorizada pelo n.º 2 do art. 268.º da CRP. Para maiores desenvolvimentos a este respeito, *vide* GONÇALVES, José Renato (2002). *Acesso à Informação das Entidades Públicas*. Coimbra: Almedina, pp. 51 e ss., bem como VEIGA, Alexandre Brandão da (2007). *Acesso à Informação da Administração Pública pelos Particulares*. Coimbra: Almedina, pp. 98 e ss., o qual, apesar da diferença terminológica empregue em ambos os diplomas – CPA e então LADA, hoje RAIAA – perfilha da opinião de que ambos se reportam a uma única realidade, o segredo de Estado «que é tipicamente reconhecido por classificação dos documentos».

[95] Cf., do A. (2007), ob. cit., p. 99.
[96] DUARTE, David (1996), ob. cit., p. 154, n. 159.
[97] Nos termos da qual um pedido de concessão ou renovação de uma autorização de residência pode ser recusado, caso o SEF conclua pela existência «de qualquer facto que, se fosse conhecido pelas autoridades competentes, devesse obstar à concessão do visto».
[98] Nos termos do disposto no n.º 2 do art. 122.º do CPA, a notificação para audiência prévia deve fornecer «o projeto de decisão e demais elementos necessários para que os interessados possam conhecer todos os aspetos relevantes para a decisão, em matéria de facto e de direito, indicando também as horas e o local onde o processo pode ser consultado». A este respeito,

lhadamente a decisão de indeferimento⁹⁹. Nessa situação, num primeiro momento, o requerente, fica a conhecer da intenção do SEF em indeferir o seu pedido, sem contudo lhe serem transmitidas as razões que motivam tal projeto de decisão e, num segundo momento, vê indeferido o seu pedido de autorização de residência sem indicação da razão, ou razões, que estão na base da escolha do SEF. Estará em causa, parece-nos, uma extensão da restrição do direito de acesso do requerente à informação administrativa, plasmada pelo n.º 1 do artigo 83.º[100], aos direitos de audiência prévia e de fundamentação, com as necessárias implicações para os direitos constitucionalmente reconhecidos de participação e informação procedimental, de defesa ou contraditório, e de acesso a uma tutela jurisdicional efetiva. Ao

e como nos diz ALMEIDA, Mário Aroso (2015). *Teoria Geral do Direito Administrativo – O Novo Regime do Código do Procedimento Administrativo* (2.ª ed.). Coimbra: Almedina, p. 111, «[a] audiência tem de basear-se [...] em informação que permita ao interessado reconhecer o objeto do procedimento, tal como ele se encontra delimitado a final, e o sentido provável da decisão a tomar [...]». «A audiência deve, na verdade, possibilitar a colocação de todas as questões pertinentes à decisão. Note-se que o âmbito da audiência dos interessados se afere pela "configuração que o órgão instrutor vai fazendo do objeto do procedimento". Ora, como a Administração pode ir ampliando ou restringindo o objeto do procedimento, o âmbito do direito de audiência não pode deixar de reportar-se ao "objeto procedimental concretamente visado pela Administração no momento da decisão"». Para maiores desenvolvimentos, *v.* MACHETE, Pedro (1996). *A Audiência dos Interessados no Procedimento Administrativo* (2.ª ed.). Lisboa: UCP, *passim*.

[99] Nos termos do disposto no art. 152.º e no n.º 1 do art. 153.º do CPA, recai sobre a Administração a obrigação de fundamentar expressamente os seus atos administrativos «através de sucinta exposição dos fundamentos de facto e de direito da decisão, podendo consistir em mera declaração de concordância com os fundamentos de anteriores pareceres, informações ou propostas, que constituem, neste caso, parte integrante do respetivo ato». Este preceito surge no desenvolvimento do vertido no n.º 3 do art. 268.º da CRP. Segundo CANOTILHO, J. J. Gomes e MOREIRA, Vital (2010), ob. cit., p. 825, «[a] fundamentação é aqui entendida não só como motivação, traduzida na indicação das razões que estão na base da escolha operada pela Administração, mas também como justificação, traduzida na exposição dos pressupostos de facto e de direito que conduziriam à decisão tomada. / Trata-se de um princípio fundamental da administração do Estado de direito, pois a fundamentação não só permite captar claramente a actividade administrativa (princípio da transparência da acção administrativa) e a sua correcção (princípio da boa administração), mas também, e principalmente, possibilita um controlo contencioso mais eficaz do acto administrativo [...]». Deste modo, concluem, «[a] lém da protecção subjectiva dos administrados, a norma do dever de fundamentação é também norma de acção administrativa (dever de fundamentação), que visa assegurar uma correcta e ponderada realização dos interesses públicos (legalidade, imparcialidade, justiça, eficiência)».

[100] Mas também, como se viu já, pelo n.º 1 do art. 6.º do RAIAA.

não transmitir ao requerente as razões que estão na base da sua intenção ou decisão de indeferimento, o SEF está a coartar o direito do mesmo de, numa primeira fase, influir efetivamente na decisão administrativa, e, numa segunda, de impugnar o sentido decisório final. Resta saber se tal restrição de direitos será ajustada, ponderação que faremos de seguida[101].

Decorre da Resolução do Conselho de Ministros n.º 50/88, de 08 de setembro[102], que aprovou as Instruções para a Segurança Nacional, Salvaguarda e Defesa das Matéria Classificadas (SEGNAC 1), que a classificação de segurança de determinados documentos ou matérias pode assumir um de quatro graus: muito secreto, secreto, confidencial e

---

[101] Note-se porque não nos parece despiciendo que o art. 28.º da Lei-quadro do Sistema de Informações da República Portuguesa, aprovada pela Lei n.º 30/84, de 05 de setembro, alterada pelas Leis n.º 4/95, de 21 de fevereiro, n.º 15/96, de 30 de abril, n.º 75-A/97, de 22 de julho, e pelas Leis Orgânicas n.º 4/2004, de 06 de novembro e n.º 4/2014, de 13 de agosto, consagre um dever de sigilo para «quem, em razão das suas funções, tomar conhecimento de matérias classificadas na disponibilidade dos serviços de informações». Este dever deve ser coadunado com o disposto no artigo 316.º do Código Penal, na redação introduzida pela Lei Orgânica n.º 1/2015, de 8 de janeiro, normativo que prevê a sanção penal para a violação do segredo de Estado, numa moldura que pode ir até 10 anos de pena de prisão, consoante os meios e circunstâncias empregues na divulgação. A tal responsabilização penal, acrescerá ainda a responsabilização disciplinar, constituindo a violação por funcionário, agente ou dirigente em funções públicas de tal segredo «falta disciplinar grave, punível com sanção que pode ir até à pena de demissão ou outra medida que implique a imediata cessação de funções do infrator, sem prejuízo da aplicação das sanções decorrentes da violação do dever de sigilo aplicáveis», nos termos do n.º 2 do art. 13.º da Lei Orgânica n.º 2/2014, de 06 de agosto, que aprovou e publicou o Regime do Segredo de Estado e foi alterada e republicada pela Lei Orgânica n.º 1/2015, de 08 de janeiro.

[102] Publicada no DR, 1.ª Série, n.º 279, de 03 de dezembro, posteriormente retificada por Declaração de Retificação de 12 de janeiro de 1989, publicada no DR, 1.ª Série, n.º 26, de 31 de janeiro, e alterada pela Resolução do Conselho de Ministros n.º 13/93, de 04 de fevereiro, publicada no DR, 1.ª Série, n.º 55, de 06 de março. Note-se que, a Lei Orgânica n.º 2/2014, de 06 de agosto, que aprovou e publicou o Regime do Segredo de Estado – alterada e republicada pela Lei Orgânica n.º 1/2015, de 08 de janeiro – previa, no n.º 3 do artigo 4.º do diploma preambular, que, «[o] quadro normativo respeitante à segurança das matérias classificadas, designadamente as instruções abreviadamente designadas por SEGNAC, aprovadas pelas Resoluções do Conselho de Ministros n.ºs 50/88, de 3 de dezembro, 37/89, de 24 de outubro, 16/94, de 22 de março, e 5/90, de 28 de fevereiro, que comporta os graus de classificação «Muito secreto», «Secreto», «Confidencial» e «Reservado», deve ser adaptado à presente lei no prazo de 90 dias a contar da sua publicação».

reservado[103]. Estes graus, do mais elevado ao menor grau de proteção, para além de visarem matérias distintas entre si, atendem às diferentes consequências que a divulgação da informação em causa pode acarretar para o país e para as «nações aliadas ou organizações de que Portugal faça parte». Nesta perspetiva, a classificação como *muito secreto* visa proteger «matérias cujo conhecimento ou divulgação por pessoas não autorizadas possa implicar consequências excepcionalmente graves»; a classificação como *secreto* protege «informações, documentos e materiais cuja divulgação ou conhecimento por pessoas não autorizadas possa implicar consequências graves»; a classificação como *confidencial* deve ser aplicad*a «às matérias cujo conhecimento por pessoas não autorizadas possa ser prejudicial para os interesses do País ou dos seus aliados ou para organizações de que Portugal faça parte»*; e, por fim, a classificação como *reservado* visa apenas proteger da desfavorabilidade da divulgação[104]. Estes graus devem ser entendidos à luz do estabelecido no atual Regime do Segredo de Estado[105], nos termos do qual, «são abrangidos pelo regime do segredo de Estado as matérias, os documentos e as informações cujo conhecimento por pessoas não autorizadas é suscetível de pôr em risco interesses fundamentais do Estado», considerando-se como interesses fundamentais do Estado os relativos à «independência nacional, à unidade e à integridade do Estado ou à sua segurança interna ou externa, à preservação das instituições constitucionais, bem como os recursos afetos à defesa e à diplomacia, à salvaguarda da população em

---

[103] Cf. art. 3.2 do SEGNAC 1. Esta classificação deverá sempre ser efetuada em articulação com o disposto na Lei-quadro do Sistema de Informações da República Portuguesa, a que acima fizemos referência, na Lei de Segurança Interna, aprovada pela Lei n.º 53/2008, de 29 de agosto, retificada pela Retificação n.º 66-A/2008, de 28 de outubro, e alterada pela Lei n.º 59/2015, de 24 de junho, que revogou e sucedeu à Lei n.º 20/87, de 12 de junho, na vigência da qual foi aprovado o SEGNAC 1, e que, no seu art. 25.º, n.º 1, al. d), instituí o SEF como serviço de segurança e, ainda, na Lei Orgânica n.º 2/2014, de 06 de agosto, alterada e republicada pela Lei Orgânica n.º 1/2015, de 08 de janeiro, que aprovou e publicou o Regime do Segredo de Estado.

[104] Veja-se, para maior detalhe das matérias em causa, os arts. 3.2.1 a 3.2.4 do SEGNAC 1 que, em texto, se deixaram parcialmente transcritos.

[105] Aprovado e publicado pela Lei Orgânica n.º 2/2014, de 06 de agosto, alterada e republicada pela Lei Orgânica n.º 1/2015, de 08 de janeiro.

território nacional, à preservação e segurança dos recursos económicos e energéticos estratégicos e à preservação do potencial científico nacional»[106].

A questão da restrição do direito dos administrados à fundamentação dos atos administrativos que lhe sejam desfavoráveis, quando estejam em causa matérias conexionadas com o segredo de Estado, não constitui discussão recente. Entre nós, DAVID DUARTE, opondo-se à prevalência do dever de fundamentação sobre a classificação como segredo de Estado, escreve que «[a] grande maioria das circunstâncias determinará que a motivação da decisão seja comprimida, não podendo o órgão decisor entrar em domínios proibidos, resultando que o conteúdo da fundamentação, nos pontos de confronto, se transubstancie numa fundamentação da não fundamentação. Todavia, em decisões exclusivamente dominadas por interesses secretos protegidos, interesses públicos protegidos por segredo ou da esfera da reserva da intimidade, o maior peso destes interesses parece apontar para a limitação do próprio imperativo da fundamentação, podendo algumas das suas funções ser atingidas por outros meios»[107]. Em sentido oposto, ALEXANDRE BRANDÃO DA VEIGA diz-nos que a restrição do direito de acesso sofrerá uma exceção na parte relativa àquilo que apelida de processo administrativo mínimo e à qual faz corresponder o ato administrativo e os documentos que o fundamentam[108]. Concretiza o A. que, «pelo menos em relação ao processo mínimo, nunca podem ser invocadas as restrições de acesso [...]. Com efeito, a CRP atribui o direito a uma fundamentação expressa e acessível e à tutela jurisdicional efectiva. Se constituir fundamento do acto matéria que em princípio é de acesso restrito há colisão de regimes: o da protecção de bens alheios e o da protecção dos particulares contra a actuação do Estado que lhes possa afectar direitos ou interesses legítimos. A única forma de conciliar estes preceitos é a de, não dando acesso a todo processo (quando e na medida em que tiver matérias sujeitas a restrições de acesso), ter de fazê-lo pelo menos em relação ao processo mínimo. Em relação ao processo mínimo nunca valem portanto as restrições de acesso»[109]. Mais entende o A. que, sob pena de violação do direito

---

[106] Cf. art. 2.º, n.ºs 1 e 2 do Regime do Segredo de Estado. Para maiores desenvolvimentos acerca das matérias que podem, especialmente, ser abrangidas por segredo de Estado atente-se no elenco constante do n.º 4 do aludido art. 2.º do Regime do Segredo de Estado.
[107] Cf. do A. (1996), ob. cit., p. 210.
[108] Cf. do A. (2009), ob. cit., p. 81.
[109] Ibidem, p. 163.

a uma tutela jurisdicional efetiva, a restrição de acesso deverá ceder, desde logo, a partir da notificação do administrado para audiência prévia, «na medida em que na audiência prévia o particular tem a mesma amplitude de impugnação do acto administrativo que teria na impugnação judicial»[110].

Sem prejuízo de reconhecermos do mérito das posições vindas de citar, e exatamente porque partilhamos as preocupações explicitadas por esses AA., entendemos que, no caso concreto dos pedidos de concessão e renovação de autorização de residência, mormente para atividade de investimento, a questão deve ser vista com cautela. Vemos com alguma consternação a admissibilidade de recusa do pedido ou da pretensão formulada pelo requerente ao SEF sem que ao mesmo sejam transmitidas as razões que estiveram na base de tal decisão e sem que lhe seja permitido influir nesse sentido decisório final. Cremos que a aceitação, sem mais, dessa possibilidade – mesmo que não estejam em causa direitos ou interesses legalmente protegidos, mas tão só a rejeição de uma pretensão –, sempre acarretará a conformação com uma situação de insindicabilidade dos atos administrativos, a qual, na nossa ótica, não se coaduna com os ideários do Estado de Direito Democrático e com o princípio da tutela jurisdicional efetiva, de assento constitucional no n.º 4 do artigo 268.º da CRP.

Deste modo, julgamos que deve ser sempre efetuada uma ponderação, caso a caso, da natureza da matéria classificada, de modo a alcançar-se uma conciliação dos direitos em conflito. Esta ponderação poderá começar, na nossa ótica, pela atendibilidade do grau de classificação conferido. Parece-nos que, em confronto com os valores e garantias constitucionais a que fizemos referência, a mera prejudicialidade ou desfavorabilidade da divulgação da informação classificada pode não ser suficiente para fazer prevalecer o segredo de Estado e, desse modo, limitar o direito (dever) de fundamentação da decisão. Nesse cenário, pode ser admissível, legítima e lícita, a nosso ver, uma decisão no sentido da prevalência do direito de fundamentação sem qualquer limitação. Diferentemente, nos casos em que a classificação seja de índole a prevenir a divulgação de informação

---

[110] *Ibidem*, p. 164. O A. acrescenta, ainda, que, «se a administração pública pode ou deve agir numa determinada situação e o faz realmente afectando direitos ou interesses legítimos dos particulares, mesmo que isso possa pôr em causa a segurança do Estado ou a investigação infraccional, então o particular tem direito a aceder à informação constante do processo mínimo, pelo menos essa, mesmo que coberta por outros segredos [...]. Se a administração pública não está inibida de actuar pelo segredo, não pode igualmente inibir o particular de sindicar a sua actividade».

que, pela sua natureza, possa produzir consequências excecionalmente graves ou muito graves – situações que admitimos como estando conexionadas com os valores maiores da defesa nacional e da segurança interna e externa das pessoas, do Estado, das nações amigas e das organizações de que Portugal faça parte –, a decisão sobre a prevalência do direito (dever) de fundamentação ou do segredo de Estado não deve bastar-se com a ponderação generalista do grau de classificação atribuído, mas deve ser confiada em concreto a uma entidade independente – na nossa opinião, aos Tribunais –, que atenda aos concretos circunstancialismos da situação do requerente e à natureza e conteúdo da matéria classificada[111].

3. Conclusão: as autorizações de residência para investimento enquanto oportunidade para as empresas

A reflexão e estudo acima vertidos não deixam, cremos, margem para dúvida de que Portugal pretendeu, com o seu regime de *golden visa*, estimular o investimento estrangeiro em variadíssimos setores, desde o imobiliário, passando pela reabilitação urbana, pela cultura e ciência e, como procurámos salientar, pela participação ativa de investidores nas empresas nacionais.

Procurámos deixar claras, no enquadramento e nas considerações iniciais, as problemáticas e polémicas que rodearam e rodeiam as autorizações de residência para investimento. Percebemos que o tema está longe de estar esgotado e que a questão assume particular pertinência no seio da UE, em que este instrumento é, em alguns casos, encarado como um verdadeiro "atalho" para a cidadania europeia e, nessa medida, olhado com desconfiança.

A verdade é que, ao aparecimento e disseminação das ARIs nos países europeus não foi de todo alheio o cenário de constrição económico-financeira,

---

[111] Parecendo aproximar-se, em parte, desta nossa posição, mas sem distinguir pelos graus de classificação, veja-se ANDRADE, José Carlos Vieira de (2007). *O Dever da Fundamentação Expressa de Actos Administrativos*. Coimbra: Almedina, pp. 124 e ss. Note-se que o artigo 12.º do Regime do Segredo de Estado, prevê já algumas soluções para os casos de colisão entre o segredo de Estado e o direito de defesa, constitucionalmente reconhecido aos cidadãos. No entanto, julgamos que tal norma, apesar de louvável, peca por insuficiente, na medida em que limita a sua regulação ao direito de defesa em processo penal.

e que estas funcionaram e visam funcionar como um estímulo aos investidores estrangeiros privados.

No caso específico do tecido empresarial nacional, os investimentos que acima descrevemos configuram verdadeiras formas de capitalização, muitas vezes determinantes da continuidade ou da expansão da atividade de pequenas e médias empresas, evitando o seu estrangulamento e dando um novo fôlego aos empresários nacionais.

Na Lei n.º 7-B/2016, de 31 de março, que aprova as Grandes Opções do Plano para 2016-2019, prevê-se, com relevância para o tema de que aqui nos ocupamos, no âmbito do ponto 2 (sob a epígrafe «Resolver o problema do financiamento das empresas»), a criação de um Fundo de Capitalização que, entre outras fontes de financiamento, seria "alimentado" pelas contrapartidas dos vistos *gold*, agora reorientando-os para o objetivo de capitalizar empresas e reforçar a sua autonomia.

Acresce ainda que, conforme pode ler-se no Preâmbulo da Resolução do Conselho de Ministros que aprovou o Programa Capitalizar, «[e]m Portugal, as micro, pequenas e médias empresas representam cerca de 99% do número total de empresas, 80% do total de emprego e cerca de 60% do total do volume de negócios das sociedades não financeiras [...]. Com acesso limitado aos mercados de capitais, as micro, pequenas e médias empresas vêem-se, assim, privadas da principal fonte de financiamento, o que tem vindo a comprometer seriamente a retoma do investimento empresarial e, por conseguinte, o relançamento da economia portuguesa e o crescimento económico»[112].

No âmbito deste Programa, mais concretamente da área estratégica de intervenção designada «*simplificação administrativa e enquadramento sistémico*», prevê-se expressamente[113] o reajustamento do regime das ARIs, designadamente com uma vertente direcionada para o investimento empresarial. Tal medida reforça a convicção de que os mecanismos já criados pelo legislador,

---

[112] Resolução do Conselho de Ministros n.º 42/2016, publicada no DR, 1.ª Série, n.º 158, de 18 de agosto.

[113] Cfr. Medida n.º 13 do Anexo II. Apesar de estar previsto, como prazo de implementação desta medida, o primeiro trimestre de 2017, à data da elaboração deste estudo (final de 2016 e primeiros dias de 2017) não tivemos notícia de qualquer avanço na respetiva implementação. A proposta de lei que altera o regime de entrada, permanência, saída e afastamento de cidadãos estrangeiros do território nacional que, entre outros objetivos, procura «agilizar o regime de concessão das autorizações de residência» foi aprovada na reunião do Conselho de Ministros de

no REPSA, e que acima identificámos detalhadamente, serão aprimorados, no sentido de tornar mais apelativo o investimento nas empresas nacionais.

Apesar de não fazer referência expressa a esta concreta medida, a Lei n.º 41/2016, de 28 de dezembro, que aprovou as Grandes Opções do Plano para 2017, volta a mencionar o Programa Capitalizar, nomeadamente na área estratégica da simplificação administrativa e enquadramento sistémico.

Estamos, por isso, certas de que os mecanismos associados às autorizações de residência para investidores estrangeiros conhecerão, num futuro próximo, importantes e interessantes desenvolvimentos.

18 de maio de 2017 – cf. comunicado do Conselho de Ministros em *www.portugal.gov.pt/o-governo/cm/comunicados/20170518-com-cm.aspx* [consultado em 06.06.2017] –, não tendo sido, até à data da revisão das provas desta Coleção, ainda publicada em DR.

Third-Party Ownership – Entre a integridade da competição e as liberdades comunitárias apenas restava a proibição?

RÚBEN FERREIRA RIBEIRO[*]

Sumário:
A venda a terceiros da totalidade ou de parte dos direitos económicos relativos a jogadores de futebol, comummente designada de *third-party ownership*, constitui para os clubes de futebol uma forma alternativa de financiamento, por contraponto, entre outros, ao recurso aos empréstimos bancários. A proibição absoluta da *third-party ownership* por parte da FIFA é susceptível de violar as liberdades de circulação e as normas sobre concorrência da UE. Em vez da proibição, é preferível implementar soluções alternativas menos restritivas e capazes de salvaguardar os objectivos legítimos de protecção da integridade da competição desportiva, dos direitos dos atletas e da independência dos clubes.

Palavras-chave:
Third-party ownership; *direitos económicos; direitos federativos; financiamento dos clubes de futebol; liberdades de circulação; direito da concorrência; princípio da proporcionalidade.*

---

[*] O A. não segue as regras do Acordo Ortográfico da Língua Portuguesa de 1990.

Tudo quanto sei com maior certeza sobre a moral e as obrigações dos homens devo-o ao futebol.

Albert Camus

1. Introdução

1.1. Razão de ordem e objectivos do estudo

O termo *third-party ownership* designa, no âmbito do direito do desporto, em especial no futebol, a propriedade dos direitos económicos relativos a atletas por parte de entidades terceiras, que não clubes desportivos nem o próprio atleta.

Nos últimos anos, este tipo de expediente vinha sendo utilizado pelos clubes de futebol, especialmente em dois momentos distintos: aquando da contratação de um novo atleta, o clube desportivo associava-se a uma entidade terceira, dividindo com esta o pagamento da «cláusula de rescisão» ou indemnização devidos ao clube anterior; ou, então, já na vigência de um contrato de trabalho desportivo com um atleta, o clube, em face de necessidades diversas, «vendia» uma parte da indemnização que lhe seria devida em consequência de uma transferência futura e eventual.

A TPO afirmou-se, pois, como uma nova forma alternativa de financiamento do clube – em detrimento do mais tradicional recurso aos empréstimos bancários – para a contratação de novos atletas ou para fazer face a outras necessidades financeiras, permitindo-lhe *(i)* fazer ingressar nos seus quadros e dispor, em exclusivo, da totalidade dos chamados *direitos federativos* de um jogador sem ter que pagar a totalidade da indemnização ao clube anterior, e *(ii)* obter liquidez no curto prazo ou injectar capital, alienando parte dos seus activos – no caso, os direitos económicos sobre os jogadores de futebol – em troca de uma quantia em dinheiro[1].

Através do recurso a este mecanismo, clubes de futebol com menor capacidade financeira conseguem contratar atletas de qualidade superior, logrando dessa forma melhorar, também, o seu rendimento desportivo – e, por inerência, as receitas daí decorrentes – ou mesmo obter receitas indirectas mais significativas com direitos televisivos, direitos de imagem, *merchandising*, entre outros, decorrentes do facto de contar com um determinado atleta entre as suas fileiras.

Nos últimos anos, este vinha sendo um expediente a que os clubes de futebol, em especial os portugueses[2], recorriam amiúde. As dificuldades de obtenção de crédito através da banca tradicional levaram a que os clubes tivessem de procurar obter formas alternativas de se financiarem, de que é exemplo, conforme referimos, a TPO.

Estas práticas, por razões de diversa índole, vieram a ser proibidas pela FIFA, através de uma norma que se encontra em vigor desde Maio de 2015[3].

Contudo, para além de outras razões, a compatibilidade desta proibição, contestada por clubes de futebol e ligas de determinados países, com algumas das liberdades garantidas pelos Tratados da União Europeia ou com o direito da concorrência levanta sérias dúvidas.

Nas linhas que se seguem, procuraremos analisar a TPO, testar a compatibilidade da sua proibição com o direito da UE e indagar se essa via será mesmo a (única ou melhor) alternativa a prosseguir pelas instituições que disciplinam o desporto.

---

[1] Neste sentido, veja-se a análise do mercado europeu da *Third-Party Ownership* constante do relatório da KPMG (2013). *Project TPO Report*, pág. 12, disponível em linha no seguinte endereço: *www.ecaeurope.com/Research/External%20Studies%20and%20Reports/KPMG%20TPO%20Report.pdf* [consultado em Janeiro de 2017]. Veja-se, ainda, entre outros, AMADO, João Leal (2005). «Os "Fundos de Jogadores": um breve olhar juslaboral» In IDEM. *Temas Laborais*. Coimbra: Almedina, p. 183.

[2] Cfr., neste sentido, a análise levada a cabo pela KPMG (2013), ob. cit., pp. 20-31.

[3] Trata-se do artigo 18ter do *Regulations on the Status and Transfer of Players*.

1.2. Os direitos económicos e os direitos federativos

Nas linhas precedentes, fizemos alusão a uma distinção importante entre os chamados *direitos económicos* e os *direitos federativos*, conceitos a que iremos recorrer repetidamente ao longo do presente estudo, pelo que importa avançar uma breve definição de cada um.

A expressão *direitos económicos* designa uma «"expectativa de ganho" com a eventual transferência ("venda") do atleta, efectuada esta durante o período de vigência do respectivo contrato de trabalho»[4]. Do ponto de vista jurídico-civilista, estamos perante uma cessão de um crédito sujeito a uma condição suspensiva, nos termos conjugados do disposto nos artigos 577.º e 270.º do CC, porquanto a respectiva produção de efeitos depende de um acontecimento futuro e incerto: a cessação do contrato de trabalho entre o atleta e o clube antes do seu termo e o consequente pagamento de uma indemnização. A incerteza diz respeito tanto à ocorrência da referida vicissitude como ao momento da mesma e até ao valor do referido direito de crédito, dado que este será, em princípio, uma percentagem do valor da indemnização.

Os *direitos federativos*, por seu turno, correspondem aos direitos exclusivos de inscrição de um atleta numa competição desportiva e utilização do mesmo nos jogos a disputar, em virtude da celebração de um contrato de trabalho desportivo.

Apenas os primeiros – os direitos económicos – são susceptíveis de partilha com as entidades terceiras; os segundos pertencem sempre, em exclusivo, aos clubes, dado que são estes que participam nas competições desportivas.

1.3. Os tipos de TPO

Costumam identificar-se três formas de partilha de direitos económicos entre clubes desportivos e entidades terceiras[5]:

---

[4] AMADO, João Leal / LORENZ, Daniel (2015). «Os "Direitos Económicos de Terceiros" sobre os Atletas Profissionais: Mitos, luzes e sombras». In *Revista da Faculdade de Direito da Universidade Lusófona do Porto (Vol. 5), n.º 5*, p. 49, disponível em linha no seguinte endereço: hdl.handle.net/10437/6538 [consultado em Janeiro de 2017].

[5] V., por todos, KPMG (2013), ob. cit., p. 13 e AMADO, João Leal / LORENZ, Daniel (2015), ob. cit., p. 52.

(a) as chamadas *TPO Financiamento*: neste tipo de parceria, um clube já detentor dos direitos económicos e federativos de determinado atleta aliena ao terceiro uma percentagem dos direitos económicos contra o pagamento de um preço;

(b) as chamadas *TPO Investimento*: o clube associa-se a um parceiro que paga uma parte da "cláusula de rescisão" ou da indemnização devidas aquando da contratação de um atleta a um outro clube, ficando o terceiro detentor de uma parte dos direitos económicos;

(c) as chamadas *TPO Recrutamento*: o clube partilha com um terceiro que colabora no recrutamento de um jovem jogador, ainda não profissional, os direitos económicos relativos a uma futura e eventual transferência.

De entre estes três tipos de parcerias entre clubes de futebol e terceiros investidores assumem maior relevo, na realidade europeia, e portuguesa em particular, as duas primeiras[6]. Por essa razão serão esses os tipos de parcerias que estarão em enfoque nas linhas que se seguem.

2. Razões e objectivos da proibição

As TPO formalizam-se através de contratos paralelos aos contratos de trabalho desportivos celebrados entre os clubes de futebol e os atletas, os chamados *contratos de investimento* ou de *financiamento*. Nesses instrumentos contratuais são estipulados os termos em que se desenvolvem as parcerias estabelecidas entre os clubes e os terceiros investidores, designadamente as obrigações de cada uma das partes.

Para além de definirem a quantia a ser paga ao clube pelo investidor pela compra de determinada percentagem dos direitos económicos dos jogadores, estes contratos prevêem certas cláusulas que conferem prerrogativas aos investidores e consagram obrigações dos clubes, de que daremos exemplos nas linhas que se seguem[7].

---

[6] O fenómeno da TPO Recrutamento é dominante entre os países da América do Sul, tendo pouca importância na Europa, onde predominam as TPO Financiamento e Investimento. Cfr. KPMG (2013), p. 13.

[7] A enumeração das cláusulas típicas dos contratos de investimento / financiamento que se segue é elencada em KPMG (2013), pp. 37-38.

Em certos casos, é estabelecida uma quantia mínima a ser paga ao investidor independentemente de o jogador ser ou não transferido no final do contrato de financiamento/investimento. Para além disso, por vezes o clube assume a obrigação de, em caso de recusa de uma oferta de transferência decorrido um determinado período previsto no contrato, pagar ao investidor uma quantia monetária, podendo esta ascender à percentagem dos direitos económicos transferidos para o clube calculados sobre o valor da proposta recusada. É frequente ainda a estipulação de uma opção, conferida ao investidor, de receber uma quantia mínima caso o clube e o atleta acordem no aumento da retribuição ou da «cláusula de rescisão», podendo o investidor optar entre manter os direitos económicos nas mesmas condições ou solicitar ao clube o pagamento da quantia mínima estabelecida. Por outro lado, a reaquisição dos direitos económicos pelo clube pode ficar sujeita ao pagamento de diversas quantias ao investidor, cujos valores dependem da data da operação (período de tempo decorrido desde o início da vigência do contrato de investimento / financiamento), podendo, ainda, uma eventual posterior transferência definitiva do jogador pelo clube gerar obrigações para este último; caso o jogador não seja transferido até uma determinada data (na chamada «janela de transferências» ou antes do termo do contrato de investimento/financiamento), o clube fica obrigado a pagar ao investidor uma quantia correspondente à percentagem dos direitos económicos que detém sobre o jogador, acrescida de juros. O clube pode também autorizar o investidor a tentar promover a transferência definitiva do jogador; no caso de cessação do contrato de trabalho desportivo por iniciativa do clube, o investidor receberá uma compensação correspondente ao retorno mínimo estabelecido; caso o clube decida vender definitivamente os direitos federativos de um jogador a outro clube em troca da aquisição dos direitos federativos de um outro jogador, o investidor poderá exigir o pagamento da percentagem dos direitos económicos do jogador ou o pagamento do retorno mínimo estabelecido.

Sucede que, na simples existência das TPO e / ou em muitas das cláusulas acabadas de referir, a FIFA, a UEFA e algumas ligas nacionais encontram diversos efeitos tidos por indesejáveis. De forma resumida, podemos afirmar que as críticas às TPO se resumem aos seguintes motivos:

(i) *o atleta tratado como uma mercadoria*: o clube ou o investidor dispõem do atleta em função dos seus interesses, exercendo pressão sobre o mesmo para que este aceite transferir-se, independentemente da sua vontade quanto à manutenção da relação laboral existente ou ao clube com o qual celebrará um novo contrato; o próprio léxico associado às TPO – de que são exemplo termos como "propriedade", "compra" e "venda" –, é considerado, pelos críticos, como inimigo da dignidade humana do atleta[8];

(ii) o controlo do clube pelo parceiro: atendendo às obrigações dos clubes para com os investidores, aqueles podem ficar sujeitos à influência destes no que diz respeito à *vontade de transferir um jogador*, atendendo a que o investidor tem interesse na realização de transferências para assim receber a sua percentagem dos direitos económicos; essa influência pode ir desde a *composição do plantel* até mesmo à *utilização dos jogadores nas competições desportivas* (o investidor tem interesse na valorização dos jogadores relativamente aos quais detém direitos económicos, podendo por isso o clube ser pressionado a utilizador esses jogadores em detrimento dos restantes, independentemente da sua performance);

(iii) o falsear da «verdade desportiva» ou da integridade da competição: os investidores celebram contratos de financiamento / investimento com diversos clubes e relativamente a vários atletas, pelo que a composição das diversas equipas pode ser determinada a cada momento pelos investidores, capazes de influenciar os clubes no sentido de transferirem entre si os jogadores, assim tornando mais fortes ou fracas as equipas em função de interesses estranhos à competição; por outro lado, o desconhecimento da identidade dos

---

[8] Este argumento merece forte crítica de AMADO, João Leal / LORENZ, Daniel (2015), ob. cit., pp. 54-59. É que, como notam os AA., a coisificação do atleta, a existir, resultará da existência de um mercado transferências, em que se compram e vendem direitos federativos e económicos sobre atletas, e não da intervenção nesse mercado de terceiros que não os clubes de futebol. Desde que se garantam a autonomia da vontade do atleta, os seus direitos jus-laborais, os seus direitos fundamentais e a última palavra quanto à celebração de um contrato de trabalho desportivo com um novo clube, não se vê como possa a TPO, mais do que as transferências entre os clubes, fazer do atleta uma simples mercadoria. Neste sentido, *v.*, ainda, LINDHOLM, Johan (2016). «Can I please have a slice of Ronaldo? The legality of FIFA's ban on third-party ownership under European union law», p. 14, disponível em linha em *www.researchgate.net/profile/Johan_Lindholm/* [consultado em Janeiro de 2017]. O artigo encontra-se, também, publicado em *The International Sports Law Journal*, 15 (3-4), pp. 137-148.

proprietários de muitas das entidades investidores não impede, por exemplo, que pessoas físicas pertencentes à estrutura de um clube sejam simultaneamente os proprietários das entidades detentores dos direitos económicos dos jogadores de outros clubes;

(iv) a criação de desigualdades entre campeonatos nacionais: antes da proibição das TPO pela FIFA, vigoravam normas distintas sobre a matéria entre os diversos campeonatos europeus, com a prática a ser interdita por alguns países e permitida por outros; assim sendo, verificar-se-ia uma «concorrência desleal» entre as diversas ligas e os seus clubes, na medida em que alguns podiam usufruir das parcerias com terceiros para formar planteis de melhor qualidade e outros não[9];

(v) a saída do dinheiro do mundo do futebol: as transferências de jogadores, em vez de representarem receitas para os clubes de futebol detentores dos seus direitos federativos (que poderiam ser aplicados no desenvolvimento da competição), geram receitas para terceiros estranhos ao desenrolar das competições desportivas[10];

---

[9] Entre os campeonatos em que a TPO estava proibida contam-se os de Inglaterra e de França. O argumento em análise é, em nossa opinião, algo cínico. Com efeito, as TPO eram muito mais expressivas entre os campeonatos de menores recursos económicos e, consequentemente, menos competitivos do ponto de vista desportivo e económico. A partilha dos direitos económicos permitia aos clubes dos campeonatos de menores recursos melhorarem os seus plantéis, contratando jogadores de melhor qualidade, e consequentemente melhorarem a sua performance desportiva e económica, o que favorecia o comércio intracomunitário (e também extracomunitário), derrubando barreiras nacionais entre os estados membros e mesmo a qualidade global das competições nacionais desportivas na UE. Nos campeonatos de maiores recursos financeiros, as TPO não eram necessárias (ou não tanto, pelo menos), pelo que a sua expressão era reduzida.

[10] Tendo em consideração que não foi proibida a partilha de direitos económicos entre clubes de futebol, nada impedindo que um clube que não tem qualquer relação laboral com um jogador (nem sequer a título de cedência temporária) seja detentor dos seus direitos económicos, esta parece ser uma das principais razões que levaram à proibição das TPO. A este propósito, é interessante e sintomática a declaração de MICHEL PLATINI, citada por LINDHOLM, Johan (2016), ob. cit., p. 14: o antigo presidente da UEFA defendia que era vergonhoso que alguns jogadores vissem os seus braços ser propriedade de uma pessoa, uma perna propriedade de um fundo e os seus pés propriedade de uma terceira pessoa, mas terminava o raciocínio com uma conclusão estranha às referidas premissas – é necessário que o mundo do futebol acorde e garanta que o dinheiro que entra no futebol permanece no futebol e não desaparece não se sabe para onde.

(vi) a violação do fair-play *financeiro*: o recurso às TPO é inimigo do cumprimento das regras do chamado «*fair-play* financeiro», levando os clubes a «viverem acima das suas possibilidades»[11].

Naturalmente, poderão avançar-se diversas objecções às críticas apontadas[12] e assinalar-se diversas virtudes da TPO, como o contributo para a sobrevivência dos clubes em momentos de crise financeira, a distribuição do risco associado à aquisição dos direitos federativos de um jogador com os investidores, o contributo para a melhoria da qualidade das competições desportivas no geral – decorrente do facto de os clubes de campeonatos com menos recursos financeiros poderem contratar atletas de melhor rendimento, assim reduzindo as assimetrias entre os campeonatos dos diversos países –, ou (paradoxalmente) o contributo para o cumprimento das regras do *fair-play* financeiro.

Tendo sempre presente que a TPO não é, por princípio, boa ou má, iremos dedicar a nossa atenção sobretudo à análise das críticas apontadas e dos objectivos que lhes estão inerentes, a fim de procurarmos compreender se estes são legítimos e se a proibição é justificada.

---

[11] Todavia, há quem defenda, e com eles concordamos, que as regras do *fair-play* financeiro até podem mais facilmente atingidas quando os clubes, de forma responsável, recorrem a parcerias com investidores, dado que logram reforçar os seus plantéis a um custo inferior. Neste sentido, *vide* FERRARI, Luca (2012). «Some thoughts on Third Party Ownership». In *Sports Law Bulletin*, n.º 10, EPFL, p. 67, e RECK, Ariel / GEEY, Daniel (2011). «UEFA's FFPR & "third party" rules: an English handicap». In *World Sports Law Report* (vol. 9), ponto 12, (*apud* FERRARI, Luca, ob. e loc. cit.); uma versão deste artigo está também disponível em linha em *www.danielgeey.com/financial-fair-play-an-english-handicap/*. Em sentido próximo, AMADO, João Leal / LORENZ, Daniel (2015), ob. cit., p. 62, afirmam que «ao ceder "direitos económicos" a terceiros, a título oneroso (venda de esperanças ou expectativas de ganho), o clube não tenta viver acima das suas possibilidades financeiras, o clube tenta, apenas, realizar ao máximo o seu potencial económico-financeiro». Por outro lado, tanto a TPO como as transferências de jogadores sem intervenção de terceiros ou com recurso a outras formas de financiamento podem levar os clubes a violar o *fair-play* financeiro, ou não. Tudo depende da boa ou má utilização dos mecanismos ao dispor dos clubes. Como tal, a potencial violação do *fair-play* financeiro não pode ser tida como um dos motivos justificativos da proibição ou regulamentação da TPO.

[12] Cfr. n. 8 a 10 do presente estudo.

3. O regime vigente

As TPO são, hoje, proibidas nos diversos campeonatos mundiais, devido à alteração promovida pela FIFA ao *Regulations on the Status and Transfer of Players* (adiante também designado de Regulamento sobre transferências de jogadores da FIFA), que entrou em vigor em Maio de 2015[13]. O artigo 18ter do referido Regulamento estabelece o seguinte:

> *No club or player shall enter into an agreement with a third party whereby a third party is being entitled to participate, either in full or in part, in compensation payable in relation to the future transfer of a player from one club to another, or is being assigned any rights in relation to a future transfer or transfer compensation.*

Trata-se de uma norma aditada ao Regulamento, sendo certo que a versão anterior já tinha uma disposição aplicável às TPO, o artigo 18bis, que, aliás, se mantém ainda em vigor, e estabelece o seguinte:

> *No club shall enter into a contract which enables the counter club/counter clubs, and vice versa, or any third party to acquire the ability to influence in employment and transfer-related matters its independence, its policies or the performance of its teams.*

Assim, nos termos do Regulamento em vigor até Maio de 2015, a TPO era proibida se permitisse ao terceiro adquirir a capacidade de influenciar a independência e as políticas dos clubes quanto às políticas de emprego e às transferências ou o desempenho das equipas. Na ausência de norma expressa sobre a TPO, esta caía, evidentemente, sob alçada do artigo 18bis.

Hoje, como vimos, a TPO é expressa e absolutamente proibida pelo artigo 18ter. No entanto, mantém-se, também, a proibição de os clubes celebrarem contratos capazes de atribuírem a terceiros ou a outros clubes a influência externa referida no artigo 18bis. Daqui resulta evidente que a TPO não é o único mecanismo susceptível de provocar influências sobre a independência, a política de emprego, as transferências ou o desempenho das equipas.

---

[13] A norma foi aprovada pelo Comité Executivo da FIFA, na sua reunião de 18 / 19 de Dezembro de 2014, e comunicada aos membros da organização através da Circular n.º 1464, de 22 de Dezembro do mesmo ano.

Note-se que a norma aqui em apreço proíbe a propriedade de direitos económicos por terceiros, pelo que nada impede que os próprios atletas, que são um dos outorgantes na relação laboral estabelecida com os clubes, participem em parcerias deste tipo.

4. A proibição da TPO, as liberdades comunitárias e a concorrência

4.1. A aplicação do direito da União Europeia ao desporto

A especificidade e a autonomia do desporto constituem um princípio "ancestral" no âmbito do relacionamento entre as autoridades públicas e o fenómeno desportivo. No entanto, à medida que, ao longo dos tempos, o desporto, nalgumas das suas dimensões, se foi transformando numa importante actividade económica, geradora de importantes receitas e capaz de movimentar quantias monetárias cada vez mais avultadas, o âmbito dessa autonomia e especificidade foi-se circunscrevendo às matérias relacionadas com as leis do jogo propriamente ditas.

A aplicação das regras dos Tratados e da demais legislação de direito derivado da União Europeia ao fenómeno poderia suscitar, por isso, dúvidas.

Todavia, pelo menos desde o acórdão *Walrave*[14], de 1974, o TJUE já deixou claro que o desporto pode ser susceptível da aplicação do direito da União Europeia. No referido aresto, aquele Tribunal declarou que «tendo em conta os objectivos da Comunidade, a prática de desportos é abrangida pelo direito comunitário na medida em que constitua uma actividade económica na acepção do artigo 2.º do Tratado». Esta conclusão não oferece difícil aceitação ou análise, atendendo aos objectivos da União e à realidade em que o desporto se transformou[15].

No entanto, este princípio geral não pode ter por efeito sujeitar todas e quaisquer disposições emanadas pelos organismos do desporto às regras da UE[16]. No supra citado acórdão *Walrave*, o TJUE entendeu, não obstante o

---

[14] Acórdão do TJUE de 12 de Dezembro de 1974, Proc. 36/74, *Walrave & Koch vs. Association Union Cycliste Internationale*, disponível em curia.europa.eu [consultado em 10.01.2017].

[15] AMADO, João Leal / LORENZ, Daniel (2015), ob. cit., pp. 57-58, sugestivamente afirmam que vivemos a era do *sports business*.

[16] No entanto, como nota COUSE, Carol (2012). «The International Transfer System and the Principle of Specificity of Sport». In *Sports Law Bulletin, n.º 10*, EPFL, p. 75, no contexto do futebol profissional, o âmbito das regras sem dimensão económica e, por isso, estranhas ao âmbito de aplicação do direito da UE é, hoje, muito restrito.

princípio geral nele instituído, que a questão que em concreto era apreciada dizia unicamente respeito ao desporto e, como tal, era alheia à actividade económica; mas também que «esta restrição ao âmbito de aplicação das disposições em causa deve, todavia, conservar-se limitada ao seu próprio objecto», não podendo, por isso, erigir-se uma regra geral no sentido de que toda a regulamentação emanada *a propósito* do desporto diz *unicamente respeito* ao desporto e, por isso, é alheia à actividade económica. A questão apreciada versava sobre uma regra estabelecida pela *Union cycliste internationale*, nos termos da qual nos campeonatos do mundo de corridas de meio-fundo de bicicleta precedida de batedor em motorizada este tinha de ser da mesma nacionalidade do corredor.

Este são os princípios fundamentais nesta matéria, reafirmados em diversas decisões do TJUE, de que são exemplos os acórdãos *Donà*[17], *Bosman*[18] ou *Motoe*[19].

O que dizer da proibição total da TPO estabelecida pelo artigo 18ter do Regulamento sobre transferências de jogadores da FIFA?

À luz da jurisprudência do TJUE, não se nos levantam dúvidas que se deva entender que a norma em apreço *não diz respeito unicamente ao desporto e, por isso, não é alheia às actividades económicas*. Com efeito, se é certo que a regra (também) visa proteger a integridade da competição desportiva, garantindo que as equipas de futebol que se defrontam continuam a ter interesses divergentes e têm por objectivo, a cada jogo e nas competições, alcançar o melhor resultado possível, certo é que a regulamentação em causa está muito para lá desse objecto e visa, sobretudo, regular as transferências

---

[17] Acórdão do TJUE de 14 de Julho de 1976, Proc. 13/76, *Donà vs. Mantero*, disponível em *curia.europa.eu* [consultado em 10.01.2017]. Este acórdão apresenta semelhanças com o do caso Walrave. O TJUE entendeu também aqui que as normas relativas à livre circulação de trabalhadores «não se opõem a uma regulamentação ou prática que exclua os jogadores estrangeiros da participação em determinados encontros, por razões que não sejam económicas mas inerentes à natureza e ao contexto específicos destes encontros, que têm, assim, uma natureza exclusivamente desportiva, como acontece, por exemplo, nos encontros entre equipas nacionais de diferentes países». Esta conclusão não se aplica já, claro está, no seio das competições internas, relativamente aos clubes que disputam os campeonatos nacionais de um diferente país.

[18] Acórdão do TJUE de 15 de Dezembro de 1995, Proc. C-415/93, *Union royale belge des sociétés de football association ASBL e outros vs. Bosman*, disponível em *curia.europa.eu* [consultado em 10.01.2017].

[19] Acórdão do TJUE de 1 de Julho de 2008, Proc. 49/07, *Motoe c/ Dimosio*, disponível em *curia.europa.eu* [consultado em 10.01.2017].

de jogadores e os fluxos de capitais que lhe estão associados, ou melhor, regular um verdadeiro mercado de transferências.

Em face do exposto, não temos dúvidas em afirmar que a regulamentação da FIFA, através da qual esta proibiu a TPO, está relacionada com a dimensão económica do desporto, não dizendo respeito a um aspecto puramente desportivo.

4.2. As liberdades comunitárias e a proibição da TPO

a) A violação das liberdades por uma associação de direito privado

O TFUE consagra, na União, a livre circulação dos trabalhadores (artigo 45.º e ss.), a livre prestação de serviços (artigo 56.º e ss.) e a livre circulação de capitais (artigo 63.º e ss.).

Antes de considerarmos, em particular, cada uma destas liberdades, cumpre questionar se é sequer possível analisar sob este prisma a decisão da FIFA de proibir a TPO. Com efeito, a FIFA é uma entidade privada, uma associação de direito privado suíço e, como tal, a regulamentação em causa não corresponde a uma actuação das autoridades públicas. Ora, pode a actuação de uma entidade privada ser susceptível de violar as liberdades de circulação dos trabalhadores, de prestação de serviços ou de movimentos de capitais?

A este respeito, o TJUE, nos acórdãos já referidos dos casos *Walrave* e *Donà*, foi claro ao afirmar que a «proibição da discriminação em razão da nacionalidade impõe-se não só à actuação das autoridades públicas mas também às regulamentações de outra natureza», o que inclui as normas emanadas por «organismos desportivos»[20]. É certo que o que estava em causa nos referidos acórdãos era especificamente a liberdade de circulação dos trabalhadores e de prestação de serviços e uma discriminação em razão da nacionalidade. Todavia, o argumento do TJUE também é válido para a liberdade de circulação da capitais e para uma medida não discriminatória em função da nacionalidade. O Tribunal entendeu que:

> «a abolição dos obstáculos à livre circulação de pessoas e à livre prestação de serviços entre os Estados-membros [...] seria comprometida se a abolição de barreiras de origem estatal pudesse ser neutralizada por

[20] Parágrafos 17 dos Acórdãos *Walrave* e *Donà*.

obstáculos resultantes do exercício da sua autonomia jurídica por associações ou organismos de direito privado»; e que «sendo as condições de trabalho nos diversos Estados-membros regidas tanto por via de disposições de carácter legislativo ou regulamentar como por convenções ou outros actos celebrados ou adoptados por pessoas privadas, limitar a proibição em causa aos autos das autoridades públicas acarretaria o risco de criar desigualdades quanto à sua aplicação»[21].

Ora, no que diz respeito à liberdade de circulação de capitais, a conclusão terá de ser idêntica: a regulamentação de diversos aspectos do futebol, puramente desportivos ou económicos, é realizada pela FIFA, através de regulamentos que são adoptados pelas diversas associações nacionais e que se revestem de carácter obrigatório para os clubes e para os jogadores, que conformam o seu comportamento às normas em apreço; estas decisões, por esta razão, têm também efeitos quanto a terceiros que com eles se pretendam relacionar.

Assim, cremos que não oferece dúvidas que as decisões da FIFA são susceptíveis de colocar em causa as liberdades consagradas nos Tratados.

b) *A liberdade de circulação dos trabalhadores*

A livre circulação dos trabalhadores fica assegurada na União pelo artigo 45.º do TFUE que, no seu n.º 2, identifica alguns dos direitos que lhe são inerentes: responder a ofertas de emprego efectivamente feitas; deslocar--se livremente, para o efeito, no território dos Estados-Membros; residir num dos Estados-Membros a fim de nele exercer uma actividade laboral, em conformidade com as disposições legislativas, regulamentares e administrativas que regem o emprego dos trabalhadores nacionais; permanecer no território de um Estado-Membro depois de nele ter exercido uma actividade laboral.

Ora, tendo nós constatado que a proibição da TPO visa, para além do mais, proteger os trabalhadores (jogadores de futebol), poderemos, ainda assim, concluir que a referida decisão coloca em causa a livre circulação dos trabalhadores na União Europeia? Entendemos que sim.

É certo a proibição da TPO não se dirige directamente aos jogadores de futebol, nem visa disciplinar a sua conduta, antes se aplicando aos

---

[21] Parágrafos 18 e 19 do Acórdão *Walrave*.

clubes (entidades patronais). Por outro lado, é também verdade que a proibição se aplica independentemente da nacionalidade dos atletas, ou seja, são proibidas as partilhas de direitos económicos relativos a todos os jogadores e (se estivermos perante TPO Financiamento) quer ocorram no âmbito de transferências nacionais como no âmbito de transferências internacionais.

Esta circunstância, no entanto, em nada compromete a conclusão de que a proibição da TPO coloca em causa a liberdade de circulação dos trabalhadores.

Como consequência da medida da FIFA verifica-se uma redução das possibilidades de os jogadores de futebol encontrarem novas ofertas de emprego em Estados-Membros diferentes do Estado de origem (ou daquele em que se encontram já a trabalhar) e do leque de Estados-Membros em que aqueles poderão encontrar novas oportunidades de emprego. Com a TPO, uma maior quantidade de clubes de futebol de uma maior diversidade de campeonatos nacionais fica em condições de contratar novos jogadores, por dispor de maiores verbas para participar no mercado de transferências, adquirindo direitos federativos de atletas. Mesmo os clubes com menos recursos financeiros, de campeonatos menos abastados, podem contratar novos jogadores e oferecer-lhes condições mais atractivas.

Note-se que, no acórdão *Bosman*, o TJUE entendeu que o facto de as regras analisadas naquele aresto – em suma, a obrigação de o clube que celebrava um novo contrato com um jogador, aquando da cessação do seu vínculo, pagar uma indemnização ao clube anterior – preverem que as relações económicas entre dois clubes não tinham qualquer influência sobre a actividade do jogador, livre de jogar pelo seu novo clube, não afastava a conclusão de que colocavam entraves à livre circulação dos trabalhadores, porquanto as sanções aplicáveis a um clube devedor impediam-no de contratar um jogador proveniente de um clube de outro Estado-Membro sem pagar tal indemnização[22]. Ou seja, um clube novo que não tivesse capacidade para pagar a referida indemnização deixaria de poder contratar o jogador[23]. Daqui resulta que a liberdade de circulação dos trabalhadores

---

[22] Parágrafos 100 e ss. do Acórdão *Bosman*.
[23] Não deixa de ser curioso notar que certas cláusulas típicas das TPO podem ter resultados idênticos a esta regulamentação. Com efeito, algumas das TPO estão associadas à introdução de "cláusulas de rescisão" muito elevadas, que podem restringir o leque de clubes capazes de

também pode ser posta em causa por disposições que não disciplinam (restringindo) directamente o acesso dos trabalhadores a um novo emprego, mas que podem ter esse efeito (restritivo) *mediatamente*.

Por outro lado, como ficou claro no mesmo aresto, o TJUE entende que as restrições injustificadas à liberdade de circulação dos trabalhadores não ocorrem apenas quando um Estado-Membro coloca entraves à entrada de novos cidadãos, ou quando há uma discriminação de uma nacionalidade em detrimento de outra ou outras, mas também quando estão em causa disposições aplicáveis de igual forma a todas as nacionalidades mas que impedem ou dissuadem um cidadão de deixar o seu país de origem para exercer o seu direito de livre circulação[24]. Para o TJUE, os cidadãos dispõem do direito de abandonar o seu país de origem para entrarem e permanecerem no território de outro Estado-Membro e aí exercerem uma actividade económica[25] e as disposições que impedem ou dissuadem um cidadão de abandonar o seu país de origem para exercer o seu direito de livre circulação constituem a entraves a essa liberdade, mesmo que se apliquem independentemente da nacionalidade dos trabalhadores[26].

Em face do exposto, entendemos que a proibição da TPO é susceptível de restringir a liberdade de circulação de trabalhadores consagrada pelo artigo 45.º do TFUE.

c) *As liberdades de movimentos de capitais e de prestação de serviços*

No que respeita às liberdades de prestação de serviços e de circulação de capitais, o enfoque da análise tem de dirigir-se, já não para os atletas,

---

propor a celebração de um novo contrato. Mas a verdade é que, por regra, as TPO favorecem a mobilidade dos jogadores (a vontade do investidor é, por regra, que o jogador se transfira para outro clube).

[24] Parágrafos 92 a 99 do Acórdão *Bosman*.
[25] Parágrafo 95 do Acórdão *Bosman*.
[26] Parágrafo 96 do Acórdão *Bosman*. A este propósito PAIS, Sofia Oliveira (2012). «Comentário ao Acórdão *Bosman*». In IDEM (Coord.). *Princípios Fundamentais de Direito da União Europeia* (2.ª ed.). Coimbra: Almedina, p. 275, afirma que o acórdão *Bosman* aplicou pela primeira vez os princípios sobre «proibição de medidas nacionais indistintamente aplicáveis violadoras de normas da União» à liberdade de circulação de trabalhadores. Para esta A., são proibidas «não só medidas nacionais discriminatórias, mas ainda as medidas nacionais que não sendo discriminatórias restrinjam o acesso ao mercado».

mas para as pessoas jurídicas que pretendem desenvolver a actividade de financiamento de transferências e de investimento em direitos económicos de jogadores de futebol.

Ora, tendo presente que já nos pronunciámos *supra* sobre a possibilidade de normas produzidas por uma associação de direito privado como a FIFA violarem as liberdades consagradas no TFUE, as questões porventura mais complexas que ficam por resolver para concluir se a TPO é abrangida por estas disposições serão, por um lado, a de saber se os direitos económicos podem ser considerados capitais e se a actividade dos investidores pode ser considerada um serviço e, por outro, a de esclarecer se a existência de entraves não discriminatórios do ponto de vista da nacionalidade estão compreendidos por estas disposições. Resolvida esta questão, a natureza restritiva do artigo 18ter do Regulamento da FIFA sobre transferências de jogadores não parece levantar dúvidas, atendendo a que se trata de uma proibição absoluta[27].

Para o TJUE, os movimentos de capitais são «operações financeiras que visam essencialmente a colocação ou o investimento do montante em causa, e não a remuneração de uma prestação»[28] e no anexo I da Directiva do Conselho 88/361/CEE, de 24.06.1988[29], que consagra uma lista exemplificativa de movimentos de capitais, encontram-se, entre os chamados investimentos directos, «os investimentos de qualquer natureza efectuados por pessoas singulares, empresas comerciais, industriais ou financeiras e que servem para criar ou manter relações duradouras e directas entre o investidor e o empresário ou a empresa a que se destinam esses fundos com vista ao exercício de uma actividade económica. Esta noção deve pois ser considerada na sua acepção mais lata».

---

[27] A este propósito, *vide* LINDHOLM, Johan (2016), ob. cit., p. 10.
[28] Acórdão do TJUE de 31 de Janeiro de 1984, Proc. 286/82 e 26/83, *Luisi e Carbone vs. Ministero del Tesoro*, disponível em *curia.europa.eu* [consultado em 10.01.2017]. A tradução mencionada no texto consta do comentário de CAMPOS, Manuel Fontaine de (2012). «Comentário ao Acórdão de 08.07.2010 (Proc. C-171/08; Comissão Europeia com República Portuguesa)». In PAIS, Sofia Oliveira (Coord.). *Princípios Fundamentais de Direito da União Europeia* (2.ª ed.). Coimbra: Almedina, p. 383.
[29] Publicada no JOCE n.º L 178, de 08.07.1988, disponível em *eur-lex-europa.eu* [consultado em 10.01.2017].

Atendendo ao teor de tais definições diríamos, com JOHAN LINDHOLM[30], que a TPO constitui efectivamente um movimento de capitais[31].

Este entendimento, apesar da definição de movimento de capitias acima referida, não preclude a possibilidade de equacionarmos, ainda, que a proibição da TPO constitua uma restrição à livre prestação de serviços, atendendo a que, um pouco à semelhança do que sucede com as instituições bancárias, também os investidores proporcionam um serviço de financiamento aos clubes. Ora, como nota MANUEL FONTAINE DE CAMPOS, o próprio Tratado reconhece, no âmbito dos serviços bancários e dos seguros, que deve existir uma a harmonização entre a livre prestação de serviços e a liberalização da circulação dos capitais (artigo 58.º, n.º 2)[32]. Assim, temos que uma disposição que impede, em absoluto, a prestação daquele tipo de serviços no território da União constitui, também, uma violação da liberdade de prestação de serviços.

Por fim, quanto à possível objecção decorrente do facto de as medidas em causa não serem discriminativas em função da nacionalidade, damos por reproduzido o que já referimos *supra* a propósito da liberdade de circulação dos trabalhadores, concluindo, assim, que a proibição da TPO é efectivamente susceptível de colocar em causa as disposições dos Tratados sobre as liberdades de circulação.

---

[30] V. LINDHOLM, Johan (2016), ob. cit., p. 10.

[31] Cfr., KEA-CDES (2013). *The Economic and Legal Aspects of Transfers of Players*, p. 86, disponível em *ec.europa.eu/assets/eac/sport/library/documents/cons-study-transfers-final-rpt.pdf* [consultado em 10.01.2017].

[32] *Vide* CAMPOS, Manuel Fontaine de (2012), ob. cit., p. 383. Para o A., tem havido uma aproximação do regime a que estão submetidas as diversas liberdades de circulação e o TJUE, em diversos Acórdãos, não deixou de equacionar a possibilidade de uma medida violar a liberdade de movimentos. Não obstante, o TJUE também tem entendido que «quando uma medida nacional diz simultaneamente respeito a várias liberdades fundamentais, o Tribunal de Justiça aprecia-a, em princípio, à luz de apenas uma dessas liberdades, se se revelar que, nas circunstâncias do caso em apreço, as outras liberdades são totalmente secundárias relativamente à primeira e podem estar-lhe subordinadas» – Acórdão do TJUE de 8 de Setembro de 2009, Proc. C-42/07 47, *Liga Portuguesa de Futebol Profissional e Bwin International Ltd. vs. Departamento de Jogos da Santa Casa da Misericórdia de Lisboa*, parágrafo 47, disponível em *curia.europa.eu* [consultado em 10.01.2017].

d) Eventual justificação da restrição por um juízo de proporcionalidade

Encontrada uma restrição às liberdades de circulação, resta perguntar se a mesma poderá considerar-se justificada. Com efeito, o TJUE, no âmbito das diversas liberdades, tem introduzido um juízo de proporcionalidade, nos termos do qual importa indagar se as regras restritivas visam *um objecto legítimo compatível com o Tratado*, se se justificam por *razões imperiosas de interesse geral* e se são *adequadas e necessárias para atingir aqueles objectivos*[33].

Pronunciar-nos-emos, *infra*[34], sobre este juízo de proporcionalidade da proibição, pelo que deixamos para esse momento as considerações sobre essa matéria. Podemos, contudo, adiantar, desde já, que a nossa conclusão vai no sentido de que a proibição da TPO não se mostra de todo adequada à prossecução dos objectivos legítimos em causa.

4.3. *A proibição da TPO e a concorrência*

a) Decisão de uma associação de empresas restritiva da concorrência

Começaremos por testar a susceptibilidade de a proibição das TPO ser abrangida pelo artigo 101.º do TFUE.

Este Tratado proíbe e sanciona com a nulidade todos os acordos entre empresas, todas as decisões de associações de empresas e todas as práticas concertadas que sejam susceptíveis de afectar o comércio entre os Estados-Membros e que tenham por objectivo ou efeito impedir, restringir ou falsear a concorrência no mercado interno (artigo 101.º, n.ºs 1 e 2).

Da própria letra da lei resulta que a subsunção da proibição da TPO ao artigo 101.º do TFUE depende de alguns pressupostos: que a FIFA possa ser considerada uma *empresa* ou uma *associação de empresas*; que a sua decisão seja susceptível de *afectar o comércio entre os Estados-Membros*; e que a mesma tenha por *objectivo* ou *efeito* impedir, restringir ou falsear a concorrência no

---

[33] Cfr., entre muitos outros, o Acórdão do TJUE de 30 de Novembro de 1995, Proc. C-55/94, *Gebhard vs. Consiglio dell'Ordine degli Avvocati e Procuratori di Milano*, parágrafo 37, disponível em *curia.europa.eu* [consultado em 10.01.2017]; o Acórdão do TJUE de 31 de Março de 1993, Proc. C-19/92, *Dieter Kraus vs. Land Baden-Württemberg*, parágrafo 32, disponível em *curia.europa.eu* [consultado em 10.01.2017]; e, por fim, o Acórdão *Bosman*, parágrafo 104 e ss. A este propósito, v., ainda, KEA-CDES (2013), ob. cit., p. 86.

[34] Ponto 4.3.a), (iii) e 5 *infra*.

mercado interno. Um outro pressuposto, que os Tribunais e a Comissão têm enunciado, é o carácter sensível da restrição.

O carácter restritivo da concorrência dos efeitos da medida em apreço não carece de análise exaustiva, dado que o que está em causa é a absoluta exclusão de certos operadores de um determinado mercado, ficando este reservado aos restantes. Assim, de seguida, limitar-nos-emos a indagar se a proibição da TPO preenche os demais critérios acima identificados.

(i) A proibição da TPO como decisão de uma associação de empresas

O TJUE entende que, no contexto do direito da concorrência, o conceito de empresa abrange qualquer entidade que exerça uma actividade consistente na oferta de bens ou serviços (actividade económica), independentemente do seu estatuto jurídico e do modo de financiamento[35]. Assim sendo, tanto os clubes de futebol como as associações nacionais em que estes se encontram filiados, as associações continentais ou a FIFA podem ser consideradas empresas para efeitos de direito da concorrência, na medida em que oferecem bens e serviços de variada índole, tais como espectáculos desportivos, artigos de desporto ou publicidade, entre outros.

No entanto, como resulta da própria definição de empresa dada pelo TJUE, a análise desta matéria tem que ser feita em função da concreta actividade económica em apreço. Ou seja, a mesma entidade pode, nuns casos, ser classificada como empresa para efeitos de direitos da concorrência e noutros não, tudo dependendo de estar ou não a exercer efectivamente uma actividade económica[36].

Ora, no caso de que nos ocupamos, a FIFA não exerce qualquer actividade económica, consistente na oferta de bens ou serviços. São os clubes de futebol e outras entidades terceiras, ou eventualmente os próprios jogadores, que compram e vendem direitos económicos. A FIFA limita-se a intervir numa missão de regulamentação do mercado de transferência de jogadores. Deste modo, a FIFA não pode ser considerada uma empresa.

---

[35] Cfr. entre outros, o Acórdão do TJUE de 16 de Junho de 1987, Proc. 118/85, *Comissão vs. Itália*, parágrafo 7, disponível em *curia.europa.eu* [consultado em 10.01.2017].

[36] Cfr. CORREIA, José Manuel Sérvulo [et. al.] (2010). *Direito da Concorrência e Ordens Profissionais*. Coimbra: Wolters Kluwer Portugal sob a marca Coimbra Editora, p. 66.

Mas, como acabámos de afirmar, a actividade dos clubes nesse mesmo mercado de transferências consiste na compra e venda de direitos económicos sobre os jogadores, pelo que é inequívoco estes exercem uma actividade económica e, por isso, constituem empresas para efeitos do direito da concorrência.

Como tal, a FIFA é uma associação de empresas, na acepção do artigo 101.º do TFUE quando, através dos seus órgãos competentes, aprova um regulamento que visa que todos os clubes adoptem um determinado comportamento no mercado de transferência de jogadores[37].

(ii) A afectação sensível do comércio interno

De acordo com o TJUE, «o comércio entre os Estados-Membros é afectado se, com base na apreciação de um conjunto de elementos objectivos de facto e de direito, se puder prever, com um suficiente grau de probabilidade, que o comportamento em causa pode exercer uma influência directa, actual ou potencial, sobe o comércio entre os Estado-Membros, de modo que se possa temer que entravem a realização de um mercado único entre os Estados-Membros»; o impacto dessa afectação nas trocas intracomunitárias, por outro lado, «não pode ser insignificante», sendo proibidos todos os comportamentos susceptíveis de afectar a liberdade de trocas, designadamente compartimentando os mercados nacionais ou modificando a estrutura da concorrência no Mercado Único[38].

---

[37] A análise empreendida é muito semelhante à que foi feita no Acórdão do TJUE de 26 de Janeiro de 2005, Proc. 171/05, *Laurent Piau vs. Comissão das Comunidades Europeias*, disponível em *curia.europa.eu* [consultado em 10.01.2017]. Nesse mesmo aresto, o Tribunal de Primeira Instância (Quarta Secção) entendeu que «é ponto assente que a FIFA tem como membros associações nacionais que agrupam clubes para os quais a prática do futebol constitui uma actividade económica. Estes clubes de futebol são, por consequência, empresas na acepção do artigo 81.º CE, e as associações nacionais de que fazem parte são associações de empresas na acepção da mesma disposição» (parágrafo 69). Nesse mesmo aresto, o Tribunal colocou de parte o argumento da FIFA de que o seu regulamento sobre a actividade de agenciamento de jogadores não pode ser considerado uma decisão de uma associação de empresas, porque os clubes profissionais que podem ser considerados empresas são uma minoria dos membros das associações nacionais e, como tal, os seus regulamentos não são expressão da vontade dos clubes profissionais. O Tribunal entendeu que «a circunstância de as associações nacionais agruparem clubes ditos amadores, ao lado de clubes ditos profissionais, não é susceptível de pôr em causa esta apreciação» (parágrafo 70).

[38] Acórdão *Motoe*, parágrafo 39.

No caso em apreço, não nos parece levantar dúvidas, não sendo necessário analisar os elementos objectivos de facto e direito a que se refere o TJUE de forma exaustiva, que a proibição das TPO influencia de forma directa o comércio entre os Estados-Membros, contribuindo de forma evidente para a já referida compartimentação dos mercados nacionais, com a consolidação de barreiras de carácter nacional que entravam a interpenetração económica.

Não será despiciendo notar que a TPO, como já se afirmou, favorece o nivelamento dos diversos campeonatos nacionais, conferindo aos clubes de campeonatos com menos recursos a possibilidade de participarem em transferências mais relevantes (quer pelas verbas envolvidas como pela qualidade dos futebolistas em causa). Note-se que, nos campeonatos de futebol dos Estados-Membros, verifica-se um assinalável desnível entre a capacidade económica dos clubes de uns e outros Estados. A proibição das TPO favorece esta compartimentação dos mercados nacionais, com os clubes dos campeonatos de menos recursos a ficarem arredados da participação nas transferências dos melhores jogadores. Consequentemente, a «interpenetração económica pretendida pelo Tratado» é posta em causa, ficando as transferências «mais significativas» reservadas aos clubes de dois ou três Estados-Membros em detrimento dos restantes.

Assim sendo, entendemos que a proibição da TPO pela FIFA afecta de forma sensível o comércio intracomunitário.

(iii) O teste Wouters

A verificação de que proibição das TPO pelo Regulamento sobre as transferências de jogadores da FIFA tem as características e os efeitos previstos na norma do n.º 1 do artigo 101.º do TFUE não chega para que se possa afirmar que a mesma deve ser proibida e declarada nula.

No importante acórdão do caso *Wouters*, o TJUE entendeu que qualquer acordo entre empresas ou qualquer decisão entre associação de empresas «não fica necessariamente sob a alçada da proibição constante do artigo 85.º, n.º 1, do Tratado [actual artigo 101.º, n.º 1 do TFUE]», sendo necessário: *i)* atentar no contexto global em que a decisão da associação de empresas em causa foi tomada ou produziu os seus efeitos e aos seus objectivos; *ii)* analisar em que medida os efeitos restritivos da concorrência são inerentes à prossecução desses objectivos; *iii)* concluir se os efeitos restritivos da concorrência ultrapassam ou não o que é necessário para garantir aqueles objectivos[39].

No referido aresto, no qual se analisava se o regulamento de uma ordem profissional holandesa, que proibia a colaboração entre advogados e revisores de contas, violava a norma do artigo 101.º do TFUE, o TJUE acabou por decidir que, considerando a forma como o Estado-Membro em causa regulava a profissão de advogado – dentro da sua autonomia –, os profissionais desta área não estariam em condições de cumprir com os seus deveres deontológicos se estivessem inseridos, com revisores de contas, na mesma organização. Por tal razão, o TJUE entendeu que: o regulamento em causa pode razoavelmente ser considerado necessário para garantir o bom exercício da profissão (1.º); a Ordem dos Advogados holandesa está no direito de considerar que os objectivos prosseguidos pelo regulamento de 1993 não podem ser alcançados por meios menos restritivos (2.º); não se revela que os efeitos restritivos da concorrência decorrentes do referido regulamento excedam o necessário para garantir o correcto exercício da profissão (3.º)[40].

Como já assinalou a doutrina, a apreciação levada a cabo no acórdão *Wouters* não é de exclusiva aplicação à situação concreta em causa naquele aresto e já foi utilizada noutros acórdãos dos TJUE, inclusivamente num caso relacionado com o desporto[41].

Com efeito, no Acórdão *Meca-Medina*, o TJUE foi chamado a analisar, do ponto de vista do direito da concorrência da UE, o regulamento anti-dopagem aprovado pelo Comité Olímpico Internacional (designadamente a fixação de um limite máximo até ao qual é tolerada, no corpo dos atletas, uma determinada substância) e determinadas práticas das organizações desportivas internacionais relativas ao controlo da dopagem. Ora, depois de assente, nesse aresto, que o COI constituía uma associação de empresas, o TJUE reafirmou que as decisões de associações de empresas que restrinjam a liberdade de acção das partes não são necessariamente proibidas pelo

---

[39] Acórdão do TJUE de 19 de Fevereiro de 2002, Proc, C-309/99, *Wouters e Outros c/ Algemene Raad van de Nederlandse Orde van Advocaten*. Cfr., em especial, parágrafos 97 a 110, disponível em curia.europa.eu [consultado em 10.01.2017].

[40] Parágrafos 107 a 109 do Acórdão *Wouters*.

[41] Cfr. Wish, Richard (2009). *Competition Law* (6.ª ed.). Oxford: Oxford University Press, pp. 130-131, e, ainda, a parte final da p. 129, na qual este A. refere que facilmente poderá aplicar--se a doutrina *Wouters* a federações desportivas nacionais.

artigo 101.º do TFUE. O Tribunal entendeu que para aplicação desta norma é necessário atender aos critérios estabelecidos no acórdão *Wouters*, designadamente «o contexto global em que a decisão da associação de empresas em causa foi tomada e produziu os seus efeitos e, particularmente, os seus objectivos»; e, ainda, «se os efeitos restritivos da concorrência que daí decorrem são inerentes à prossecução dos referidos objectivos e se são proporcionados a esses objectivos»[42].

No caso analisado, o TJUE entendeu que: *(i)* o objectivo geral da decisão visa «combater a dopagem, tendo em vista um desenrolar leal da competição desportiva, e inclui a necessidade de assegurar a igualdade de oportunidades dos atletas, a sua saúde, a integridade e a objectividade da competição, bem como os valores éticos do desporto»[43]; *(ii)* uma vez que são necessárias sanções para garantir a execução da proibição estabelecida, os efeitos restritivos da liberdade de acção dos atletas são inerentes às regras antidopagem; o princípio da proibição que atinge a substância em causa é justificado à luz do objectivo daquela regulamentação, dado que a sua presença no corpo dos atletas pode melhorar os seus desempenhos e falsear o desenrolar leal das competições[44]; *(iii)* o carácter repressivo da regulamentação e a gravidade das sanções estabelecidas são susceptíveis de produzir efeitos negativos na concorrência, uma vez que podem levar a exclusões injustificadas de atletas, assim falseando as condições do exercício da actividade; as sanções devem, por isso, «limitar-se ao necessário para assegurar o bom desenrolar da competição desportiva»[45]; *(iv)* a regulamentação antidopagem «só deve ser considerada injustificada à luz do objectivo por ela visado se, tendo em conta o estado dos conhecimentos científicos no momento da adopção da regulamentação antidopagem controvertida ou até no omento em que esta foi aplicada para punir os recorrentes [...] o limite de tolerância estivesse fixado num nível tão baixo que devia ser considerado que não tomava suficientemente em conta esse fenómeno»[46].

A conclusão do Tribunal foi, por isso, de que, no momento em que a regulamentação foi aprovada e a decisão foi aplicada, as restrições não

---

[42] Parágrafo 42 do Acórdão *Meca-Medina*.
[43] Parágrafo 43 do Acórdão *Meca-Medina*.
[44] Parágrafos 44 e 51 do Acórdão *Meca-Medina*.
[45] Parágrafo 47 do Acórdão *Meca-Medina*.
[46] Parágrafo 53 do Acórdão *Meca-Medina*.

ultrapassavam o necessário para assegurar o desenrolar e o bom funcionamento das competições desportivas[47].

Poder-se-á dizer o mesmo relativamente à proibição da TPO?

Adiantamos, desde já, que a questão merece, a nosso ver, resposta negativa. Em nossa opinião, não está claro que todos os objectivos da proibição da TPO fossem legítimos, à luz do direito da concorrência e, por outro lado, esta decisão não resiste ao teste da proporcionalidade[48] consagrado pelo acórdão *Wouters*.

Quanto ao contexto global em que a decisão de proibição da TPO foi tomada e visa produzir os seus efeitos e aos objectivos da decisão, é certo que, como resulta do *supra* exposto[49], alguns destes estão ligados à necessidade de conceber regras de disciplina e de controlo das transferências de jogadores, que visam a garantia da integridade da competição desportiva, a protecção dos direitos dos trabalhadores-atletas e a protecção dos próprios clubes da influência / controlo de terceiros.

No entanto, ao lado desses objectivos legítimos outros há que visam somente a restrição da concorrência, tais como o objectivo de impedir a saída do dinheiro produzido pelo futebol. Há quem defenda uma formulação alternativa deste objectivo, afirmando que esse mesmo dinheiro é necessário para financiar o desenvolvimento da modalidade, designadamente proporcionando condições para potenciar o talento dos atletas[50]. Ora, como vimos, a parceria com terceiros assume, por vezes, a modalidade de

---

[47] O TJUE concluiu deste modo porque, de acordo com todos os estudos científicos até então publicados, a produção da substância em apreço no corpo humano em virtude do consumo de carne de porco macho não castrado era vinte vezes inferior ao limite máximo permitido. O facto de os atletas recorrentes não terem precisado a que nível o limite de tolerância deveria ter sido fixado contribuiu também para esta conclusão (parágrafo 54) e o facto de não ter sido invocado o carácter excessivo das sanções levou, ainda, a que não ficasse demonstrado, no entender do TJUE, o carácter desproporcionado da regulamentação (parágrafo 55).

[48] A propósito dos critérios estabelecidos no Acórdão *Wouters* deverem ser considerados como um juízo de proporcionalidade, veja-se CORREIA, José Manuel Sérvulo [et. al.] (2010), ob. cit., pp. 159 e ss.

[49] Ponto 2 do presente estudo.

[50] Note-se, contudo, que o propósito de encorajar o recrutamento e a formação de jovens jogadores foi já tido por legítimo pelo TJUE no âmbito das restrições à liberdade de circulação. A título de exemplo, veja-se o Acórdão do TJUE de 16 de Março de 2010, Proc. 325/08, *Olympique Lyonnais SASP vs. Olivier Bernard e Newcastle UFC*, parágrafos 38 a 45, disponível em *curia.europa. eu* [consultado em 10.01.2017]. Cfr., também, LINDHOLM, Johan (2016), ob. cit., p. 17.

TPO Recrutamento, que tem precisamente por efeito a promoção de jovens jogadores; por outro lado, sobretudo nos casos da *TPO Financiamento*, os clubes de futebol recebem uma quantia em dinheiro, que podem afectar, entre outras finalidades, ao desenvolvimento dos seus escalões de formação. Como tal, não nos parece que se possa ter como legítimo o objectivo de impedir a "saída do dinheiro" do mundo do futebol.

Os efeitos restritivos, por seu turno, são inerentes aos objectivos legítimos da decisão. Para que se possa impedir que os terceiros coloquem em causa a integridade da competição desportiva, pressionando os direitos dos trabalhadores-atletas e a protecção dos próprios clubes da influência / controlo de terceiros, é necessário estabelecer medidas que impeçam tais comportamentos, medidas essas que constituem necessariamente restrições à liberdade de acção dos terceiros.

Resta-nos indagar se a proibição das TPO ultrapassa ou não o que é necessário para garantir os objectivos legítimos das TPO. Trata-se, por isso, de um teste de proporcionalidade das medidas estabelecidas. Ora, a nosso ver, seria possível garantir os objectivos atrás enunciados – e de forma, porventura, até mais eficaz – através de medidas alternativas e menos restritivas no que diz respeito aos seus efeitos sobre a concorrência. É o que melhor analisaremos adiante[51].

De todo o modo, podemos já adiantar que entendemos que as medidas implementadas pela FIFA não se revelam proporcionais aos objectivos perseguidos, pelo que concluiremos que a proibição da TPO viola o artigo 101.º do TFUE.

b) A violação do artigo 102.º TFUE

Falta analisar a possibilidade de a proibição da TPO constituir uma violação do artigo 102.º do TFUE[52]. Nos termos desta norma, é incompatível com o mercado interno e proibido, na medida em que tal seja susceptível de afectar o comércio entre os Estados-Membros, o facto de uma ou mais empresas

---

[51] No ponto 5 *infra*.

[52] Note-se que, como ficou claro, por exemplo, no Acórdão *Tetra Pak I* (Acórdão do TPI de 10 de Julho de 1990, Proc. 51/89, *Tetra Pak Rausing SA vs. Comissão*, disponível em *curia.europa.eu* [consultado em 10.01.2017], e, daí em diante, em diversos acórdãos do TJUE, os artigos 101.º e 102.º podem aplicar-se simultaneamente à mesma situação.

explorarem de forma abusiva uma posição dominante no mercado interno ou numa parte substancial deste.

Numa primeira análise, poderíamos ser tentados a responder à questão de forma negativa. A actuação meramente regulatória / disciplinadora da FIFA não parece corresponder às situações que a norma do artigo 102.º visa abranger. A FIFA não compra nem vende direitos económicos, nem tão pouco participa nas transferências de jogadores; a sua única intervenção é no âmbito da regulamentação das transferências[53].

Todavia, o Tribunal de Primeira Instância já decidiu que a referida actividade regulatória / normativa da FIFA é uma prática susceptível de ser analisada à luz do artigo 102.º do TFUE. No caso *Piau*[54], o TPI entendeu que a FIFA actua no mercado dos serviços de agenciamento de jogadores e que detém, nesse mesmo mercado, uma posição dominante.

O percurso argumentativo do Tribunal foi o seguinte: a FIFA é associação de empresas de 2.º grau, que agrupa as associações nacionais de clubes; estas podem ser simultaneamente empresas (porque também exercem uma actividade consistente na oferta de bens ou serviços) e associações de empresas (porque agrupam os clubes, que são também eles empresas); as associações nacionais estão obrigadas a adoptar regulamentação idêntica à estabelecida pela FIFA; assim, ao estabelecer as regras de acesso e exercício da actividade de agente de jogadores, a FIFA actua num mercado de prestação de serviços (em que os consumidores são os jogadores e os clubes e os vendedores são os agentes de jogadores), por conta dos clubes; deste modo, pode concluir-se que os clubes se associam no sentido de concertar os seus comportamentos no mercado, impondo as condições em que se devem efectuar as prestações de serviços em causa, e os outros actores do mercado não podem desafiar essas regras. Trata-se, pois, de uma situação em que são os consumidores quem detêm uma posição dominante.

O argumento de que a FIFA não é, ela própria, um operador económico, intervindo antes no exercício de uma actividade normativa, foi, neste caso,

---

[53] Que a FIFA possa apresentar-se como um agente do mercado, comprando ou vendendo serviços, não parece levantar dúvidas. Noutros Acórdãos, os tribunais comunitários já analisaram a actuação da FIFA à luz da norma do artigo 102.º do TFUE. Não é, no entanto, essa a questão que aqui discutimos: a dúvida suscitada prende-se com as situações em que a FIFA exerce uma actividade reguladora de um determinado aspecto da organização do futebol.

[54] Referenciado na n. 37.

posto de parte, dado que o Tribunal entendeu que a FIFA actua no mercado em causa através dos seus membros[55]-[56].

Para que se possa concluir por uma violação do artigo 102.º do TFUE é necessário passar-se por uma série de etapas: *(i)* identificar o mercado relevante; *(ii)* constatar a existência de uma posição dominante nesse mercado; *(iii)* constatar a existência de práticas que consubstanciam um abuso dessa posição; *(iv)* e, por fim, verificar a existência de uma afectação do comércio interno. Procuremos, de seguida, compreender se a proibição da TPO preenche os pressupostos acabados de enunciar.

Quanto ao critério da afectação do comércio interno, já concluímos acima[57] pela sua verificação, pelo que nos dispensamos, agora, de repetir a referida análise. Vejamos então os restantes critérios.

(i) O mercado relevante

Na definição do mercado relevante importam dois conceitos, o de *mercado do produto* e o de *mercado geográfico*[58]. O primeiro «engloba os produtos ou serviços que são substituíveis ou suficientemente intermutáveis com este,

---

[55] É notória no Acórdão *Piau* uma certa desconfiança relativamente à intervenção normativa da FIFA no âmbito da regulamentação da actividade de agenciamento de jogadores. No parágrafo 116 do Acórdão, o TPI não deixou de notar que foi a própria FIFA que se atribuiu o poder de exercer uma actividade normativa relativamente à actividade económica dos agentes de jogadores e, nos parágrafos 76 a 78, o TPI interroga-se sobre o poder normativo que se atribui uma organização privada que, não possuindo qualquer delegação de uma autoridade pública, exerce uma regulamentação que se enquadra nas funções de polícia de uma actividade económica e afecta as liberdades fundamentais. Pensamos que estas dúvidas relativamente à legitimidade do exercício desta actividade normativa por parte da FIFA não terão sido estranhas ao facto de a solução do TPI no caso *Piau* ser distinta da solução dada pelo TJUE ao caso *Wouters*. Neste último Acórdão, o Tribunal entendeu que a ordem dos advogados holandesa não é uma empresa na acepção do artigo 102.º, porque não desenvolve uma actividade económica e, por essa razão, não chegou a analisar a eventual violação da referida norma.

[56] Neste aspecto, o TPI discordou da interpretação da Comissão, que defendia que o artigo 102.º do TFUE «apenas diz respeito às actividades económicas», que «não é aplicável ao presente caso, relativo a uma actividade puramente regulamentadora» e que «a FIFA não representa os interesses económicos dos clubes e dos jogadores» (cfr. parágrafo 63 do Acórdão *Piau*).

[57] Na análise levada a cabo no ponto 4.3.a) (ii).

[58] Cfr. o acórdão do TJUE de 14 de Fevereiro de 1978, Proc. 27/76, *United Brands Co. & United Brands Continental vs. Comissão*, parágrafo 77, disponível em curia.europa.eu [consultado em 10.01.2017].

em função não só das suas características objectivas, por força das quais são especificamente aptos a satisfazer as necessidades constantes dos consumidores, mas também em função das condições de concorrência e da estrutura da oferta e procura no mercado em causa»[59]; e o segundo pode ser definido «como o território no qual os operadores económicos se encontram em condições de concorrência semelhantes no que se refere precisamente aos produtos e serviços em causa»[60].

No que diz respeito ao *mercado do produto*, está em causa o mercado de transferências dos jogadores de futebol. Nesse mesmo mercado, os clubes de futebol compram e vendem entre si os direitos federativos sobre determinados jogadores de futebol e paralelamente os mesmos clubes de futebol e/ou (na ausência do artigo 18ter) entidades terceiras compram e vendem os direitos económicos correspondentes. Assim, os diversos actores deste mercado podem surgir simultaneamente como fornecedores e consumidores. Tendo em conta que a definição de mercado do produto relevante abrange todos os produtos ou serviços consideráveis permutáveis ou substituíveis pelo consumidor, parece-nos que se poderá, ainda, equacionar a inclusão no mercado de transferência de jogadores de futebol da prestação de serviços de financiamento bancário aos clubes para aquisição de novos direitos federativos. Isto porque, como já deixámos dito, a TPO constitui uma alternativa às tradicionais formas de financiamento dos clubes, designadamente ao recurso à banca[61].

O *mercado geograficamente relevante*, por seu turno, tem uma dimensão global. Como é consabido, a FIFA é a instituição que disciplina o futebol a nível mundial, agrupando todas as associações continentais e nacionais que, por sua vez, agrupam todos os clubes de futebol. Existe um verdadeiro

---

[59] Cita-se o Acórdão *Motoe*, parágrafo 31.

[60] *Ibidem*, parágrafo 34.

[61] Todavia, esta asserção poderá não ser isenta de reparos, não sendo, ainda, seguro afirmar-se que, na ausência de proibição, os clubes de futebol substituiriam indiscriminadamente as parcerias pelo financiamento bancário, atendendo às condições oferecidos pelo sistema financeiro quando comparadas com as condições oferecidas pelos investidores. No entanto, há quem entenda que «a partilha de direitos económicos [se apresenta] como uma nova forma de financiamento, mas que na sua essência não é substancialmente diferente de um empréstimo bancário onde são acordadas condições e garantias» – RODRIGUES, João Pedro (2015). «Third-Party Ownership – Do Apito Inicial à Derradeira Final». In. AA.VV. *Estudos Comemorativos dos 20 Anos da Abreu Advogados (Colecção Estudos n.º 4)*, Instituto do Conhecimento AB. Coimbra: Almedina, p. 367.

mercado mundial de transferências de jogadores, que envolve a compra e venda de direitos económicos e federativos a uma escala intercontinental e, também, naturalmente, a uma escala intra-comunitária. As transferências ocorrem entre clubes de um mesmo estado e entre clubes de estados diferentes e os terceiros que intervêm (ou interviriam, não fora a proibição das TPO) em tais transferências actuam nesse mesmo mercado global.

Em face do exposto, procurar-se-á de seguida perceber se a FIFA detém uma posição dominante no mercado internacional de transferências de jogadores de futebol.

(ii) A existência de uma posição dominante

Os Tribunais comunitários e a Comissão entendem que uma ou mais empresas exercem uma posição dominante quando detêm o poder de afastar a manutenção de uma concorrência efectiva no mercado em causa e exercer, numa medida apreciável, comportamentos independentes relativamente aos seus concorrentes, aos seus clientes e, finalmente, aos consumidores[62].

No caso em apreço, parece-nos que a análise a empreender não deverá ser distinta da que foi realizada no caso *Piau*. A FIFA, quando restringe a partilha de direitos económicos sobre os jogadores de futebol, actua no mercado de transferências por conta dos clubes. A principal diferença entre ambas as situações reside no facto de os clubes serem, neste caso, simultaneamente consumidores e fornecedores. Com efeito, para além de serem detentores dos direitos económicos dos jogadores (ou de parte deles), os clubes de futebol também são, por vezes, detentores dos direitos económicos de jogadores cujos direitos federativos são detidos por outros clubes.

Esta diferença não é, no entanto, capaz de afastar da situação em apreço uma análise idêntica à que o TPI realizou no caso *Piau*. A FIFA actua no mercado de transferências como uma emanação dos clubes que são, indiscutivelmente, um dos actores desse mesmo mercado, dado que nele intervêm directamente, comprando, vendendo e partilhando os direitos federativos e económicos. Por outro lado, por força da regulamentação da

---

[62] Trata-se da definição consagrada no Acórdão do caso *United Brands*, já citado, parágrafo 65.

FIFA, obrigatoriamente adoptada pelas associações nacionais, todos os clubes têm que se comportar de modo idêntico, abstendo-se de negociar a compra e venda de direitos económicos sobre os jogadores de futebol com outras entidades que não outros clubes.

A simples instituição da proibição das TPO demonstra que a FIFA está em condições de afastar a manutenção de uma concorrência efectiva no mercado das transferências de jogadores, designadamente excluindo desse mesmo mercado todos aqueles que não sejam clubes de futebol. A FIFA, aliás, atendendo ao poder normativo que se atribui a si própria, está em condições de definir unilateralmente praticamente todas as condições em que o mercado de transferências de jogadores funciona, podendo até, se assim entender, pôr-lhe cobro. Basta-lhe, para tanto, aprovar a regulamentação pretendida, que será obrigatoriamente acatada pelas associações continentais e nacionais e, consequentemente, pelos clubes.

Assim, forçoso será concluir que a FIFA detém uma posição dominante no mercado de transferências de jogadores de futebol.

(iii) O abuso da posição dominante

Os Tratados e a jurisprudência dos Tribunais comunitários não oferecem uma definição única do que seja um abuso da posição dominante, sendo necessário analisar as diversas decisões da Comissão e dos Tribunais ao longo dos tempos para procurar descortinar que tipos de práticas das empresas em posição dominante podem ser consideradas abusivas[63]. No entanto, não obstante a sua insuficiência para abarcar todas as práticas abusivas, a definição dada pelo TJUE no caso *Hoffman-la Roche* tem sido repetidamente utilizada em diversas decisões da Comissão e acórdãos subsequentes:

> «A noção de exploração abusiva é uma noção objectiva que abrange os comportamentos de uma empresa em posição dominante susceptíveis de influenciar a estrutura de um mercado no qual, precisamente na sequência da presença da empresa em questão, o grau de concorrência já está enfraquecido e que têm como consequência impedir, através de meios diferentes daqueles que regem uma competição normal de produtos ou serviços com

---

[63] Cfr. WISH, Richard (2009), ob. cit., pp. 193-194.

base em prestações dos operadores económicos, a manutenção do grau de concorrência ainda existente no mercado ou o desenvolvimento desta concorrência»[64].

Não parece levantar dúvidas que a FIFA, ao estabelecer um regulamento que prescreve a proibição da partilha de direitos económicos de jogadores entre clubes e entidades terceiras, não utiliza os meios que regem uma competição normal de produtos ou serviços com base em prestações dos operadores económicos, pelo que a actuação daquele organismo, nesta situação, vai ao encontro da definição de abuso acabada de referir.

Têm sido correntemente identificados dois tipos de abusos: os abusos por exploração e os abusos por exclusão, sendo que estes últimos abrangem as práticas das empresas tendentes a afastar os outros concorrentes do mercado[65].

Ora, uma vez que a FIFA, como vimos, actua no mercado de transferências como emanação dos clubes, ocupando uma posição dominante, não poderá deixar de se entender que a regulamentação por si estabelecida, nos termos da qual é proibida a TPO, constitui um abuso da sua posição, por exclusão de todos os outros potenciais vendedores e compradores de direitos económicos dos jogadores de futebol do mercado de transferências, ficando esse mercado reservado aos próprios clubes de futebol ou, no limite, aos jogadores.

É certo que no Acórdão *Piau*, que vimos acompanhando a propósito da análise do artigo 102.º do TFUE, o TJUE, depois de concluir pela existência de uma posição dominante da FIFA no mercado do agenciamento de jogadores, entendeu não se verificar uma situação de abuso dessa posição. Para o TPI, o regulamento da FIFA, através do qual esta regulava o acesso e exercício da referida actividade, «não impunha restrições quantitativas à concorrência, mas restrições qualitativas que podem, nas circunstâncias actuais, ser justificadas»[66].

O Tribunal chegou a esta conclusão depois de constatar que: no passado certas práticas de agentes de jogadores haviam causado prejuízos, financeiros

---

[64] Acórdão do TJUE de 13 de Fevereiro de 1979, Proc. 85/76, *Hoffmann-La Roche & Co. AG v Commission of the European Communities*, parágrafo 91, disponível em curia.europa.eu [consultado em 10.01.2017].

[65] Cfr. WISH, Richard (2009), ob. cit., p. 99.

[66] Parágrafo 117 do Acórdão *Piau*.

ou profissionais aos jogadores e aos clubes; a FIFA, ao estabelecer a referida regulamentação, prosseguia um objectivo de profissionalização e moralização da actividade de agente de jogadores, para protecção destes últimos; a concorrência não era eliminada pela necessidade de obtenção de uma licença para o exercício da actividade de agenciamento de jogadores e conduzia a uma selecção qualitativa, mais apta a satisfazer o objectivo de profissionalização da actividade do que a restringir quantitativamente o acesso, o que, aliás, é corroborado pelo aumento do número de agentes após a vigência da regulamentação em causa[67].

Entendemos que na regulamentação relativa à proibição da TPO a conclusão terá que ser distinta.

Se é certo que, como vimos anteriormente, alguns dos objectivos da FIFA estão também relacionados com a protecção dos jogadores de futebol, com a integridade da competição desportiva ou da independência dos clubes, a verdade é que a proibição completa das TPO, contrariamente ao que sucede com o sistema de licenciamento, exclui, por completo, terceiros – que não clubes de futebol ou os próprios jogadores – do mercado de transferências de jogadores de futebol.

Assim, no caso das TPO os objectivos de natureza qualitativa estão associados a uma restrição quantitativa. Tal restrição, a nosso ver, constitui um abuso da posição dominante da FIFA no mercado de transferências de jogadores de futebol.

5. Conclusões: a proibição não pode nem tem de ser a alternativa

Como fomos adiantando nas linhas precedentes, a violação das liberdades de circulação dos trabalhadores, de prestação de serviços e de movimento de capitais e das normas sobre decisões de associações de empresas restritivas da concorrência resultam, em larga medida, da falta de proporcionalidade entre os efeitos da proibição absoluta (quer para as liberdades consagradas pelo TFUE como para a concorrência) e os interesses e objectivos associados a essa proibição.

Não negamos que, efectivamente, alguns dos objectivos prosseguidos são legítimos e que se revela necessário, para atingir tais objectivos, adoptar práticas restritivas. A protecção da integridade da competição desportiva

---

[67] *Ibidem*, parágrafo 103.

de estipulações contratuais estabelecidas entre os clubes e os investidores capazes de levar os primeiros a esquecerem a sua finalidade competitiva – ser melhor que os oponentes e vencê-los – em detrimento de interesses puramente económicos e mercantilistas, a protecção da ética que deve estar associada ao desporto, a garantia, a conferir ao consumidor dos espectáculos desportivos, de que assiste a uma disputa justa, honesta e leal, a protecção dos direitos dos jogadores de futebol, da autonomia da sua vontade e da sua dignidade humana, a protecção dos clubes de futebol da influência de interesses que lhes são externos e alheios à competição desportiva são objectivos legítimos à luz das regras da União Europeia relativas às liberdades de circulação, bem como ao direito da concorrência, como decorre, aliás, da análise de alguma da jurisprudência referida no ponto precedente do presente estudo. De igual modo, a prossecução destes objectivos, em face da proliferação das práticas de TPO, comportará necessariamente a adopção de medidas restritivas: não é possível garantir a integridade da profissão e os direitos dos atletas ou proteger os clubes de futebol da influência dos terceiros na ausência de qualquer regulamentação que impeça os investidores de utilizarem os direitos económicos por si detidos sem quaisquer limites.

Todavia, a proibição absoluta da TPO não se revela proporcional aos objectivos pretendidos, sendo possível garanti-los através de medidas menos restritivas das liberdades e da livre concorrência. A TPO em si mesma não é capaz de pôr em causa a integridade da competição ou os direitos dos atletas e a independência dos clubes; sê-lo-á apenas sempre que, para lá da partilha dos direitos económicos, se atribuam ao investidor determinados direitos, ou ao clube determinadas obrigações, capazes de conferir aos primeiros a possibilidade de assumirem comportamentos que ponham em causa tais valores e princípios.

A proibição da celebração de contratos que atribuam a terceiros a capacidade de influenciarem a independência e as políticas dos clubes quanto às políticas de emprego e às transferências, ou o desempenho das equipas, consagrada pelo artigo 18bis do Regulamento sobre transferências de jogadores da FIFA, parece-nos adequada enquanto princípio geral tendente à prossecução dos fins anteriormente identificados.

No entanto, talvez não seja, também, a solução ideal a mera revogação do artigo 18ter e o regresso à versão do regulamento em vigor até Maio de 2015.

A norma do artigo 18bis assenta em conceitos "demasiado" indeterminados, como a *influência sobre a independência e as políticas dos clubes sobre o emprego e as transferências* ou a sua *influência sobre o desempenho das equipas*[68]. Assim, talvez se justificasse a manutenção daquele princípio geral, introduzindo-se, de seguida, uma enumeração exemplificativa dos comportamentos ou cláusulas capazes de produzir aquelas influências indesejadas[69].

Alguns dos comportamentos e cláusulas capazes de impedir os interesses e objectivos acima identificados, como já referimos *supra*[70], encontram-se identificados, pelo que a tarefa a empreender passa por procurar estabelecer regras que impeçam a adopção dos referidos comportamentos ou a inclusão das referidas cláusulas nos contratos de investimento / financiamento. De todo o modo, estas regras devem ter carácter meramente exemplificativo, não devendo esgotar a totalidade dos comportamentos ou cláusulas susceptíveis de conferir aos investidores a influência sobre a independência e as políticas dos clubes ou o desempenho das equipas. Por outro lado, estas regras devem ter sempre bem presentes os objectivos legítimos que a regulamentação das TPO pode prosseguir, destinando-se a concretizá-los.

---

[68] Diríamos até que a própria inclusão do artigo 18bis com aquele teor no Regulamento sobre a transferência de jogadores da FIFA, historicamente situada, se revelou uma medida pouco acertada. A norma terá surgido como uma resposta a cláusulas de TPO tidas como abusivas que haviam sido recentemente identificadas – *vide*, a esse respeito, AMADO, João Leal / LORENZ, Daniel (2015), ob. cit., p. 59. Ora, a opção por uma norma de conteúdo tão genérico, composta quase exclusivamente de conceitos indeterminados, teria poucos efeitos práticos no curto prazo. A norma, tal qual se encontrava redigida, ainda sem o artigo 18ter, exigiria uma prática decisória, uma jurisprudência capaz de concretizar aqueles conceitos indeterminados. É evidente que tal só se atinge com o tempo. Como tal, se o objectivo pretendido era evitar que se estipulassem determinadas cláusulas abusivas nos contratos de investimento / financiamento, teria sido mais eficiente consagrar-se expressamente algumas das cláusulas que se tinham por abusivas, solução, aliás, mais amiga da certeza e segurança jurídicas. No entanto, GOMES, Fernando Veiga (2015). «Dos Direitos Económicos no Direito do Futebol». *In* COSTA, Ricardo / BARBOSA, Nuno (Coord.). *IV Congresso de Direito do Desporto*. Coimbra: Almedina, p. 159, afirma que se pode fazer um teste para concluir se o clube é influenciado por terceiros em matéria de transferências ou emprego.

[69] Num sentido semelhante ao apontado, *vide* RECK, Ariel (2012). «Third party player ownership: current trends in South America and Europe», In *Sports Law Bulletin, n.º 10*, EFPL, p. 54.

[70] Ponto 2 do presente trabalho.

Têm sido avançadas diversas sugestões nos debates que a matéria em discussão tem suscitado[71], como a eliminação de cláusulas que confiram ao investidor a possibilidade de condicionar determinados termos da relação do clube com o jogador ou a sua autonomia da vontade (medidas tendentes a garantir a dignidade e os direitos laborais do atleta), a publicidade dos contratos de investimento / financiamento celebrados, o estabelecimento de períodos de tempo, durante as competições, em que não podem ser acordadas TPO (medidas tendentes à garantia de integridade da competição) ou mesmo a proibição do estabelecimento de cláusulas que atribuam ao investidor o direito de condicionar as decisões do clube quanto às transferências e quanto à utilização de jogadores nas competições (medidas tendentes à protecção da independência dos clubes).

Medidas do tipo daquelas a que acabamos de aludir, não obstante o seu carácter restritivo das liberdades comunitárias e da concorrência no mercado interno, poderão já revestir-se de adequação aos objectivos legítimos[72] de protecção da integridade das competições desportivas, dos direitos dos jogadores e da independência dos clubes, capazes de levar eventualmente a que as mesmas escapem à proibição pelas normas do TFUE em apreço.

A concretização das medidas deve, contudo, sempre ser feita com muito rigor, procurando-se um justo equilíbrio entre os valores e princípios que acabámos de referir e a necessidade de restringir o menos possível as liberdades de circulação e a concorrência. Como tal, devem evitar-se medidas perfeitamente inócuas ou dificilmente concretizáveis, por um lado, ou medidas que tornem insustentável o risco do investidor, ao ponto de desaconselharem, do ponto de vista racional, o recurso à TPO.

Essa consequência impediria os clubes (em especial os dos campeonatos com menores recursos, como o português) de recorrerem a um mecanismo de injecção de capital ou de financiamento da contratação de novos atletas aptos ao desenvolvimento da sua performance desportiva e económica.

---

[71] Vários AA. têm lançado sugestões quanto a esta matéria. Entre muitos outros, e apenas a título de exemplo, veja-se Lindholm, Joham (2016), ob. cit., pp. 15-16 e 19; Rodrigues, João Pedro (2015), ob. cit., pp. 367-368; Amado, João Leal / Lorenz, Daniel (2015), ob. cit., pp. 56 e 62; Melero, Victoriano / Soiron, Romain (2012). «The dilemma of third-party ownership of football players». In *Sports Law Bulletin, n.º 10*, EFPL, p. 44; Ferrari, Luca (2012), ob. cit., p. 68, Reck, Ariel (2012), ob. cit., p. 54; Gomes, Fernando Veiga (2015), ob. cit., p. 169.
[72] E só a estes, cumprindo recordar, como já notámos acima, que nem todos os objectivos inerentes à proibição da TPO são legítimos.

Abreviaturas usadas

A. – Autor(a)
AA. VV. – Autores Vários
AAFDL – Associação Académica da Faculdade de Direito de Lisboa
Ac. – Acórdão
ACT – Autoridade para as Condições do Trabalho
AG – Assembleia Geral
Al. – Alínea
ARI – Autorização de Residência para Investimento
Art. / arts. – Artigo / artigos
AT – Autoridade Tributária
BCE – Banco Central Europeu
BEI – Banco Europeu de Investimento
BM – Banco Mundial
BMJ – Boletim do Ministério da Justiça
CC – Código Civil
CCom. – Código Comercial
CCSS – Código dos Regimes Contributivos do Sistema Previdencial da Segurança Social
CIRE – Código da Insolvência e da Recuperação de Empresas
CITE – Comissão para a Igualdade no Trabalho e no Emprego
CMVM – Comissão de Mercado dos Valores Mobiliários
CNAI – Centros Nacionais de Apoio ao Imigrante
COI – Comité Olímpico Internacional
Coord. – Coordenação
CPA – Código do Procedimento Administrativo
CPC – Código de Processo Civil

CPEREF – Código dos Processos Especiais de Recuperação de Empresas e de Falência
CPPT – Código de Procedimento e de Processo Tributário
CRCom – Código do Registo Comercial
CRP – Constituição da República Portuguesa
CSC – Código das Sociedades Comerciais
CT – Código do Trabalho
CVM – Código dos Valores Mobiliários
DL – Decreto-Lei
DR – Diário da República
DSR – Direito das Sociedades em Revista
Ed. – Edição
EUA – Estados Unidos da América
FCR – Fundos de Capital de Risco
FDUC – Faculdade de Direito da Universidade de Coimbra
FED – *Federal Resere System*
FIEAE – Fundo Imobiliário Especial de Apoio às Empresas
FIFA – Federação Internacional das Associações de Futebol
FMI – Fundo Monetário Internacional
IAS – Indexante dos Apoios Sociais
ICR – Investidores de Capital de Risco
IDEFF – Instituto de Direito Económico, Financeiro e Fiscal
IEFP – Instituto do Emprego e Formação Profissional
INE – Instituto Nacional de Estatística
InsO – *Insolvenzordnung*
IRC – Imposto sobre o Rendimento das pessoas Coletivas
IRCT – Instrumento de regulamentação coletiva de trabalho
ISS – Instituto da Segurança Social
LADA – Lei de Acesso aos Documentos Administrativos
LBSS – Lei de Bases da Segurança Social
LGT – Lei Geral Tributária
n. – nota
N.º / n.ᵒˢ – Número / números
Ob. cit. – Obra citada
OE – Orçamento do Estado
P. / pp. – página / páginas
PE – Parlamento Europeu

ABREVIATURAS USADAS

- PER – Plano Especial de Revitalização
- PME – Pequenas e Médias Empresas
- QREN – Quadro de Referência Estratégica Nacional
- RAIAA – Regime de Acesso à Informação Administrativa e Ambiental e de reutilização dos documentos administrativos
- RDES – Revista de Direito e de Estudos Sociais
- Reimpr. – Reimpressão
- REPSA – Regime jurídico de Entrada, Permanência, Saída e Acompanhamento de estrangeiros no território nacional
- RERE – Regime Extrajudicial de Recuperação de Empresas
- RMMG – Retribuição Mínima Mensal Garantida
- ROA – Revista da Ordem dos Advogados
- ROC – Revisor Oficial de Contas
- SCR – Sociedades de Capital de Risco
- SEF – Serviço de Estrangeiros e Fronteiras
- SEGNAC – Instruções sobre a segurança de matérias classificadas
- Seg. Social – Segurança Social
- SIREVE – Sistema de Recuperação de Empresas por Via Extrajudicial
- Ss. – seguintes
- STJ – Supremo Tribunal de Justiça
- TED – Territórios Economicamente Desfavorecidos
- TFUE – Tratado sobre o Funcionamento da União Europeia
- TJUE – Tribunal de Justiça da União Europeia
- TPI – Tribunal de Primeira Instância
- TPO – *Third-Party Ownership*
- TSU – Taxa Social Única
- UCP – Universidade Católica Portuguesa
- UE – União Europeia
- UEFA – União das Federações Europeias de Futebol
- Últ. – Última

Notas biográficas

ANA ISABEL FIDALGO
Licenciada em Direito pela Escola de Direito da Universidade do Minho. Pós-Graduada em Direito do Trabalho pelo Instituto de Direito das Empresas e do Trabalho – Faculdade de Direito da Universidade de Coimbra.
Membro da Rede Internacional CIELO Laboral. Oradora em diversos encontros, *workshops* e conferências na área do Direito do Trabalho.

JOANA CARNEIRO
Licenciada em Direito pela Faculdade de Direito da Universidade do Porto. Mestre em Direito Privado pela Escola de Direito da Universidade Católica Portuguesa. Docente convidada do curso de Pós-Graduação do Direito do Trabalho e da Segurança Social da Faculdade de Direito da Universidade Nova de Lisboa.
Advogada Associada da JPAB – José Pedro Aguiar-Branco Advogados, na Área de Prática de Trabalho. Associada fundadora e presidente do Conselho Fiscal da AJJ (Associação de Jovens Juslaboralistas). Membro da Rede Internacional CIELO Laboral. Oradora em diversos encontros, *workshops* e conferências na área do Direito do Trabalho.

JOANA SILVA AROSO
Licenciada em Direito pela Faculdade de Direito da Universidade do Porto. Pós-Graduada em Justiça Administrativa e Fiscal pela Faculdade de Direito da Universidade de Coimbra.
Advogada sócia da JPAB – José Pedro Aguiar-Branco Advogados e coordenadora das Áreas de Prática de Ambiente e Energia e de Urbanismo e Administrativo.

JOÃO BALDAIA
Licenciado em Direito pela Escola de Direito da Universidade Católica Portuguesa. Mestrando em Direito da Empresa e dos Negócios pela Escola de Direito da Universidade Católica Portuguesa.
Advogado associado da JPAB – José Pedro Aguiar-Branco Advogados na Área de Prática de Bancário e Financeiro.

MARIA DE DEUS BOTELHO
Licenciada em Direito pela Faculdade de Direito da Universidade de Coimbra. Mestre em Direito da Empresa e dos Negócios pela Escola de Direito da Universidade Católica Portuguesa. Doutoranda em Direito – Ciências Jurídico-Empresariais, pela Faculdade de Direito da Universidade de Coimbra.
Advogada sócia da JPAB – José Pedro Aguiar-Branco Advogados e coordenadora das Áreas de Prática de Direito Civil e Imobiliário e de Comercial e Societário. Presidente e Secretária de sociedades cotadas e não cotadas de diversos setores de atividade.

MARISA SILVA MONTEIRO
Licenciada em Direito pela Faculdade de Direito da Universidade de Coimbra. Mestre em Direito – Ciências Jurídico-Empresariais, pela Faculdade de Direito da Universidade de Coimbra. Doutoranda em Direito – Ciências Jurídico-Empresariais, pela Faculdade de Direito da Universidade de Coimbra.

MIGUEL ALMEIDA LOUREIRO
Licenciado em Direito pela Faculdade de Direito da Universidade do Porto. Mestre em Direito Privado pela Escola de Direito da Universidade Católica Portuguesa.
Advogado associado da JPAB – José Pedro Aguiar-Branco Advogados na Área de Prática de Bancário e Financeiro.

OLINDA MAGALHÃES
Licenciada em Direito pela Faculdade de Direito da Universidade do Porto. Pós-Graduada em Justiça Administrativa e Fiscal pela Faculdade de Direito da Universidade de Coimbra e em Contratação Pública pela Escola de Direito da Universidade Católica Portuguesa. Mestranda em

Direito – Ciências Jurídico-Políticas – Menção em Direito Administrativo pela Faculdade de Direito da Universidade de Coimbra.
Advogada associada da JPAB – José Pedro Aguiar-Branco Advogados na Área de Prática de Urbanismo e Administrativo.

RÚBEN FERREIRA RIBEIRO
Licenciado e Mestre em Direito – Ciências Jurídico-Administrativas pela Faculdade de Direito da Universidade do Porto. Frequentou o Curso de Especialização em Direito do Desporto, pelo Instituto de Direito das Empresas e do Trabalho – Faculdade de Direito da Universidade de Coimbra. Advogado associado da JPAB – José Pedro Aguiar-Branco Advogados nas Áreas de Prática de Contencioso e de Desporto.

Índice

ÍNDICE TEMÁTICO	5
NOTA PRÉVIA	7
PREFÁCIO *José Pedro Aguiar-Branco*	9
INCENTIVOS À CONTRATAÇÃO DE TRABALHADORES *Joana Carneiro / Ana Isabel Fidalgo*	13
1. Introdução – enquadramento do tema	14
2. Mecanismos de capitalização das empresas no mercado de trabalho	18
2.1. Apoios à contratação – considerações gerais	18
2.2. Apoios geridos pelo Instituto do Emprego e Formação Profissional	21
2.3. Apoios da responsabilidade do Instituto da Segurança Social	39
3. Conclusão	49
A CAPITALIZAÇÃO DE EMPRESAS PELA VIA DA INSOLVÊNCIA *João Baldaia / Miguel Almeida Loureiro*	51
1. Considerações prévias iniciais	52
2. Considerações prévias – evolução do regime do direito da insolvência e a alteração legislativa de 2012	53
3. Considerações prévias (continuação) – a situação de insolvência	56
4. Do plano de insolvência	61

5. O plano de recuperação e as providências específicas
      das sociedades comerciais ... 66
   6. Conclusão ... 75
   7. Adenda ... 79

FONTES REAIS E IRREAIS DE *FUNDING* EMPRESARIAL:
DO MÚTUO AOS *BUSINESS ANGELS*
Marisa Silva Monteiro ... 85
   1. Introdução ... 86
   2. As fontes de financiamento empresarial em tempo de crise ... 87
   3. O sistema creditício tradicional ... 88
      3.1. O mútuo civil ... 88
      3.2. O mútuo mercantil ... 91
      3.3. O mútuo bancário ... 93
   4. As novas fontes de financiamento ... 95
      4.1. A locação financeira ... 95
      4.2. O *lease-back* ... 99
      4.3. O capital de risco (*business angels*) ... 102
   5. O papel das garantias ... 107
      5.1. Breve enquadramento ... 107
      5.2. A garantia geral das obrigações ... 110
      5.3. As garantias especiais ... 111
   6. Apreciação crítica ... 117
      6.1. Mútuo: o velho e bom sistema creditício tradicional
           protector do devedor e do equilíbrio prestacional ... 117
      6.2. *Leasing*: a propriedade-garantia que é afinal um mútuo
           sobregarantido ... 118
      6.3. *Business angels:* o verdadeiro financiamento de risco,
           mas só para empresas com elevado potencial
           de desenvolvimento ... 119
   7. Posição adoptada ... 121

AS AÇÕES PREFERENCIAIS SEM DIREITO DE VOTO:
UM MEIO DE FINANCIAMENTO EFICAZ?
Maria de Deus Botelho ... 127
   1. As ações preferenciais sem direito de voto – considerações
      gerais ... 128

2. A emissão das ações preferenciais sem direito de voto ... 132
   2.1. Limites quantitativos e qualitativos ... 132
   2.2. Momento da emissão ... 134
3. Os direitos inerentes às ações preferenciais sem direito de voto ... 136
   3.1. Direito ao dividendo prioritário ... 137
   3.2. Direito ao reembolso prioritário ... 143
   3.3. As ações preferenciais "específicas" ... 144
   3.4. Os restantes direitos ... 147
4. As ações preferenciais sem direito de voto como mecanismo de financiamento de sociedades ... 156
5. Conclusão ... 158

AS AUTORIZAÇÕES DE RESIDÊNCIA PARA INVESTIMENTO: UMA OPORTUNIDADE DE OURO PARA AS EMPRESAS
Joana Silva Aroso / Olinda Magalhães ... 161
1. As autorizações de residência para investimento (ARI). Aproximação ao conceito. Enquadramento histórico e filosófico da figura ... 162
2. O regime jurídico das autorizações de residência para investimento em Portugal ... 169
   2.1. Enquadramento legislativo ... 169
   2.2. O procedimento para a concessão e renovação das ARI – alguns aspetos práticos ... 180
   2.3. Em especial, os direitos de acesso à informação procedimental e à fundamentação da decisão de indeferimento do pedido de concessão ou renovação de uma autorização de residência (correlativo do dever de fundamentação da Administração) por oposição ao segredo de Estado ... 184
3. Conclusão: as autorizações de residência para investimento enquanto oportunidade para as empresas ... 194

THIRD-PARTY OWNERSHIP – ENTRE A INTEGRIDADE DA COMPETIÇÃO E AS LIBERDADES COMUNITÁRIAS APENAS RESTAVA A PROIBIÇÃO?
Rúben Ferreira Ribeiro ... 197
1. Introdução ... 198

    1.1. Razão de ordem e objectivos do estudo   198
    1.2. Os direitos económicos e os direitos federativos   200
    1.3. Os tipos de TPO   200
 2. Razões e objectivos da proibição   201
 3. O regime vigente   206
 4. A proibição da TPO, as liberdades comunitárias e a concorrência   207
    4.1. A aplicação do direito da União Europeia ao desporto   207
    4.2. As liberdades comunitárias e a proibição da TPO   209
    4.3. A proibição da TPO e a concorrência   215
 5. Conclusões: a proibição não pode nem tem de ser a alternativa   229

ABREVIATURAS USADAS   233

NOTAS BIOGRÁFICAS   237